铁路抢险便线平面计算

陈胜友　编著

中　国　铁　道　出　版　社

2008年·北　京

U0882034

内容简介

本书是作者根据多年抢险救灾工作积累的实践经验写成的。书中主要介绍了铁路便线的形式和平面计算方法，包含线路和道岔两大部分，既有理论研究方面的阐述，又有实际应用方面的计算。全书内容全面，浅显易懂，有较高的参考价值。该书可作为现场工程技术人员的参考用书。

图书在版编目(CIP)数据

铁路抢险便线平面计算/陈胜友编著. —北京:中国铁道出版社,2008.5
ISBN 978-7-113-08721-0

Ⅰ.铁… Ⅱ.陈… Ⅲ.铁路线路-平面-设计 Ⅳ.U212.33

中国版本图书馆CIP数据核字(2008)第043467号

书　　名:铁路抢险便线平面计算
作　　者:陈胜友 编著

责任编辑:洪学英　　编辑部电话:路电(021)73656
封面设计:马　利
责任校对:张玉华
责任印制:李　佳

出版发行:中国铁道出版社(100054,北京市宣武区右安门西街8号)
印　　刷:三河市华丰印刷厂
版　　次:2008年5月第1版　2008年5月第1次印刷
开　　本:787 mm×1092 mm　1/16　印张:11.5　字数:260千
书　　号:ISBN 978-7-113-08721-0/U·2203
定　　价:30.00元

版权所有　侵权必究

凡购买铁道版的图书,如有缺页、倒页、脱页者,请与本社读者服务部调换。
电　　话:市电(010)51873172,路电(021)73170(发行部)
打击盗版举报电话:市电(010)63549504,路电(021)73187

前　言

当铁路既有线遇到设备故障,行车事故,气候、地质等自然灾害,既有线路设备损坏无法正常行车时,为抢时间、抢通车,通常采取设置便线临时通车的措施以及时恢复行车。

铁路部门对铁路行车设备实施修复时,必须要有一个确定的、完善的、行之有效的抢险救灾预案。如果在拨设便线时仅依靠临时设想,凭经验设置不规范和技术条件较差的便线,并盲目开通线路和确定放行列车速度,将会给行车安全带来极为不利的隐患。所以在制定抢险救灾预案时,要求设备管理单位应对管辖内各种线路设备的技术资料及线路设备附近的可拆迁的或不可拆迁的建筑物种类及限界,路肩宽度,线路坡度,地形地貌,库存的备用材料种类、材料数量及存放的地点,机械设备的名称、种类、数量、性能,抢险救灾可组织的人数及进场的方向等做到心中有数,将其统计、纳入抢险救灾预案中,并能根据预想的现场情况合理地选择便线形式。这样,当灾害发生时,就能做到有备无患。总之,一个完善的抢险救灾预案能及时应对各种突发灾害,对减少灾害造成的损失、减少铁路行业的负面影响起着决定性的作用。

每当线路设备发生灾害时,抢险的场面可谓是"人山人海",这对于用仪器测量线路是非常困难的,也将会影响抢险、恢复通车的进度。那么,为更好、更快、较准确的进行测量,最好的办法就是"纸上谈兵",根据现场的既有线行车设备的技术资料,利用简单的钢卷尺、花杆、弦线、木桩等工具、材料,现场目测,并通过理论计算和现场复核,确定便线的通车方案。

本书内容包括临时线路和临时道岔两大部分。目前,临时线路的设计标准和要求在我国铁路尚无正式和明确的规定,不同的便线难以规定一个统一的标准,一般均以现场经验灵活掌握,同时可参照一些铁路局、工程局、原铁道兵部队在抢修实践中积累的经验数据和正线的相关技术标准适当地降低使用。本书所述的临时线路、临时道岔的设计采用了目前我国铁路实行的规范、规则、标准中的最低要求,同时临时道岔的设计主要满足我国目前现有的机车车辆通过的最小导曲半径R_{min}和保留曲线尖轨原有构造、曲线半径。

便线形式是多样化的,本书介绍的便线形式及平面计算,只是铁路便线中的一小部分,广大铁路工程技术人员在实践中,可根据不同的现场实际情况,设置不同形式的便线,去应对各种不利的情况。在撰写本书时,笔者参考了相关的文献和各种道岔铺设图等资料,并结合了自己多年抢险救灾工作积累的实践经验。本书列举的便线形式及测设方法仅供参考,希望能给现场人员一些启发和借鉴。由于笔者水平有限,书中错误在所难免,恳请各位同行批评指正。

编　者

2008 年 2 月

目 录

第一章 概 述

便线是当线路发生设备故障、行车事故、自然灾害、既有线设备无法通车时，为减少断道时间和损失以及社会影响所采用的临时应急绕行的行车设备。设置便线是尽快恢复临时通车的有效措施。《铁路实施 < 中华人民共和国防汛条例 > 细则》中第三十四条提出："抢修方案既要考虑'先通后固'，缩短断道时间，又要考虑确保行车安全和将来正式修复的工程条件。在抢修通车后应立即加固，逐步提高速度，尽快恢复正常的运输"。

便线一般有两种形式：一是临时线路，二是临时道岔。

临时线路是较正线标准低的临时应急绕行的行车设备。临时线路的设置，要求平面简单不宜太复杂、计算简单明了、符合安全行车的要求，并尽可能地减少工程量及工程难度、断道时间，达到快速开通放行列车为目的。临时线路在既有线的路肩宽度范围内拨移是很有限的，要达到快速开通线路的拨移幅度也往往只有路肩的宽度。因此，在设计临时线路时要着重考虑并结合现场及与既有线相连接线路的技术条件来确定便线的切线长度、曲线转向角、曲线半径大小、圆曲线长度、曲线间夹直线长度。由于临时线路受到现场地形地貌或建筑物等影响和约束，便线无法按高标准、高等级的要求设计、铺设，因此，临时线路一般使用时间不宜太长。

道岔是机车车辆由一条线路转入或越过另一条线路的连接及交叉设备，由转辙器部分、连接部分、辙叉部分组成。连接部分是连接转辙器部分和辙叉部分的连接线路。连接部分由直线连接和曲线连接两部分组成。临时道岔常用于双线区间处理应急行车做转线交叉设备，或站场处理设备故障、行车事故等救急时采用的临时措施。若临时道岔设备按标准定型图的交叉设备来组织铺设，可能会因为在筹备材料或在运输材料时会需要较多的时间而延误开通线路，从而造成较大影响和经济损失。因此，在这种情况下，临时道岔应该采取"因地制宜、就地取材"的方法，即在就近车站、工务工区利用既有的不同类型、不同岔号的道岔转辙器部分、辙叉部分的备用料，进行拼装成临时的线路交叉设备，达到方便、快捷、快速通车的目的。所以临时道岔就是将不同岔号的转辙器部分、辙叉部分进行配接，改变了原定型图连接部分的尺寸，主要是改变原曲线连接的尺寸。道岔是线路的薄弱环节，也是影响线路通过能力的重要环节，其结构复杂，零部件较多，受冲击力较大，易变形、易磨损，产生病害的原因错综复杂，同时，临时道岔的标准较低，设备养护困难，这也是限制行车速度的因素，所以临时道岔在站场或区间铺设使用对行车安全都极为不利，不宜使用较长的时间。

道岔的应急方案亦可拆除本站场的次要或行车相对较少的成组道岔或需要的部件，根据需要的同类型的或不同类型的转辙器部分、辙叉部分进行拼接或成组使用，用于较重要位置上的应急。

便线这一既方便、快捷、技术标准又较低的临时行车设施，在保证列车安全通过的前提和遵循“先通后固”的原则下，还必须满足一定运输量的需求。目前，便线的技术标准尚无正式和明确规定，不同的便线难以规定一个统一的标准，一般均以现场经验灵活掌握，可参考正线的相关技术标准适当地降低或按站线的相关标准设计使用，其行车速度的要求是按便线的设计技术资料和我国铁路现行的《铁路线路修理规则》、《铁路工务技术手册·轨道》、《铁路工务技术手册·道岔》、《铁路工程设计技术手册·线路》、中华人民共和国铁道行业标准《铁路道岔的容许通过速度》等规定的行车速度计算方法，确定较合理的行车速度，使之安全、平稳、有保障的放行列车，同时还应不断的加强线路稳定以逐步达到设计的速度。因此，在便线的设计、施工、养护上均有一定的基本要求。

第二章　临 时 线 路

第一节　临时线路要求

为减少工作量，节约投资，尽快开通线路，临时线路应采用较简单的平面。临时线路曲线一般采用圆曲线型。圆曲线型的平面简单、计算方便、容易布置，工程量较少。设置便线时，既有线拨移的幅度往往只有路肩的宽度，如果路肩宽度不能避开灾害处所、不能满足最小曲线半径和最小夹直线要求，则要考虑增宽路基或另筑新路基来满足临时线路的要求。

临时线路平面的切线长 T、曲线转向角 α、曲线半径 R、夹直线长 K，设计者都可根据灾害情况、现场地形地貌情况、建筑物情况、抢险方案、工程量的大小及线路的基本要求而自行确定。

一、临时线路基本要求

目前，《铁路线路修理规则》、《铁路工务技术手册·轨道》、《铁路工务技术手册·防洪》、《铁路工程设计技术手册·线路》等均规定了线路的基本要求。

1. 曲线最小半径及夹直线最小长度（表 2－1）

表中各项技术标准是一些铁路局、工程局和原铁道兵部队在抢修实践中积累的经验数据，仅供抢修时根据当地的具体情况参考使用。

表 2－1　曲线最小半径及夹直线最小长度

适用条件		曲线最小半径(m)	夹直线最小长度(m)	
			反向曲线	同向曲线
一般条件		300 以上	30	50
困难条件		200	20	30
特殊困难条件	通行前进型机车	180	可不设	
	通行解放型机车	120		
	桥头引线	200		

注：本表摘自《铁路工务技术手册·防洪》表 6－1－1。

2. 直线路基最小宽度（表 2－2）

表 2-2 直线路基最小宽度(m)

条 件	一 般	困 难	特别困难	
			路 堤	路 堑
单 线	5.0	4.4	3.6	4.0
双 线	8.7	8.3	先按单线标准抢通其中一线,通车后再按双线标准恢复	

注:本表摘自《铁路工务技术手册·防洪》表 6-1-2。

3. 其他项目的最小要求(表 2-3)

表 2-3 其他项目的最小要求

项目	道床宽度	道床厚度及边坡	轨枕数量	最短钢轨长度	最小圆曲线长度
最小值	直线地段宽 2.9 m;曲线地段上股加宽 0.10 m	道床厚度20 cm;道床边坡不小于1:1	不少于1440 根/km	4.5 m,并且不得连续铺设 2 根及以上	25 m;切线 T 值选择可近似为12.5 m

注:目前,我国定型使用的 12 号及以下的小号码道岔的直线尖轨、直线固定辙叉的普通单开道岔的导曲线长度均未超过 25 m。

4. 坡度要求

便线长度小于 200 m 时,应保持原坡度值;便线长度大于 200 m 时,如果地形困难、时间紧迫,设计单机牵引亦可不受 12‰ 坡度的限制,而采用高达 20‰ 的坡度;双机牵引坡度,地形特殊困难地段,经综合权衡还可采用最高不超过 30‰ 的坡度。

5. 在变坡点处设置竖曲线的要求

(1)要满足列车平稳的要求

$$R_u=\left(\frac{v}{3.6}\right)^2\times\frac{1}{a_u}=\frac{v^2}{5.832}$$

式中 R_u——竖曲线半径(m);

v——列车通过速度(km/h);

a_u——竖向向心加速度的允许值,$a_u=0.45\ \mathrm{m/s^2}$。

(2)要满足列车不脱钩的要求

$$R_u=\frac{(L+d)d}{2f_R}$$

式中 L——车辆两转向架中心距离(m);

d——转向架中心至车钩中心距(m);

f_R——车钩中心线上下错动的允许值:货车为 12 mm,客车为 16 mm。

$$T=R_u\tan\frac{\alpha}{2}$$

式中 T——竖曲线切线长(m);

α——竖曲线转向角。

抛物线型、圆曲线型竖曲线最好设在缓和曲线之外,但在困难条件下,竖曲线可不受缓和曲线位置的限制。

6. 复曲线每个圆曲线的长度不得短于50 m。

7. 非标准半径圆曲线的缓和曲线长度计算

一般情况下按下列第(1)种情况计算，特殊情况下按下列第(1)种情况和第(2)种情况计算后取较大值。应将缓和曲线长度计算值进整为10 m的整倍数，长度不足20 m的应取为20 m。

(1)一般情况下，按超高时变率计算缓和曲线长度L_0

$$L_0=\frac{hv_{max}}{3.6f}$$

式中　h——曲线实设超高(mm)；

v_{max}——通过曲线的最高速度(km/h)；

f——旅客舒适度容许的超高时变率(mm/s)：各级铁路一般地段取32，困难地段Ⅰ、Ⅱ级铁路取36，Ⅲ级铁路取40。

(2)按超高顺坡不致使车轮脱轨计算缓和曲线长度

$$L_0\geqslant 0.5\,h$$

8. 便线曲线的起始点至便桥的桥墩最外缘的距离不小于30 m。

9. 线间距及限界：直线地段线间距4.0 m，曲线地段按计算确定加宽；限界按《铁路技术管理规程》的规定来确定。

二、临时线路其他要求

1. 曲线正矢及容许误差

(1)曲线正矢计算

曲线采用圆曲线型，曲线正矢为

$$f=\frac{C^2}{8R}$$

式中　f——曲线正矢(mm)；

C——弦线长(m)；

R——曲线半径(m)。

弦线长为20 m时　$f=\dfrac{50\,000}{R}$

弦线长为10 m时　$f=\dfrac{12\,500}{R}$

弦线长为5 m时　$f=\dfrac{3\,125}{R}$

(2)曲线正矢误差

曲线应保持圆顺。用20 m弦在钢轨踏面下16 mm处测量正矢，其偏差不超过表2-4规定的曲线正矢误差。

表 2-4　曲线正矢经常保养容许偏差

曲线半径 R(m)	缓和曲线的正矢与计算正矢差(mm)	圆曲线正矢连续差(mm)	圆曲线正矢最大最小值差(mm)
$R\leqslant250$	8	16	24
$250<R\leqslant350$	7	14	21
$350<R\leqslant450$	6	12	18
$450<R\leqslant800$	5	10	15
$R>800$	4	8	12

注:本表摘自《铁路线路修理规则》表 3.7.10-2 中其他站线曲线正矢容许偏差值。

(3)曲线连接处要求

①复曲线的大小半径连接处,正矢与计算正矢的容许差,按大半径曲线的缓和曲线规定办理。

②直线与圆曲线的连接不得有反弯或“鹅头”。

2. 曲线超高

(1)曲线超高 h 计算

$$h=11.8\frac{v_{max}^2}{R}$$

新建铁路的平均速度 v 可采用计划最高速度 v_{max} 的 80% 。

$$h=7.6\frac{v_{max}^2}{R}$$

式中　h——曲线超高(mm);

R——曲线半径(m);

v_{max}——最高速度(km/h)。

未被平衡欠超高:一般应不大于 75 mm,困难情况下不应大于 90 mm。未被平衡过超高不得大于 50 mm。

(2)临时线路平面一般采用圆曲线型,这种线路设计简单、施工方便、工程量少。其超高顺坡,比照其他站线办理。《铁路线路修理规则》第 3.7.4 条规定:无缓和曲线时在直线上顺坡的超高不得大于25 mm,可按不大于2‰设置。圆曲线始终点的未被平衡欠超高一般应不大于 75 mm,曲线线路容许速度应按下式加以限制:

$$v_{max}\leqslant\sqrt{\frac{(25+75)R}{11.8}}=2.91\sqrt{R}$$

3. 轨　　距

(1)曲线轨距加宽规定(表 2-5)

表 2-5　曲线轨距加宽值

曲线半径(m)	加宽值(mm)	轨距(mm)
$R\geqslant350$	0	1435
$350>R\geqslant300$	5	1440
$R<300$	15	1450

注:本表摘自《铁路线路修理规则》第 3.7.8 条。

(2)曲线轨距加宽递减要求

①曲线轨距加宽应在整个缓和曲线内递减。如无缓和曲线，则在直线上递减，递减率一般不大于1‰。

②复曲线应在正矢递减范围内，从较大轨距加宽向较小轨距加宽均匀递减。

③两曲线轨距加宽按1‰递减；其终点间直线应不短于10 m。不足10 m时，如直线部分的两轨距加宽相等，则直线部分保留相等的加宽，如不相等，则直线部分从较大轨距加宽向较小轨距加宽均匀递减。

④在困难条件下，轨距加宽允许按2‰递减，但不得大于2‰。

4. 曲线地段线间距加宽

双线地段、接近的建筑物处要考虑列车的通过安全。

(1)曲线内侧加宽 W_1(mm)

$$W_1 = \frac{40\,500}{R} + \frac{H}{1\,500}h$$

(2)曲线外侧加宽 W_2(mm)

$$W_2 = \frac{44\,000}{R}$$

(3)曲线地段线间总加宽 W(mm)

$$W = W_1 + W_2 = \frac{84\,500}{R} + \frac{H}{1\,500}h$$

式中 H——自轨顶至车辆内倾突出点的高度，一般 $H = 3\,600$ mm；

h——计算点超高(mm)。

5. 便线轨道静态几何尺寸容许偏差管理值，按《铁路线路修理规则》第6.2.1条表6.2.1中的"其他站线"的"经常保养"值掌握。

6. 当线路发生设备故障、行车事故、自然灾害时，设计便线平面应考虑曲线的转向角 α，在选定直线位置时，应力求减小转向角。转向角 α 愈大，则线路转弯愈急，曲线总长愈长，将增大现场难度及施工工作量，同时列车行经曲线所要克服的阻力也要增加。

$$\alpha = \frac{180l}{\pi R}$$

由上式可见，圆曲线长 l 与转向角 α 成正比，曲线半径 R 与转向角 α 成反比。

7. 放行列车条件

《铁路工务安全规则》第2.1.12条规定：

(1)钢轨接头2根轨枕道钉、扣件齐全；$R \leqslant 800$ m 曲线地段混凝土轨枕每隔1根拧紧3根，木枕每隔1根钉紧6根；$R > 800$ m 及直线地段混凝土轨枕每隔2根拧紧1根，木枕每隔1根钉紧1根。

(2)轨枕每隔6根可空1根。

(3)轨枕盒内及轨枕头部道砟不少于1/3。

(4)枕底道砟串实。

(5)接头螺栓：每个接头至少拧紧4个；(每端各2个)。

(6)起道线路顺坡率不小于200倍。

开通后逐步完善线路顺坡，其顺坡率为：允许速度不大于120 km/h 的线路不应大于2.0‰；允许速度为120（不含）~160 km/h 的线路不应大于1.0‰；允许速度大于160 km/h的线路不应大于0.8‰。

8. 轨缝不得有连续3个瞎缝，绝缘接头轨缝不得小于6 mm，最大轨缝不得大于构造轨缝。

9. 钢轨必须全断面垂直锯断，严禁使用乙炔切割或烧孔，严禁使用剁子和其他工具强行截断和冲孔。

10. 重伤钢轨禁止使用。

11. 放行列车速度计算。

线路开通后的列车速度，严格按照《铁路工务安全规则》第2.1.14条规定：施工作业地段线路开通后，列车限速应按速度阶梯逐步提高。

放行列车容许的最高速度计算公式为

$$v_{\max} = 4.3\sqrt{R}$$

便线由于道床、路基密实度较差、轨道的联结零件与钢轨的接合还未达到最佳状态，线路的几何尺寸容易发生变化，开通线路放行第一趟列车时，行车速度不宜超过25 km/h。

第二节 其　他

1. 计算便线材料用量

(1) 计算拨动的既有线与便线的长度差 $L_{差}$(m)

$$L_{差} = L_{既} - L_{便}$$

计算得数为正数时，则需要锯钢轨，既有线钢轨量有富余；

计算得数为负数时，则需要增加钢轨，既有线钢轨量不足。

(2) 线路增长时的钢轨用量 N(根)

$$N = \frac{L_{既} - L_{便}}{25.000} \times 2$$

(3) 混凝土轨枕用量 Z(根/km)

$$Z = (L_{既} - L_{便}) \times 1\,440$$

计算得数为正数时，既有线轨枕量有富余；

计算得数为负数时，既有线轨枕量不足。

(4) 扣件用量 U(套)

$$U = 4 \times Z$$

2. 排水设备的临时处理

当设计便线，既有线路基需要增宽，遇到涵洞或排水沟等设备时，应当保持其排水的功能。但当遇灾害抢险无法尽快地接长涵洞和规范处理排水设备时，应就近获取废弃的轨枕、涵管、片石，将轨枕架设在既有排水沟上，或将涵管铺设在既有排水沟内，或用大片石（或拆除部分不影响路基稳定的既有线的路肩墙片石）等石料不规则的抛填在排水设备的全截面内，并就近取用树枝、树叶、杂草等覆盖在涵管接口、轨枕间、片石面上，隔离泥土渗入排水设备的截面内。

3. 临时线路养护

(1)初始期，因路基松软、道床不实，必须昼夜有人监护，做到每趟必检、每趟必修，并有足够的养护人员留守。

(2)保持道床饱满，及时拨正线路，紧固各部联结零件，保持线路状态良好，确保行车运输安全。

(3)线路钢轨作用边保持油润，减少钢轨磨损。

第三节 临时线路形式

一、常用缓和曲线

1. 计算缓和曲线任意点的位置(图 2－1，本书所有图示均见附录)

(1)当计算点 I 在缓和曲线范围内时

$$x_i = L_i - \frac{L_i^5}{40R^2L_0^2}$$

$$y_i = \frac{L_i^3}{6RL_0} - \frac{L_i^7}{336R^3L_0^3}$$

第二项由于数字较小，可忽略不计。

$$\varphi_i = \frac{L_i^2}{2RL_0}$$

式中 R——圆曲线半径；

x_i——缓和曲线上任何一点 I 至 ZH 点的水平距离；

y_i——缓和曲线上任何一点 I 至 ZH 点切线的垂直距离；

L_i——缓和曲线任何一点 I 至 ZH 点的弧长；

L_0——缓和曲线全长；

φ_i——缓和曲线任何一点 I 至 ZH 点的缓和曲线倾角。

缓和曲线倾角 φ：在 ZH 点处，倾角 $\varphi=0$，在 HY 点处，$\varphi=\varphi_0$，两者之间连续变化。

(2)计算点 I 在 HY 点时

$$x_0 = L_0 - \frac{L_0^3}{40R^2}$$

$$y_0 = \frac{L_0^2}{6R}$$

$$\varphi_0 = \frac{L_0}{2R}$$

式中 x_0——HY 点至 ZH 点的水平距离；

y_0——HY 点至 ZH 点切线的垂直距离；

φ_0——HY 点的缓和曲线倾角。

2. 常用缓和曲线的基本方程

常用缓和曲线的基本方程必须满足的条件：

$$L_i = 0 \text{ 时}, k = 0$$

$$L_i = L_0 \text{ 时}, k = k_0 = 1/R$$

$$0 < L_i < L_0 \text{ 时}, 0 < k < 1/R$$

满足这些条件的基本方程为：

$$k = k_0 \frac{L_i}{L_0}$$

式中 k——缓和曲线上任何一点的曲率，等于 $1/\rho$；

k_0——缓和曲线终点 HY 点的曲率，等于 $1/R$；

ρ——缓和曲线上任意一点的曲率半径。

将 $1/\rho$、$1/R$ 代入式中得：

$$\rho = \frac{RL_0}{L_i}$$

二、便线各交点示意及现场测量

1. 便线各交点示意图（图 2－2）

如图 2－2 所示，A 点为便线的起点，B 点为便线的终点，I 点为既有线内拨时便线导线与既有线相交的点或既有线外拨时在 E 点（或某一计算点）做一直线垂直于既有线 ZH 点切线交于既有线的点。C、E、D 点为便线的各曲线交点。

2. 现场测量及计算

（1）曲线交点的测量（图 2－2）

在既有线上定点定位测定中心线有一定困难和较大误差，为减少误差，在定点定位时可先定在既有线的内股或外股钢轨上，如在 E_1' 点定位测定 B 点时，应先测在曲线外股的钢轨外侧上的 B_1 点，再通过计算、现场测定找到曲线中心的 B 点。首先，根据灾害情况，确定 E_1' 点位置，再由 E_1' 点找到曲线外股钢轨外侧的切线点 B_1 的位置，同时量取 E_1' 点至 B_1 点的长度 $E_1'B_1$ 值；B_1B =（标准轨距 $S/2$ + 钢轨头部宽度 b'）；在 B 点做 B_1B' 直线平行于 CE' 线，那么 $\lambda = 90° - \alpha_2$；$B_1B' = B_1B/\cos\lambda$；$B'B = B_1B \times \tan\lambda$；最后由 E_1' 点沿 CE_1' 线，向 C 点方向量取 B_1B' 值，得交点 E'，再由交点 E' 做一直线平行于 $E_1'B_1$ 线、由 E' 点量取 $(E_1'B_1 + B'B)$ 值得 B 点或通过 B_1 点处与切线垂直的半径线，由外股钢轨作用面量 $(S/2 + b')$，检验 B 点位置。

（2）测量便线与既有线相交点

如既有线内拨时，便线与既有线相交的 I 点，先测在曲线内股钢轨外侧的 I_2 点，通过 CE_1' 的延伸线找到曲线外股钢轨外侧的 I_1 点。I_2B_2 和 I_1B_1 的曲线长，可沿既有线钢轨中心量取，那么，IB 的曲线长可近似取 I_2B_2 和 I_1B_1 曲线长的平均值，在既有线内、外股钢轨的平均曲线长的位置处，量取两钢轨中心间的平均值得到 I 点或沿 I_2I_1 延伸线量取 I_2I_1 值取平均值得 I 点。

（3）现场测量曲线弧线长

在现场量取两点间的弧线长时，应在两切线点的垂直线上找到内、外股钢轨在垂直线上的点，并分别沿钢轨中心线量取两点间的弧线长数值后，取其平均值，得线路中心线的两点间的弧线长。

（4）现场测量曲线弦线长

在现场量取两点间的弦线长时，应在两切线点的垂直线上找到内、外股钢轨在垂直线上的点，并分别在钢轨中心线量取两点间的直线长数值后，取其平均值，得线路中心线的两点间的弦线长。

（5）现场测量曲线支距

曲线支距值可通过计算亦可直接由现场量取，即 *ZH* 点切线至曲线各点的支距可直接一次量取，若有困难不能直接一次量取时，可分段量取（即量一段水平线长，量一段支距，直至达到计算点处，形如阶梯），然后进行累计。

（注：以下文中所提到的“现场量取”皆采用上述内容所述的方法。）

3. 测算拨移幅度

当线路发生设备故障、行车事故、自然灾害时，设计便线平面，应考虑在既有路基宽度范围内完成便线的设计，目前，中国铁路的路肩宽度均在 0.40 ~ 0.80 m 范围内，那么既有路肩拨移允许的幅度 H 就是在路肩宽度这个范围。

例：在直线处（图 2－4）时，我们运用勾股弦三角计算的原理，如拨移量 $H=0.60$ m，计算既有线最短拨移长度 AB。两侧斜线 CD、EF 应满足基本要求的最小曲线半径、最小曲线长的最小切线长 T 和最小夹直线长 K 值。

考虑到便线等级较低，根据表 2－1 和表 2－3，地段较困难时，选择最小圆曲线长度 $l=25$ m，25 m 的曲线长度而则需要的最小切线长 $T=12.5$ m，夹直线最小长度，反向曲线时，$K_1=K_2=20$ m，同向曲线时 $K_2=30$ m。

则 $L_1=L_3=(2\times12.5+20)=45$ m；$L_2=(2\times12.5+30)=55$ m

$$CD'=E'F=\sqrt{L_1^2-H^2}=\sqrt{45^2-0.60^2}=44.996\ \text{m}$$

$$D'E'=L_2=55\ \text{m}$$

那么，需要拨移的既有线长度是 $AB=44.996\times2+55+12.5\times2=169.992$ m，确定最大拨移点和拨移量 H 后，在该点前后的 AB 范围内的地形、建筑物情况、工程量情况基本掌握，能否还有较佳的便线方案也基本掌握。

由上式可见，当既有线长度 AB 范围内拨移略有困难时，切线长 T 和最小夹直线长 K 值确定后，在线路容许可拨移量 H 还有富余时，可加大拨移量 H，减少 AB 值的长度。即拨移的幅度 H 愈大，两侧直线 CD'、$E'F$ 愈小，既有线的动道长度 AB 则愈小，但翻铺道床或填筑路基的工程量就会增大。

例：在曲线处（图 2－46）时，当确定既有线最大拨移点 N 和确定该点路肩最大宽度为 0.60 m，并确定便线最小曲线半径 $R_1=200$ m 后，我们运用曲线正矢计算的原理 $f=C^2/(8R)$ 进行测算，容许路肩的拨移量 $H=f=0.60$ m，$R_1=200$ m，便线曲线 M、F 两点间的弦长 $C=\sqrt{8R_1H}=30.984$ m。在既有曲线 N 点的两侧各量取 $C/2$，得便线曲线的起点 M、终点 F，此时便线的线路走向已基本清晰，有无建筑物影响也基本掌握。

当确定便线切线 T、选定曲线半径 R 后，还应考虑曲线的外矢距 E 和与切线的支距 y，掌握附近的地形地貌等建筑物对便线走向的影响及大致工程量。

这个测算主要是做到心中有数，初步掌握线路的走向，如果在这个走向范围内遇到桥梁或不可挪移、拆除的建筑物等障碍时则应另制订方案。

4. 曲线外矢距

当线路发生设备故障、行车事故、自然灾害时，线路拨移需要设置曲线时，应考虑曲线外矢距 E。

曲线外矢距 E 的计算有三种方法，分别为

$$E = R \cdot \left(\sec\frac{\alpha}{2} - 1\right)$$

$$E = R \cdot \left(\frac{1}{\cos\frac{\alpha}{2}} - 1\right)$$

$$E = \left(\frac{T}{\sin\frac{\alpha}{2}} - R\right)$$

三、直线临时线路形式

(一) 直线改三角线方案

1. 确定条件(图 2－3)

(1) 根据灾害情况，确定最大拨移量处；

(2) 根据抢险方案、工程量情况确定 D 点位置，按满足基本要求选择 T_1、K_1、T_2、K_2、T_3 值并确定 C、E 点位置；

(3) 测定便线曲线交点 D 与既有线的垂直距离 H_1；

(4) 测定 CD 斜线的长度 L_1、ED 斜线长的度 L_2，若不能满足基本要求，调整 D、E、C 点位置或 α_1、α_2、α_3 角；

(5) 根据基本要求选择的 T_1、T_3 值来确定 A、B 点位置；

(6) 计算便线的转角 α_1、α_2、α_3 和曲线半径 R_1、R_2、R_3 的值。

2. 计算

(1) 计算曲线转角 α

$$L_1 = T_1 + K_1 + T_2$$

$$L_2 = T_2 + K_2 + T_3$$

$$\alpha_1 = \arcsin\frac{H_1}{L_1}$$

$$\alpha_2 = \alpha_1 + \alpha_3$$

$$\alpha_3 = \arcsin\frac{H_1}{L_2}$$

(2) 便线的曲线交点 C、E 两点间的水平线长度 S

$$S_1 = \frac{H_1}{\tan\alpha_1}$$

$$S_2 = \frac{H_1}{\tan\alpha_3}$$

$$CE = S = S_1 + S_2$$

(3)计算便线曲线半径 R

T_1、T_2、T_3 的值已按现场情况、基本要求确定，则曲线半径 R 为

$$R_1 = \frac{T_1}{\tan\frac{\alpha_1}{2}}$$

$$R_2 = \frac{T_2}{\tan\frac{\alpha_2}{2}}$$

$$R_3 = \frac{T_3}{\tan\frac{\alpha_3}{2}}$$

(4)检算曲线长度、切线长度、夹直线长度

便线曲线半径 R 计算结果取整数值后，检算曲线长度 $l_i = \frac{\pi}{180}R_i\alpha_i$、切线长度 $T_i = R_i\tan\frac{\alpha_i}{2}$，确定曲线起、终点位置，再检算夹直线长度 K_i。

3. 计算便线线路长度 $L_便$

$$L_便 = \frac{\pi}{180}R_1\alpha_1 + K_1 + \frac{\pi}{180}R_2\alpha_2 + K_2 + \frac{\pi}{180}R_3\alpha_3$$

4. 计算既有线需要拨动的线路长 $L_既$（即 A、B 两点间的既有线水平距离）

$$L_既 = AB = T_1 + S_1 + S_2 + T_3$$

（二）直线平行移动方案

1. 确定条件（图 2－4）

(1)根据灾害情况，确定最大拨移量处；

(2)根据抢险方案、工程量情况，确定 D、E 点位置，D、E 点间 T_2、K_2、T_3 值必须满足基本要求；

(3)按基本要求选择 T_1、K_1、T_2 值确定 C 点位置，按基本要求选择 T_3、K_3、T_4 值确定 F 点位置；

(4)测定便线的曲线交点 D、E 两点与既有线的垂直距离 H_1、H_2，平行移动时 $H_1 = H_2$；

(5)测定 CD 斜线的长度 L_1、DE 直线的长度 L_2、EF 斜线长的度 L_3，若不能满足基本要求，则调整 D、E、C、F 点位置的或 α_1、α_4 角；

(6)根据基本要求选择的 T_1、T_4 值来确定 A、B 点位置；

(7)计算便线的转向角 α_1、α_2、α_3、α_4 和曲线半径 R_1、R_2、R_3、R_4 的值。

2. 计　　算

(1)计算曲线转角 α

$$L_1 = T_1 + K_1 + T_2$$

$$L_2 = T_2 + K_2 + T_3$$

$$L_3 = T_3 + K_3 + T_4$$

$$\alpha_1 = \arcsin \frac{H_1}{L_1}$$

$$\alpha_2 = \alpha_1$$

$$\alpha_3 = \alpha_4$$

$$\alpha_4 = \arcsin \frac{H_2}{L_3}$$

(2)便线的曲线交点 C、F 点间的水平线长度 S

$$S_1 = \frac{H_1}{\tan\alpha_1}$$

$$S_2 = T_2 + K_2 + T_3$$

$$S_3 = \frac{H_2}{\tan\alpha_4}$$

$$CF = S = S_1 + S_2 + S_3$$

(3)计算便线曲线半径 R

T_1、T_2、T_3、T_4 的值已按现场情况、基本要求确定，则曲线半径 R 为

$$R_1 = \frac{T_1}{\tan \frac{\alpha_1}{2}}$$

$$R_2 = \frac{T_2}{\tan \frac{\alpha_2}{2}}$$

$$R_3 = \frac{T_3}{\tan \frac{\alpha_3}{2}}$$

$$R_4 = \frac{T_4}{\tan \frac{\alpha_4}{2}}$$

(4)检算曲线长度、切线长度、夹直线长度

便线曲线半径 R 计算结果取整数值后，检算曲线长度 $l_i = \frac{\pi}{180}R_i\alpha_i$、切线长度 $T_i = R_i \tan \frac{\alpha_i}{2}$，确定曲线起、终点位置，再检算夹直线长度 K_i。

3. 计算便线线路长度 $L_便$

$$L_便 = \frac{\pi}{180}R_1\alpha_1 + K_1 + \frac{\pi}{180}R_2\alpha_2 + K_2 + \frac{\pi}{180}R_3\alpha_3 + K_3 + \frac{\pi}{180}R_4\alpha_4$$

4. 计算既有线需要拨动的线路长 $L_{既}$

$$L_{既} = AB = T_1 + S_1 + S_2 + S_3 + T_4$$

（三）直线非平行移动方案

1. 确定条件（图 2-5）

（1）根据灾害情况，确定最大拨移量处；

（2）根据抢险方案、工程量情况，确定 D、E 点位置，D、E 点间的 T_2、K_2、T_3 值必须满足基本要求；

（3）按基本要求选择 T_1、K_1、T_2 值确定 C 点位置，按基本要求选择 T_3、K_3、T_4 值确定 F 点位置；

（4）测定便线曲线交点 D、E 两点与既有线的垂直距离 H_1、H_2；

（5）测定 CD 斜线的长度 L_1、DE 斜线的长度 L_2、EF 斜线的长度 L_3，若不能满足基本要求时，则调整 D、E、C、F 点的位置的或 α_1、α_4；

（6）根据基本要求选择的 T_1、T_4 值确定 A、B 点位置；

（7）计算便线的转向角 α_1、α_2、α_3、α_4 和曲线半径 R_1、R_2、R_3、R_4 的值。

2. 计　　算

（1）计算曲线转角 α

$$L_1 = T_1 + K_1 + T_2$$
$$L_2 = T_2 + K_2 + T_3$$
$$L_3 = T_3 + K_3 + T_4$$

$$\alpha_1 = \arcsin\frac{H_1}{L_1}$$

$$\alpha_2 = \alpha_1 - \alpha_g = \alpha_1 - \arcsin\frac{(H_2 - H_1)}{L_2}$$

$$\alpha_3 = \alpha_4 + \alpha_g = \alpha_4 + \arcsin\frac{(H_2 - H_1)}{L_2}$$

$$\alpha_4 = \arcsin\frac{H_2}{L_3}$$

（2）既有线上二曲线交点 C、F 间的水平线长度 S

$$S_1 = \frac{H_1}{\tan\alpha_1}$$

$$S_2 = \frac{(H_2 - H_1)}{\tan\alpha_g}$$

$$S_3 = \frac{H_2}{\tan\alpha_4}$$

$$CF = S = S_1 + S_2 + S_3$$

（3）计算便线曲线半径 R

T_1、T_2、T_3、T_4 的值已按现场情况、基本要求确定，则曲线半径 R 为

$$R_1 = \frac{T_1}{\tan\frac{\alpha_1}{2}}$$

$$R_2 = \frac{T_2}{\tan\dfrac{\alpha_2}{2}}$$

$$R_3 = \frac{T_3}{\tan\dfrac{\alpha_3}{2}}$$

$$R_4 = \frac{T_4}{\tan\dfrac{\alpha_4}{2}}$$

(4)检算曲线长度、切线长度、夹直线长度

便线曲线半径 R 计算结果取整数值后，检算曲线长度 $l_i = \frac{\pi}{180}R_i\alpha_i$、切线长度 $T_i = R_i\tan\frac{\alpha_i}{2}$，确定曲线起、终点位置，再检算夹直线长度 K_i。

3. 计算便线线路长度 $L_便$

$$L_便 = \frac{\pi}{180}R_1\alpha_1 + K_1 + \frac{\pi}{180}R_2\alpha_2 + K_2 + \frac{\pi}{180}R_3\alpha_3 + K_3 + \frac{\pi}{180}R_4\alpha_4$$

4. 计算既有线需要拨动的线路长 $L_既$

$$L_既 = AB = T_1 + S_1 + S_2 + S_3 + T_4$$

四、缓和曲线内拨临时线路形式

(一)缓和曲线不平行内拨一单一复曲线 I、B 点在缓和曲线内方案

1. 确定条件(图 2 - 6)

(1)根据灾害情况，确定 F、G 点即最大拨移量 H 处；

(2)确定不平行内移的方案，并根据现场的情况、工程量情况，确定 C、E 点位置；

(3)确定 C、E 两点间 T_1、K_1、T_2 的值必须满足基本要求，测定 C、E 点间的斜线长 L_1；

(4)根据 E 点位置及现场的情况，做一直线 EB 切既有线于 B 点，测定 E、B 两点间的长度 L_2，L_2 必须满足 $T_2 \geqslant 25$ m 的基本要求，否则调整 C、E 点的位置或 α_1 角，测定 E、I 两点间的长度 EI，确定 B 点处缓和曲线的倾角 φ_b 及该点的缓和曲线半径 ρ_b；

(5)量取 B、HY 点间的弧长，视为两曲线相连接的缓和曲线，亦可视为一个曲线，其长度满足不得短于 50 m 的基本要求，否则另选方案；

(6)测定 E 点至 ZH 点切线的垂直距离 H_1，或直线 CE 与既有曲线相交的 I 点至 ZH 点切线的垂直距离 y_i 值；

(7)根据基本要求选择的 T_1 值来确定 A 点位置。

(8)计算便线的转向角 α_1、α_2 和曲线半径 R_1、R_2 的值。

2. 计　　算

(1)曲线转角 α_1

$$L_1 = T_1 + K_1 + T_2$$
$$L_2 = T_2$$

$$\alpha_1 = \arcsin \frac{H_1}{L_1}$$

或

$$\alpha_1 = \arcsin \frac{y_i}{CI}$$

$$y_i = \frac{L_i^3}{6RL_0}$$

$$CI = L_1 - EI$$

式中　y_i——缓和曲线上 I 点至 ZH 点切线的垂直距离；

L_i——缓和曲线 I 点至始点 ZH 点的弧长，弧长 L_i 值由现场量取。

(2)缓和曲线 B 点处的数据及 α_2

现场量取 B 点至 HY 点的缓和曲线弧长 L_{by} 或 B 点至 ZH 点的缓和曲线弧长 L_{bi}，并确认 $L_{by} \geqslant 50$ m，则 $L_{bi} = L_0 - L_{by}$。

I 点在缓和曲范围内时：

$$x_b = L_{bi} - \frac{L_{bi}^5}{40R^2 L_0^2}$$

$$y_b = \frac{L_{bi}^3}{6RL_0}$$

$$\varphi_b = \frac{L_{bi}^2}{2RL_0}$$

式中　x_b——缓和曲线上 B 点至 ZH 点的水平距离；

y_b——缓和曲线上 B 点至 ZH 点切线的垂直距离；

L_{bi}——缓和曲线 B 点至 ZH 点弧长；

φ_b——缓和曲线 B 点离始点 ZH 的缓和曲线倾角。

转向角 α_2 的计算为：$\alpha_2 = \varphi_b - \alpha_1$。

(3)选择曲线半径 R_2

《铁路线路修理规则》第 3.7.6 条对复曲线可不设中间缓和曲线的两圆曲线的最大曲率差做了规定，见表 2－6。

表 2－6　复曲线可不设中间缓和曲线的两圆曲线的最大曲率差

行车允许速度(km/h)	140	120	100	80
可不设中间缓和曲线的两圆曲线的最大曲率差	1/6 000	1/4 000	1/2 000	1/1 000

因此，$\left(\frac{1}{\rho_b} - \frac{1}{R_2}\right)$ 小于等于两圆曲线的最大曲率差，其中 ρ_b 为缓和曲线 B 点处的半径。

由于 R_2 受到缓和曲线 B 点处的倾角和 DB 切线的约束，因此，套用复曲线的两圆曲线的最大曲率差时不能超过最大值，否则采用其他方案。

(4)计算便线 R_2 曲线的全长 l_2 的值

$$l_2 = \frac{\pi}{180} R_2 \alpha_2 \geqslant 50\text{m}$$

当 R_2 选定后，l_2 值的长度不能满足大于等于 50 m 要求时，可重新选择 T_2 或 α_1、α_2 的值。

(5)检算曲线切线 T_2

当 R_2 选定后，检算 T_2：$T_2 = R_2\tan\frac{\alpha_2}{2}$。

T_2 值的长度大于上述确定条件值时，应改变 L_1 或 α_1、α_2的值。

(6)计算便线曲线半径 R_1

T_1 的值已按现场情况、基本要求确定，则曲线半径 R_1 为

$$R_1 = \frac{T_1}{\tan\frac{\alpha_1}{2}}$$

(7)检算曲线长度、切线长度、夹直线长度

便线曲线半径 R 计算结果取整数值后，检算曲线长度 $l_i = R_i\alpha_i\frac{\pi}{180}$、切线长度 $T_i = R_i\tan\frac{\alpha_i}{2}$，确定曲线起、终点位置，再检算夹直线长度 K_i。

3. 计算便线线路长度 $L_便$

$$L_便 = \frac{\pi}{180}R_1\alpha_1 + K_1 + \frac{\pi}{180}R_2\alpha_2$$

4. 计算既有线需要拨动的线路长 $L_既$(即 A、B 两点间的既有线长度，见图 2－6)

$$L_既 = \widehat{AB} = A(ZH) + L_{bi}$$

5. 便线曲线的正矢、超高及放行列车速度

(1)复曲线内的曲线正矢及 B 点的正矢按基本要求计算。

(2)R_2 曲线超高在 B 点处按既有线超高。R_2 曲线内超高顺坡，若 R_2 曲线超高值与 B 点相同时，则由 B 点向 A 点平顺设置；若 R_2 曲线超高值与 B 点不同时，则由 B 点向 A 点按不大于 2.0‰递减(或递增)；A 点往直线方向超高顺坡按基本要求处理。

(3)R_2 复曲线内放行列车最高允许速度参照表 2－6 办理。

(二)缓和曲线不平行内拨两单曲线 I、B 点在缓和曲线内方案

1. 确定条件(图 2－7)

(1)根据灾害情况，确定 F、G 点即最大拨移量 H 处；

(2)确定不平行内移的方案，并根据现场情况、工程量情况，确定 C、E 点位置；

(3)确定 C、E 两点间 T_1、K_1、T_2 的值必须满足基本要求，测定 C、E 点间的斜线长 L_1；

(4)根据 E 点位置及现场的情况，做一直线 EB 切既有线于 B 点，测定两点间的长度 L_2，L_2 值中的 T_2、K_2 必须满足基本要求，否则调整 C、E 点位置或 α_1 角，测定 E、I 两点间的长度 EI；

(5)量取 B、HY 点间的弧长，必须满足“最小缓和曲线长度大于等于 20 m”的基本要求，否则另选方案；

(6)测定 E 点至 ZH 点切线的垂直距离 H_1，或直线 CE 与既有曲线相交的 I 点至 ZH 点切线的垂直距离 y_i 值；

(7)根据基本要求选择的 T_1 值来确定 A 点位置。

(8)计算便线转角 α_1、α_2 和曲线半径 R_1、R_2 的值。

2. 计　算

(1)曲线转角 α_1

$$L_1 = T_1 + K_1 + T_2$$

$$L_2 = T_2 + K_2$$

$$\alpha_1 = \arcsin \frac{H_1}{L_1}$$

或

$$\alpha_1 = \arcsin \frac{y_i}{CI}$$

$$y_i = \frac{L_i^3}{6RL_0}$$

$$CI = L_1 - EI$$

(2)缓和曲线 B 点处的数据及 α_2

现场量取 B 点至 HY 点的弧长 L_{by} 或 B 点至 ZH 点的弧长 L_{bi}，并确认 $L_{by} \geqslant 20$ m，则 $L_{bi} = L_0 - L_{by}$。

I 点在缓和曲范围内时：

$$x_b = L_{bi} - \frac{L_{bi}^5}{40R^2 L_0^2}$$

$$y_b = \frac{L_{bi}^3}{6RL_0}$$

$$\varphi_b = \frac{L_{bi}^2}{2RL_0}$$

$$\alpha_2 = \varphi_b - \alpha_1$$

(3)检算曲线切线长 T_2

当 R_2 选定后，计算 T_2：$T_2 = R_2 \tan \frac{\alpha_2}{2}$。

(4)检算曲线长度、切线长度、夹直线长度

便线曲线半径 R 计算结果取整数值后，检算曲线长度 $l_i = \frac{\pi}{180} R_i \alpha_i$、切线长度 $T_i = R_i \tan \frac{\alpha_i}{2}$，确定曲线起、终点位置，再检算夹直线长度 K_i。

3. 计算便线线路长度 $L_{便}$

$$L_{便} = \frac{\pi}{180} R_1 \alpha_1 + K_1 + \frac{\pi}{180} R_2 \alpha_2 + K_2$$

4. 计算既有线需要拨动的线路长 $L_{既}$

$$L_{既} = \overset{\frown}{AB} = A(ZH) + L_{bi}$$

(三)缓和曲线不平行内拨两曲线 B 点在圆曲线内方案

1. 确定条件(图 2－8～图 2－10)

(1)根据灾害情况,确定 F、G 点即最大拨移量 H 处;

(2)确定不平行内移的方案,并根据现场情况、工程量情况,确定 C、E 点位置;

(3)确定 C、E 点间 T_1、K_1、T_2 的值必须满足基本要求,测定 C、E 点间的斜线长 L_1;

(4)根据 E 点位置及现场的情况,做一直线 EB 切既有线于 B,测定两点间的长度 L_2,L_2 值中的 T_2、K_2 必须满足基本要求,否则调整 C、E 点位置或 α_1 角,测定 E、I 两点间的长度 EI;

(5)测定 E 点至 ZH 点切线的垂直距离 H_1,或直线 CE 与既有曲线相交的 I 点至 ZH 点切线的垂直距离 y_i 值;

(6)根据基本要求选择的 T_1 值来确定 A 点位置。

(7)计算 α_2 和 R_1、R_2 的值。

2. 计　　算

(1)曲线转角 α_1

$$L_1 = T_1 + K_1 + T_2$$

$$L_2 = T_2 + K_2$$

$$\alpha_1 = \arcsin \frac{H_1}{L_1}$$

或

$$\alpha_1 = \arcsin \frac{y_i}{CI}$$

$$CI = L_1 - EI$$

(2)计算曲线转角 α_2、α_s,检算 L_2 及 B 点位置

通过计算转角 α_2 求 R_2 的值,计算 B 点切线与 ZH 点切线的转角 α_s,理论上检算现场测量的 L_2 的值及检算现场定位的 B 点位置的准确性。

三角形 $\triangle IEB$ 中,已知:$IE = EI$,$EB = L_2$,$BI = C$(弦线长 C 由现场量取)

$$\angle IBE = \alpha_B$$

由余弦定理得:

$$EI^2 = C^2 + L_2{}^2 - 2C \cdot L_2 \cdot \cos\alpha_B$$

则

$$\alpha_B = \arccos \frac{C^2 + L_2^2 - EI^2}{2C \cdot L_2}$$

$$\angle BIE = \alpha_i$$

由余弦定理得:

$$L_2^2 = C^2 + EI^2 - 2C \cdot EI \cdot \cos\alpha_i$$

则

$$\alpha_i = \arccos \frac{C^2 + EI^2 - L_2^2}{2C \cdot EI}$$

$$\angle IEB = \alpha_E = 180° - \alpha_B - \alpha_i$$

$$\alpha_2 = 180° - \alpha_E$$

①I 点在 HY 点上(图 2－8)

$$\varphi_0 = \frac{L_0}{2R}$$

三角形 $\triangle InB$ 中,$\angle nIB = \alpha_h = \varphi_0 + \frac{\alpha_b}{2}$。由图 2－8 可见,$\alpha_b = 2\alpha_B$,$\alpha_b$ 亦可通过下列两

种方法计算求得：现场量取 B 点至 I 点的直线长 C，则 $\alpha_b = 2\arcsin\dfrac{C/2}{R}$；或现场量取 B 点至 I 点的弧长 L_h，则 $\alpha_b = \dfrac{180L_h}{\pi R}$。

$$\alpha_s = (\alpha_2 + \alpha_1) = \varphi_0 + \alpha_b$$

$$\angle nIB = \alpha_h = \varphi_0 + \frac{\alpha_b}{2}$$

$$nB = C \cdot \sin\alpha_h$$

$$In = C \cdot \cos\alpha_h$$

$$Ee = EI \cdot \sin\alpha_1$$

$$Ie = EI \cdot \cos\alpha_1$$

由于在现场基本上靠目测定位，为防止便线铺设时有较大的误差，必须对个别角度、长度进行理论检算或现场复核。

检算：
$$\alpha_2 = \varphi_0 + \alpha_b - \alpha_1$$

检算：
$$\alpha_s = \arctan\frac{(nB - Ee)}{(In - Ie)}$$

检算：
$$L_2 = \frac{(nB - Ee)}{\sin\alpha_s}$$

式中　α_s——便线终点 B 点的切线与 ZH 点切线的转向角。

②I 点在缓和曲线内（图 2－9）

I 点在缓和曲线内的数据：

现场量取 I 点至 HY 点的弧长 L_y 或 I 点至 ZH 点的弧长 L_i 则 $L_i = L_0 - L_y$，$\varphi_i = \dfrac{L_i^2}{2RL_0}$。

式中，φ_i 为 I 点的缓和曲线倾角。

$$\alpha_s = (\alpha_2 + \alpha_1) = \varphi_i + \alpha_b$$

$$\alpha_b = (\alpha_2 + \alpha_1) - \varphi_i$$

$$en = L_2\cos\alpha_s$$

$$Ee = EI \cdot \sin\alpha_1$$

$$Ie = EI \cdot \cos\alpha_1$$

$$\angle nIB = \alpha_h = \arccos\frac{(Ie + en)}{C}$$

$$nB = C \cdot \sin\alpha_h$$

$$In = C \cdot \cos\alpha_h$$

检算：
$$\alpha_2 = \varphi_i + \alpha_b - \alpha_1$$

检算：
$$\alpha_s = \arctan\frac{(nB - Ee)}{(In - Ie)}$$

检算：
$$L_2 = \frac{(nB - Ee)}{\sin\alpha_s}$$

③I 点在圆曲线内（图 2－10）

现场量取 I 点至 B 点的弧长 L_b，则 $\alpha_b=\dfrac{180L_b}{\pi R}$。

$$\alpha_s=(\alpha_2+\alpha_1)$$

$$\angle nIB=\alpha_h=(\alpha_s-\alpha_b)+\frac{\alpha_b}{2}=(\alpha_2+\alpha_1)-\frac{\alpha_b}{2}$$

$$nB=C\cdot\sin\alpha_h$$

$$In=C\cdot\cos\alpha_h$$

$$Ee=EI\cdot\sin\alpha_1$$

$$Ie=EI\cdot\cos\alpha_1$$

检算：
$$\alpha_2=\alpha_h+\frac{\alpha_b}{2}-\alpha_1$$

检算：
$$\alpha_s=\arctan\frac{(nB-Ee)}{(In-Ie)}$$

检算：
$$L_2=\frac{(nB-Ee)}{\sin\alpha_s}$$

3. 计算便线曲线半径 R

T_1、T_2 已按基本要求确定，则曲线半径 R 为

$$R_1=\frac{T_1}{\tan\dfrac{\alpha_1}{2}}$$

$$R_2=\frac{T_2}{\tan\dfrac{\alpha_2}{2}}$$

4. 检算曲线长度、切线长度、夹直线长度

便线曲线半径 R 计算结果取整数值后，检算曲线长度 $l_i=\dfrac{\pi}{180}R_i\alpha_i$、切线长度 $T_i=R_i\tan\dfrac{\alpha_i}{2}$，确定曲线起、终点位置，再检算夹直线长度 K_i。

5. 计算便线线路长度 $L_{便}$

$$L_{便}=\frac{\pi}{180}R_1\alpha_1+K_1+\frac{\pi}{180}R_2\alpha_2+K_2$$

6. 计算既有线需要拨动的线路长 $L_{既}$

（1）I 点在 HY 点上（图 2－8）、I 点在缓和曲线内（图 2－9）

$$L_{既}=\overset{\frown}{AB}=A\,(ZH)+L_0+L_h$$

式中 L_h——HY 点至 B 点的圆曲线弧长，由现场量取（下同）。

（2）I 点在圆曲线内（图 2－10）

$$L_{既}=\overset{\frown}{AB}=A\,(ZH)+L_0+L_q+L_b$$

式中 L_q——HY 点至 I 点的圆曲线弧长，由现场量取（下同）；

L_b——B 点至 I 点的圆曲线弧长，由现场量取（下同）。

（四）缓和曲线不平行内拨一单一复曲线 B 点在圆曲线内方案

1. 确定条件（图 2－11～图 2－13）

（1）根据灾害情况，确定 F、G 点即最大拨移量 H 处；

（2）确定不平行内移的方案，并根据现场的情况及工程量确定 C、E 点位置以及两点间的斜线长度 L_1（亦可测定 C 点至 ZH 点的距离，再与 x_0 相加即得 CN 的长度，再通过三角的计算原理计算得 CI 的长度）；

（3）根据 E 点位置及现场的情况，做一直线 EB 切既有线于 B 点，测定两点间的长度 L_2，L_2 必须满足 $T_2 \geqslant 25$ m 的基本要求，否则调整 C、E 点位置或 α_1 角，测定 E、I 两点间的长度 EI；

（4）测定 E 点至 ZH 点切线的垂直距离 H_1，或直线 CE 与既有曲线相交的 I 点至 ZH 点切线的垂直距离 y_i 值；

（5）根据基本要求选择的 T_1 值来确定 A 点位置；

（6）计算便线转角 α_1、α_2 的值和曲线半径 R_1 的值。

2. 计　　算

（1）选择曲线半径 R_2

由表 2－6 可知，由于便线技术标准要求较低，因此复曲线采用的最大曲率差为

$$\frac{1}{R}-\frac{1}{R_2}\leqslant\frac{1}{1\,000}$$

$$\frac{1}{R_2}\leqslant\frac{1\,000-R}{1\,000R}$$

$$R_2\geqslant\frac{1\,000R}{1\,000-R}$$

由此式可知，选用两圆曲线的最大曲率差 1/1 000 是有条件的，既有曲线半径 R 应小于 1 000 m。

（2）计算便线 R_2 曲线的全长 l_2 值

$$l_2=R_2\alpha_2\frac{\pi}{180}\geqslant 50\text{ m}$$

α_2 计算见下。

当 R_2 选定后，l_2 的长度不能满足大于等于 50 m 要求时，可重新选择 T_2 或 α_2、α_1 的值。

（3）检算曲线切线 T_2

当 R_2 选定后，检算 T_2：$T_2=R_2\tan\dfrac{\alpha_2}{2}$。

α_2 计算见下。

T_2 的值大于上述确定条件值时，应改变 L_1 或 α_2、α_1 值。

若既有线曲线半径 $R=600$ m 时，$R_2\geqslant 1\,500$；

若既有线曲线半径 $R=800$ m 时，$R_2\geqslant 4\,000$；

当既有曲半径 R 较大时，可采用较高等级的两圆曲线的最大曲率差。

（4）计算曲线转角 α

①计算曲线转角 α_1

$$L_1 = T_1 + K_1 + T_2$$

$$L_2 = T_2$$

$$\alpha_1 = \arcsin \frac{H_1}{L_1}$$

或

$$\alpha_1 = \arcsin \frac{y_i}{CI}$$

$$CI = L_1 - EI$$

②计算曲线转角 α_2、α_s，检算 L_2 及 B 点位置（图 2－11～图 2－13）

通过计算 α_2 的值求 R_2 的值，计算 B 点切线与 ZH 点切线的转角 α_s，理论上检算现场测量的 L_2 的值及检算现场定位的 B 点位置的准确性。

三角形 $\triangle IEB$ 中，已知 $IE = EI$，$EB = L_2$，$BI = C$（弦线长 C 值由现场量取）。

$$\angle IBE = \alpha_B$$

由余弦定理得：

$$EI^2 = C^2 + L_2^2 - 2C \cdot L_2 \cdot \cos\alpha_B$$

则

$$\alpha_B = \arccos \frac{C^2 + L_2^2 - EI^2}{2C \cdot L_2}$$

$$\angle BIE = \alpha_i$$

由余弦定理得：

$$L_2^2 = C^2 + EI^2 - 2C \cdot EI \cdot \cos\alpha_i$$

则

$$\alpha_i = \arccos \frac{C^2 + EI^2 - L_2^2}{2C \cdot EI}$$

$$\angle IEB = \alpha_E = 180° - \alpha_B - \alpha_i$$

$$\alpha_2 = 180° - \alpha_E$$

a. I 点在 HY 点上（图 2－11）

$$\varphi_0 = \frac{L_0}{2R}$$

三角形 $\triangle InB$ 中，$\angle nIB = \alpha_h = \varphi_0 + \frac{\alpha_b}{2}$。由图 2－11 可知，$\alpha_b = 2\alpha_B$，$\alpha_b$ 亦可通过下列两种方法计算求得：现场量取 B 点至 I 点的弦长 C，则 $\alpha_b = 2\arcsin \frac{C/2}{R}$；或现场量取 B 点至 HY 点（I 点）的圆曲线弧长 L_h，则 $\alpha_b = \frac{180L_h}{\pi R}$。

$$\alpha_s = (\alpha_2 + \alpha_1) = \varphi_0 + \alpha_b$$

$$\angle nIB = \alpha_h = \varphi_0 + \frac{\alpha_b}{2}$$

$$nB = C \cdot \sin\alpha_h$$

$$In = C \cdot \cos\alpha_h$$

$$Ee = EI \cdot \sin\alpha_1$$

$$Ie = EI \cdot \cos\alpha_1$$

由于在现场基本上靠目测定位，为防止便线铺设时有较大的误差，必须对个别角度、长度进行理论检算或现场复核。

检算：
$$\alpha_2=\varphi_0+\alpha_b-\alpha_1$$

检算：
$$\alpha_s=\arctan\frac{(nB-Ee)}{(In-Ie)}$$

检算：
$$L_2=\frac{(nB-Ee)}{\sin\alpha_s}$$

b. I 点在缓和曲线内(图 2－12)

现场量取 I 点至 HY 点的缓和曲线弧长 L_y 或 I 点至 ZH 点的缓和曲线弧长 L_i，则 $L_i=L_0-L_y$，$\varphi_i=\frac{L_i^2}{2RL_0}$。

$$\alpha_s=(\alpha_2+\alpha_1)=\varphi_i+\alpha_b$$
$$\alpha_b=(\alpha_2+\alpha_1)-\varphi_i$$
$$en=L_2\cos\alpha_s$$
$$Ee=EI\cdot\sin\alpha_1$$
$$Ie=EI\cdot\cos\alpha_1$$
$$\angle nIB=\alpha_h=\arccos\frac{(Ie+en)}{C}$$
$$nB=C\cdot\sin\alpha_h$$
$$In=C\cdot\cos\alpha_h$$

检算：
$$\alpha_2=\varphi_i+\alpha_b-\alpha_1$$

检算：
$$\alpha_s=\arctan\frac{(nB-Ee)}{(In-Ie)}$$

检算：
$$L_2=\frac{(nB-Ee)}{\sin\alpha_s}$$

若 B 点处在缓和曲线内，可参考“(一)缓和曲线不平行内拨一单一复曲线 I、B 点在缓和曲线内方案”的计算方法，计算得 B 点处的曲线半径 ρ_b，但必须确保 B 点至 HY 点间满足大于等于 50 m 的缓和曲线长度。若不能满足时应将两曲线公切点设置在 HY 点上。

c. I 点在圆曲线内(图 2－13)

现场量取 I 点至 B 点的弧长 L_b，则有 $\alpha_b=\frac{180L_b}{\pi R}$。

$$\alpha_s=(\alpha_2+\alpha_1)$$
$$\angle nIB=\alpha_h=(\alpha_s-\alpha_b)+\frac{\alpha_b}{2}=(\alpha_2+\alpha_1)-\frac{\alpha_b}{2}$$
$$nB=C\cdot\sin\alpha_h$$
$$In=C\cdot\cos\alpha_h$$
$$Ee=EI\cdot\sin\alpha_1$$
$$Ie=EI\cdot\cos\alpha_1$$

检算：
$$\alpha_2=\alpha_h+\frac{\alpha_b}{2}-\alpha_1$$

检算：
$$\alpha_s = \arctan \frac{(nB - Ee)}{(In - Ie)}$$

检算：
$$L_2 = \frac{(nB - Ee)}{\sin\alpha_s}$$

3. 计算曲线半径 R

T_1 已按基本要求确定，所以 $R_1 = \dfrac{T_1}{\tan \dfrac{\alpha_1}{2}}$。

4. 检算曲线长度、切线长度、夹直线长度

便线曲线半径 R 计算结果取整数值后，检算曲线长度 $l_i = \dfrac{\pi}{180} R_i \alpha_i$、切线长度 $T_i = R_i \tan \dfrac{\alpha_i}{2}$，确定曲线起、终点位置，再检算夹直线长度 K_i。

5. 便线曲线的正矢、超高及放行列车速度

(1) 复曲线内的曲线正矢及 B 点的正矢按基本要求计算。

(2) R_2 曲线超高在 B 点处按既有线超高。R_2 曲线内超高顺坡，若 R_2 曲线超高与 B 点相同时，则由 B 点向 A 点平顺设置；若 R_2 曲线超高与 B 点不同时，则由 B 点向 A 点按不大于 2.0‰ 递减（或递增）；A 点往直线方向超高顺坡按基本要求处理。

(3) R_2 复曲线内放行列车最高允许速度参照表 2－6 办理。

6. 计算便线线路长度 $L_{便}$

$$L_{便} = \frac{\pi}{180} R_1 \alpha_1 + K_1 + \frac{\pi}{180} R_2 \alpha_2$$

7. 计算既有线需要拨动的线路长 $L_{既}$

(1) I 点在 HY 点上（图 2－11）、I 点在缓和曲线内（图 2－12）

$$L_{既} = \overset{\frown}{AB} = A\ (ZH) + L_0 + L_h$$

(2) I 点在圆曲线内（图 2－13）

$$L_{既} = \overset{\frown}{AB} = A\ (ZH) + L_0 + L_q + L_b$$

（五）缓和曲线不平行内拨两曲线交点在曲线内方案

1. 确定条件（图 2－14～图 2－16）

(1) 根据灾害情况，确定 F、G 点即最大拨移量 H 处；

(2) 确定不平行内移的方案，并根据现场的情况、工程量情况，确定 C、E 点位置；

(3) 确定 C、E 点间 T_1、K_1、T_2 的值必须满足基本要求，测定 C、E 点间的斜线长 L_1；

(4) 根据 E 点位置及现场的情况，做一直线 EB 切既有线于 B 点，测定两点间的长度 L_2，L_2 值中的 T_2、K_2 必须满足基本要求，否则调整 C、E 点位置或 α_1 角，测定 E、I 两点间的长度 EI；

(5) 测定 E 点至 ZH 点切线的垂直距离 H_1，或直线 CE 与既有曲线相交的 I 点至 ZH 点切线的垂直距离 y_i 值；

(6) 根据基本要求选择的 T_1 值来确定 A 点位置。

(7)计算便线的转角 α_2 和曲线半径 R_1、R_2 的值。

2.计 算

(1)曲线转角 α_1

$$L_1 = T_1 + K_1 + T_2$$

$$L_2 = T_2 + K_2$$

$$\alpha_1 = \arcsin \frac{H_1}{L_1}$$

或

$$\alpha_1 = \arcsin \frac{y_i}{CI}$$

$$CI = L_1 - EI$$

(2)计算曲线转角 α_2、α_s,检算 L_2 及 B 点位置(图2-14~图2-16)

通过计算 α_2 求 R_2 的值,计算 B 点切线与 ZH 点切线的转角 α_s,理论上检算现场测量的 L_2 值及检算现场定位的 B 点位置的准确性。

三角形△IEB 中,已知 $IE = EI, EB = L_2, BI = C$(弦线长 C 由现场量取)。

$$\angle IBE = \alpha_B$$

由余弦定理得:

$$EI^2 = C^2 + L_2^2 - 2C \cdot L_2 \cdot \cos\alpha_B$$

则

$$\alpha_B = \arccos \frac{C^2 + L_2^2 - EI^2}{2C \cdot L_2}$$

$$\angle BIE = \alpha_i$$

由余弦定理得:

$$L_2^2 = C^2 + EI^2 - 2C \cdot EI \cdot \cos\alpha_i$$

则

$$\alpha_i = \arccos \frac{C^2 + EI^2 - L_2^2}{2C \cdot EI}$$

$$\angle IEB = \alpha_E = 180° - \alpha_B - \alpha_i$$

$$\alpha_2 = 180° - \alpha_E$$

①I 点在 HY 点上(图2-14)

$$\varphi_0 = \frac{L_0}{2R}$$

三角形△InB 中,$\angle nIB = \alpha_h = \varphi_0 + \dfrac{\alpha_b}{2}$。由图2-14可知,$\alpha_b = 2\alpha_B$,$\alpha_b$ 亦可通过下列两种方法计算求得:现场量取 B 点至 I 点的弦长 C,则 $\alpha_b = 2\arcsin \dfrac{C/2}{R}$;或现场量取在 B 点至 HY 点(I 点)的圆曲线弧长 L_h,则 $\alpha_b = \dfrac{180L_h}{\pi R}$。

$$\alpha_s = (\alpha_2 + \alpha_1) = \varphi_0 + \alpha_b$$

$$\angle nIB = \alpha_h = \varphi_0 + \frac{\alpha_b}{2}$$

$$nB = C \cdot \sin\alpha_h$$

$$In = C \cdot \cos\alpha_h$$

$$Ee = EI \cdot \sin\alpha_1$$

$$Ie = EI \cdot \cos\alpha_1$$

由于在现场基本上靠目测定位，为防止便线铺设时有较大的误差，必须对个别角度、长度进行理论检算或现场复核。

检算：
$$\alpha_2 = \varphi_0 + \alpha_b - \alpha_1$$

检算：
$$\alpha_s = \arctan\frac{(nB - Ee)}{(In - Ie)}$$

检算：
$$L_2 = \frac{(nB - Ee)}{\sin\alpha_s}$$

②I 点在缓和曲线内（图 2－15）

现场量取 I 点至 HY 点的缓和曲线弧长 L_y 或 I 点至 ZH 点的缓和曲线弧长 L_i，则 $L_i = L_0 - L_y$，$\varphi_i = \dfrac{L_i^2}{2RL_0}$。

$$\alpha_s = (\alpha_2 + \alpha_1) = \varphi_i + \alpha_b$$

$$\alpha_b = (\alpha_2 + \alpha_1) - \varphi_i$$

$$en = L_2\cos\alpha_s$$

$$Ee = EI \cdot \sin\alpha_1$$

$$Ie = EI \cdot \cos\alpha_1$$

$$\angle nIB = \alpha_h = \arccos\frac{(Ie + en)}{C}$$

$$nB = C \cdot \sin\alpha_h$$

$$In = C \cdot \cos\alpha_h$$

检算：
$$\alpha_2 = \varphi_i + \alpha_b - \alpha_1$$

检算：
$$\alpha_s = \arctan\frac{(nB - Ee)}{(In - Ie)}$$

检算：
$$L_2 = \frac{(nB - Ee)}{\sin\alpha_s}$$

③I 点在圆曲线内（图 2－16）

现场量取 I 点至 B 点的圆曲线弧长 L_b，则 $\alpha_b = \dfrac{180L_b}{\pi R}$。

$$\alpha_s = (\alpha_2 + \alpha_1)$$

$$\angle nIB = \alpha_h = (\alpha_s - \alpha_b) + \frac{\alpha_b}{2} = (\alpha_2 + \alpha_1) - \frac{\alpha_b}{2}$$

$$nB = C \cdot \sin\alpha_h$$

$$In = C \cdot \cos\alpha_h$$

$$Ee = EI \cdot \sin\alpha_1$$

$$Ie = EI \cdot \cos\alpha_1$$

检算：
$$\alpha_2 = \alpha_h + \frac{\alpha_b}{2} - \alpha_1$$

检算：
$$\alpha_s = \arctan\frac{(nB - Ee)}{(In - Ie)}$$

检算：
$$L_2=\frac{(nB-Ee)}{\sin\alpha_s}$$

(3) DC 的长度及位置：

现场量取 D 点至 ZH 点的缓和曲线弧长 L_d 或 D 点至 HY 点缓和曲线的弧长 L_H，则 $L_d=L_0-L_H$。

既有线 D 点至 ZH 点切线上 d 点的垂直距离为 $y_d=Dd=\frac{L_d^3}{6RL_0}$。

既有线 D 点至 ZH 点切线上 C 点的斜线距离为 $DC=\frac{Dd}{\sin\alpha_1}$

3. 计算便线曲线半径 R

T_1、T_2 已按基本要求确定，则曲线半径 R 为

$$R_1=\frac{T_1}{\tan\frac{\alpha_1}{2}}$$

$$R_2=\frac{T_2}{\tan\frac{\alpha_2}{2}}$$

4. 检算曲线长度、切线长度、夹直线长度

便线曲线半径 R 计算结果取整数值后，检算曲线长度 $l_i=\frac{\pi}{180}R_i\alpha_i$、切线长度 $T_i=R_i\tan\frac{\alpha_i}{2}$，确定曲线起、终点位置，再检算夹直线长度 K_i。

5. 计算便线线路长度 $L_{便}$

$$L_{便}=\frac{\pi}{180}R_1\alpha_1+K_1+\frac{\pi}{180}R_2\alpha_2+K_2$$

6. 计算既有线需要拨动的线路长 $L_{既}$

(1) I 点在 HY 点上（图 2－14）、I 点在缓和曲线内（图 2－15）

$$L_{既}=\overset{\frown}{AB}=A\,(ZH)+L_0+L_h$$

(2) I 点在圆曲线内（图 2－16）

$$L_{既}=\overset{\frown}{AB}=A\,(ZH)+L_0+L_q+L_b$$

（六）缓和曲线平行内拨三曲线方案

1. 确定条件（图 2－17～图 2－19）

(1) 根据灾害情况，确定 F、G 点即最大拨移量 H 处；

(2) 确定平行内移的方案，并根据现场的情况、工程量和基本要求选择 T_2、K_2、T_3 的值，确定 D、E 点位置以及两点间的长度 L_2；

(3) 根据基本要求选择 T_1、K_1、T_2 的值及工程量确定 C 点位置，并测定 C、D 两点间的斜长 L_1；

(4) 根据 E 点位置及现场的情况，做一直线 EB 切既有线于 B 点，测定 E、B 两点间的

长度 L_3,L_3 值中的 T_3、K_3 必须满足基本要求,否则调整 D、E 点位置或 α_1、α_3 角,测定 E、I 两点间的长度 EI;

(5)测定便线的曲线交点 D 点至 ZH 点切线的垂直距离 H_1 和 E 点至 ZH 点切线的垂直距离 H_2 值,或 I 点至 ZH 点切线的垂直距离 y_i 值;

(6)根据基本要求选择的 T_1 值来确定 A 点位置;

(7)计算便线的转角 α_1、α_2、α_3 和曲线半径 R_1、R_2、R_3 的值。

2. 计算曲线转角 α

(1)计算曲线转角 α_1、α_2

$$L_1 = T_1 + K_1 + T_2$$

$$L_2 = T_2 + K_2 + T_3$$

$$L_3 = T_3 + K_3$$

$$\alpha_1 = \arcsin\frac{H_1}{L_1}$$

因为是平行内移,所以 $H_1 = H_2$,$\alpha_2 = \alpha_1$。

(2)计算曲线转角 α_3、α_s,检算 L_3 及 B 点位置(图 2 - 17 ~ 图 2 - 19)

通过计算 α_2 的值求 R_2 的值,计算 B 点切线与 ZH 点切线的转角 α_s,理论上检算现场测量的 L_2 的值及检算现场定位的 B 点位置的准确性。

三角形△IEB 中,已知 $IE = EI$,$EB = L_3$,$BI = C$(弦线长 C 由现场量取)。

$$\angle IBE = \alpha_B$$

由余弦定理得:

$$EI^2 = C^2 + L_3^2 - 2C \cdot L_3 \cdot \cos\alpha_B$$

则

$$\alpha_B = \arccos\frac{C^2 + L_3^2 - EI^2}{2C \cdot L_3}$$

$$\angle BIE = \alpha_i$$

由余弦定理得:

$$L_3^2 = C^2 + EI^2 - 2C \cdot EI \cdot \cos\alpha_i$$

则

$$\alpha_i = \arccos\frac{C^2 + EI^2 - L_3^2}{2C \cdot EI}$$

$$\angle IEB = \alpha_E = 180° - \alpha_B - \alpha_I$$

$$\alpha_s = \alpha_3 = 180° - \alpha_E$$

①I 点在 HY 点上(图 2 - 17)

$$\varphi_0 = \frac{L_0}{2R}$$

三角形△InB 中,$\angle nIB = \alpha_h = \varphi_0 + \frac{\alpha_b}{2}$。由图 2 - 17 可知,$\alpha_b = 2\alpha_B$。$\alpha_b$ 亦可通过下列两种方法计算求得:现场量取 B 点量至 I 点的弦长 C,则 $\alpha_b = 2\arcsin\frac{C/2}{R}$;或现场量取 B 点至 HY 点(I 点)的圆曲线弧长 L_h,则 $\alpha_b = \frac{180L_h}{\pi R}$。

$$\alpha_b = \alpha_s - \varphi_0$$

$$\angle nIB=\alpha_h=\varphi_0+\frac{\alpha_b}{2}$$

$$nB=C\cdot\sin\alpha_h$$

$$In=C\cdot\cos\alpha_h$$

由于在现场基本上靠目测定位，为防止便线铺设时有较大的误差，必须对个别角度、长度进行理论检算或现场复核。

检算： $$\alpha_3=\varphi_0+\alpha_b$$

检算： $$\alpha_s=\alpha_3=\arctan\frac{nB}{In-EI}$$

检算： $$L_3=\frac{nB}{\sin\alpha_3}$$

②I 点在缓和曲线内（图 2－18）

现场量取 I 点至 HY 点的缓和曲线弧长 L_y 或 I 点至 ZH 点的缓和曲线弧长 L_i，则 $L_i=L_0-L_y$，$\varphi_i=\dfrac{L_i^2}{2RL_0}$。

$$nB=L_3\cdot\sin\alpha_s$$

$$\angle nIB=\alpha_h=\arcsin\frac{nB}{C}$$

$$In=C\cdot\cos\alpha_h$$

检算： $$\alpha_3=\varphi_i+\alpha_b$$

检算： $$\alpha_s=\alpha_3=\arctan\frac{nB}{In-EI}$$

检算： $$L_3=\frac{nB}{\sin\alpha_3}$$

③I 点在圆曲线内（图 2－19）

现场量取 I 点至 B 点的圆曲线弧长 L_b，则 $\alpha_b=\dfrac{180L_b}{\pi R}$。

$$\angle nIB=\alpha_h=(\alpha_s-\alpha_b)+\frac{\alpha_b}{2}=\alpha_3-\frac{\alpha_b}{2}$$

$$nB=C\cdot\sin\alpha_h$$

$$In=C\cdot\cos\alpha_h$$

检算： $$\alpha_3=\alpha_h+\frac{\alpha_b}{2}$$

检算： $$\alpha_s=\alpha_3=\arctan\frac{nB}{In-EI}$$

检算： $$L_3=\frac{nB}{\sin\alpha_3}$$

3. 计算便线曲线半径 R

T_1、T_2、T_3 已按基本要求确定，则曲线半径 R 为

$$R_1=\frac{T_1}{\tan\frac{\alpha_1}{2}}$$

$$R_2=\frac{T_2}{\tan\frac{\alpha_2}{2}}$$

$$R_3=\frac{T_3}{\tan\frac{\alpha_3}{2}}$$

4. 检算曲线长度、切线长度、夹直线长度

便线曲线半径 R 计算结果取整数值后，检算曲线长度 $l_i=\frac{\pi}{180}R_i\alpha_i$、切线长度 $T_i=R_i\tan\frac{\alpha_i}{2}$，确定曲线起、终点位置，再检算夹直线长度 K_i。

5. 计算便线线路长度 $L_{便}$

$$L_{便}=\frac{\pi}{180}R_1\alpha_1+K_1+\frac{\pi}{180}R_2\alpha_2+K_2+\frac{\pi}{180}R_3\alpha_3+K_3$$

6. 计算既有线需要拨动的线路长 $L_{既}$

(1) I 点在 HY 点上（图 2-17）、I 点在缓和曲线内（图 2-18）

$$L_{既}=\widehat{AB}=A\ (ZH)+L_0+L_h$$

(2) I 点在圆曲线内（图 2-19）

$$L_{既}=\widehat{AB}=A\ (ZH)+L_0+L_q+L_b$$

（七）缓和曲线不平行内拨三曲线方案

1. 确定条件（图 2-20 ~ 图 2-22）

(1) 根据灾害情况，确定 F、G 点即最大拨移量 H 处；

(2) 确定不平行内移的方案，并根据现场的情况、工程量和基本要求选择 T_2、K_2、T_3 的值，确定 D、E 点位置以及两点间的长度 L_2；

(3) 根据基本要求选择 T_1、K_1、T_2 的值及工程量确定 C 点位置，并测定 C、D 两点间的斜长 L_1；

(4) 根据 E 点位置及现场的情况，做一 EB 直线切既有线于 B 点，测定 E、B 两点间的长度 L_3，L_3 值中的 T_3、K_3 必须满足基本要求，否则调整 D、E 点位置或 α_1、α_2 角，测定 E、I 两点间的长度 EI；

(5) 测定便线的曲线交点 D 点至 ZH 点切线的垂直距离 H_1 和 E 点至 ZH 点切线的垂直距离 H_2 值，或 I 点至 ZH 点切线的垂直距离 y_i 值；

(6) 根据基本要求选择的 T_1 值来确定 A 点位置；

(7) 计算便线的 α_1、α_2、α_3 角值及曲线半径 R_1、R_2、R_3 的值。

2. 计算曲线转角 α

(1) 计算曲线转角 α_1、α_2

$$L_1 = T_1 + K_1 + T_2$$
$$L_2 = T_2 + K_2 + T_3$$
$$L_3 = T_3 + K_3$$
$$\alpha_1 = \arcsin \frac{H_1}{L_1}$$
$$\alpha_2 = \alpha_1 - \alpha_g$$
$$\alpha_g = \arcsin \frac{(H_2 - H_1)}{L_2}$$

或
$$\alpha_g = \arcsin \frac{(y_i - H_1)}{DI}$$
$$DI = L_2 - EI$$

(2)计算曲线转角 α_3、α_s,检算 L_3 及 B 点位置(图 2－20～图 2－22)

通过计算 α_2 的值求 R_2 的值,计算 B 点切线与 ZH 点切线的转角 α_s,理论上检算现场测量的 L_2 值及检算现场定位的 B 点位置的准确性。

三角形△IEB 中,已知 $IE = EI$,$EB = L_3$,$BI = C$(弦长 C 值由现场量取)

$$\angle IBE = \alpha_B$$

由余弦定理得:
$$EI^2 = C^2 + L_3^2 - 2C \cdot L_3 \cdot \cos\alpha_B$$

则
$$\alpha_B = \arccos \frac{C^2 + L_3^2 - EL^2}{2C \cdot L_3}$$
$$\angle BIE = \alpha_i$$

由余弦定理得:
$$L_3^2 = C^2 + EI^2 - 2C \cdot EL \cdot \cos\alpha_i$$

则
$$\alpha_i = \arccos \frac{C^2 + EI^2 - L_3^2}{2C \cdot EI}$$
$$\angle IEB = \alpha_E = 180° - \alpha_B - \alpha_i$$
$$\alpha_3 = 180° - \alpha_E$$

①I 点在 HY 点上(图 2－20)

$$\varphi_0 = \frac{L_0}{2R}$$

三角形△InB 中,$\angle nIB = \alpha_h = \varphi_0 + \frac{\alpha_b}{2}$。由图 2－20 可知,$\alpha_b = 2\alpha_B$。$\alpha_b$ 亦可通过下列两种方法计算求得:现场量取 B 点至 I 点的弦长 C,则 $\alpha_b = 2\arcsin \frac{C/2}{R}$;或现场量取 B 点至 HY 点(I 点)的圆曲线弧长 L_h,则 $\alpha_b = \frac{180L_h}{\pi R}$。

$$\alpha_s = \alpha_3 + \alpha_g = \varphi_0 + \alpha_b$$
$$\angle nIB = \alpha_h = \varphi_0 + \frac{\alpha_b}{2}$$
$$nB = C \cdot \sin\alpha_h$$
$$In = C \cdot \cos\alpha_h$$

$$Ee = EI \cdot \sin\alpha_g$$

$$Ie = EI \cdot \cos\alpha_g$$

由于在现场基本上靠目测定位，为防止便线铺设时有较大的误差，必须对个别角度、长度进行理论检算或现场复核。

检算：
$$\alpha_3 = \varphi_0 + \alpha_b - \alpha_g$$

检算：
$$\alpha_s = \arctan\frac{(nB - Ee)}{(In - Ie)}$$

检算：
$$L_3 = \frac{(nB - Ee)}{\sin\alpha_s}$$

②I 点在缓和曲线内（图 2－21）

现场量取 I 点至 HY 点的缓和曲线弧长 L_y 或 I 点至 ZH 点的缓和曲线弧长 L_i，则 $L_i = L_0 - L_y$，$\varphi_i = \frac{L_i^2}{2RL_0}$。

$$\alpha_s = \alpha_3 + \alpha_g = \varphi_i + \alpha_b$$

$$en = L_3\cos\alpha_s$$

$$Ee = EI \cdot \sin\alpha_g$$

$$Ie = EI \cdot \cos\alpha_g$$

$$\angle nIB = \alpha_h = \arccos\frac{(Ie + en)}{C}$$

$$nB = C \cdot \sin\alpha_h$$

$$In = C \cdot \cos\alpha_h$$

检算：
$$\alpha_3 = \varphi_i + \alpha_b - \alpha_g$$

检算：
$$\alpha_s = \arctan\frac{(nB - Ee)}{(In - Ie)}$$

检算：
$$L_3 = \frac{(nB - Ee)}{\sin\alpha_s}$$

③I 点在圆曲线内（图 2－22）

现场量取 I 点至 B 点的圆曲线弧长 L_b，则 $\alpha_b = \frac{180L_b}{\pi R}$。

$$\alpha_s = \alpha_3 + \alpha_g$$

$$\angle nIB = \alpha_h = (\alpha_s - \alpha_b) + \frac{\alpha_b}{2} = (\alpha_3 + \alpha_g) - \frac{\alpha_b}{2}$$

$$nB = C \cdot \sin\alpha_h$$

$$In = C \cdot \cos\alpha_h$$

$$Ee = EI \cdot \sin\alpha_g$$

$$Ie = EI \cdot \cos\alpha_g$$

检算：
$$\alpha_3 = \alpha_h + \frac{\alpha_b}{2} - \alpha_g$$

检算：
$$\alpha_s = \arctan\frac{(nB - Ee)}{(In - Ie)}$$

检算：$$L_3=\frac{(nB-Ee)}{\sin\alpha_s}$$

3. 计算便线曲线半径 R

T_1、T_2、T_3 已按基本要求确定，则曲线半径 R 为

$$R_1=\frac{T_1}{\tan\frac{\alpha_1}{2}}$$

$$R_2=\frac{T_2}{\tan\frac{\alpha_2}{2}}$$

$$R_3=\frac{T_3}{\tan\frac{\alpha_3}{2}}$$

4. 检算曲线长度、切线长度、夹直线长度

便线曲线半径 R 计算结果取整数值后，检算曲线长度 $l_i=\frac{\pi}{180}R_i\alpha_i$、切线长度 $T_i=R_i\tan\frac{\alpha_i}{2}$，确定曲线起、终点位置，再检算夹直线长度 K_i。

5. 计算便线线路长度 $L_便$

$$L_便=\frac{\pi}{180}R_1\alpha_1+K_1+\frac{\pi}{180}R_2\alpha_2+K_2+\frac{\pi}{180}R_3\alpha_3+K_3$$

6. 计算既有线需要拨动的线路长 $L_既$

(1)I 点在 HY 点上(图 2－20)、I 点在缓和曲线内(图 2－21)

$$L_既=\overset{\frown}{AB}=A(ZH)+L_0+L_h$$

(2)I 点在圆曲线内(见图 2－22)

$$L_既=\overset{\frown}{AB}=A(ZH)+L_0+L_q+L_b$$

(八)缓和曲线不平行内拔三曲线内凹式方案

1. 确定条件(图 2－23～图 2－25)

(1)根据灾害情况，确定 F、G 点即最大拨移量 H 处；

(2)确定不平行内移的方案，并根据现场的情况、工程量、基本要求选择 T_2、K_2、T_3 的值确定 D、E 点位置以及两点间的长度 L_2；

(3)根据基本要求选择 T_1、K_1、T_2 的值及工程量确定 C 点位置，并测定 C、D 两点间的斜长 L_1；

(4)根据 E 点位置及现场的情况，做一直线 EB 切既有线于 B 点，测定 E、B 两点间的长度 L_3，L_3 值中的 T_3、K_3 必须满足基本要求，否则调整 D、E 点位置或 α_1、α_2 角，测定 E、I 两点间的长度 EI；

(5)测定 D 点至 ZH 点切线的垂直距离 H_1 和 E 点至 ZH 点切线的垂直距离 H_2，或 I 点至 ZH 点切线的垂直距离 y_i 值；

(6)根据基本要求选择的 T_1 值来确定 A 点位置；

(7)计算便线的 α_1、α_2、α_3 和曲线半径 R_1、R_2、R_3 的值。

2. 计算曲线转角 α

(1)计算曲线转角 α_1、α_2

$$L_1 = T_1 + K_1 + T_2$$

$$L_2 = T_2 + K_2 + T_3$$

$$L_3 = T_3 + K_3$$

$$\alpha_1 = \arcsin \frac{H_1}{L_1}$$

$$\alpha_2 = \alpha_g - \alpha_1$$

$$\alpha_g = \arcsin \frac{(H_2 - H_1)}{L_2}$$

或

$$\alpha_g = \arcsin \frac{(\gamma_i - H_1)}{DI}$$

$$DI = L_2 - EI$$

(2)计算曲线转角 α_3、α_s，检算 L_3 及 B 点位置(图 2－23～图 2－25)

通过计算 α_2 值求 R_2 值，计算 B 点切线与 ZH 点切线的转角 α_s，理论上检算现场测量的 L_2 值及检算现场定位的 B 点位置的准确性。

三角形△IEB 中，已知：$IE = EI$，$EB = L_3$，$BI = C$(弦线长 C 值由现场量取)。

$$\angle IBE = \alpha_B$$

由余弦定理得：

$$EI^2 = C^2 + L_3^2 - 2C \cdot L_3 \cdot \cos\alpha_B$$

则

$$\alpha_B = \arccos \frac{C^2 + L_3^2 - EI^2}{2C \cdot L_3}$$

$$\angle BIE = \alpha_i$$

由余弦定理得：

$$L_3^2 = C^2 + EI^2 - 2C \cdot EI \cdot \cos\alpha_i$$

则

$$\alpha_i = \arccos \frac{C^2 + EI^2 - L_3^2}{2C \cdot EI}$$

$$\angle IEB = \alpha_E = 180° - \alpha_B - \alpha_i$$

$$\alpha_3 = 180° - \alpha_E$$

①I 点在 HY 点上(图 2－23)

$$\varphi_0 = \frac{L_0}{2R}$$

三角形△InB 中，$\angle nIB = \alpha_h = \varphi_0 + \frac{\alpha_b}{2}$。由图 2－23 可知，$\alpha_b = 2\alpha_B$。$\alpha_b$ 亦可通过下列两种方法计算求得：现场量取 B 点至 I 点的弦长 C，则 $\alpha_b = 2\arcsin \frac{C/2}{R}$；或现场量取 B 点至 HY 点(I 点)的圆曲线弧长 L_h，则 $\alpha_b = \frac{180L_h}{\pi R}$。

$$\alpha_s = \alpha_3 + \alpha_g = \varphi_0 + \alpha_b$$

$$\angle nIB = \alpha_h = \varphi_0 + \frac{\alpha_b}{2}$$

$$nB = C \cdot \sin\alpha_h$$

$$In = C \cdot \cos\alpha_h$$

$$Ee = EI \cdot \sin\alpha_g$$

$$Ie = EI \cdot \cos\alpha_g$$

由于在现场基本上靠目测定位，为防止便线铺设时有较大的误差，必须对个别角度、长度进行理论检算或现场复核。

检算：
$$\alpha_3 = \varphi_0 + \alpha_b - \alpha_g$$

检算：
$$\alpha_s = \arctan\frac{(nB - Ee)}{(In - Ie)}$$

检算：
$$L_3 = \frac{(nB - Ee)}{\sin\alpha_s}$$

②I 点在缓和曲线内（图 2－24）

现场量取 I 点至 HY 点的缓和曲线弧长 L_y 或 I 点至 ZH 点的缓和曲线弧长 L_i，则，$L_i = L_0 - L_y$，$\varphi_i = \frac{L_i^2}{2RL_0}$。

$$\alpha_s = \alpha_3 + \alpha_g = \varphi_i + \alpha_b$$

$$en = L_3\cos\alpha_s$$

$$Ee = EI \cdot \sin\alpha_g$$

$$Ie = EI \cdot \cos\alpha_g$$

$$\angle nIB = \alpha_h = \arccos\frac{(Ie + en)}{C}$$

$$nB = C \cdot \sin\alpha_h$$

$$In = C \cdot \cos\alpha_h$$

检算：
$$\alpha_3 = \varphi_i + \alpha_b - \alpha_g$$

检算：
$$\alpha_s = \arctan\frac{(nB - Ee)}{(In - Ie)}$$

检算：
$$L_3 = \frac{(nB - Ee)}{\sin\alpha_s}$$

③I 点在圆曲线内（图 2－25）

现场量取 I 点至 B 点的圆曲线弧长 L_b，则 $\alpha_b = \frac{180L_b}{\pi R}$。

$$\alpha_s = \alpha_3 + \alpha_g$$

$$\angle nIB = \alpha_h = (\alpha_s - \alpha_b) + \frac{\alpha_b}{2} = (\alpha_3 + \alpha_g) - \frac{\alpha_b}{2}$$

$$nB = C \cdot \sin\alpha_h$$

$$In = C \cdot \cos\alpha_h$$

$$Ee = EI \cdot \sin\alpha_g$$

$$Ie = EI \cdot \cos\alpha_g$$

检算：
$$\alpha_3 = \alpha_h + \frac{\alpha_b}{2} - \alpha_g$$

检算：
$$\alpha_s = \arctan\frac{(nB - Ee)}{(In - Ie)}$$

检算：
$$L_3 = \frac{(nB - Ee)}{\sin\alpha_s}$$

3. 计算便线曲线半径 R

T_1、T_2、T_3 已按基本要求确定，则曲线半径 R 为

$$R_1 = \frac{T_1}{\tan\frac{\alpha_1}{2}}$$

$$R_2 = \frac{T_2}{\tan\frac{\alpha_2}{2}}$$

$$R_3 = \frac{T_3}{\tan\frac{\alpha_3}{2}}$$

4. 检算曲线长度、切线长度、夹直线长度

便线曲线半径 R 计算结果取整数值后，检算曲线长度 $l_i = \frac{\pi}{180}R_i\alpha_i$、切线长度 $T_i = R_i\tan\frac{\alpha_i}{2}$，确定曲线起、终点位置，再检算夹直线长度 K_i。

5. 计算便线线路长度 $L_便$

$$L_便 = \frac{\pi}{180}R_1\alpha_1 + K_1 + \frac{\pi}{180}R_2\alpha_2 + K_2 + \frac{\pi}{180}R_3\alpha_3 + K_3$$

6. 计算既有线需要拨动的线路长 $L_既$

(1) I 点在 HY 点上（图 2－23）、I 点在缓和曲线内（图 2－24）

$$L_既 = \widehat{AB} = A\,(ZH) + L_0 + L_h$$

(2) I 点在圆曲线内（图 2－25）

$$L_既 = \widehat{AB} = A\,(ZH) + L_0 + L_q + L_b$$

（九）缓和曲线不平行内拨三曲线外凸式方案

1. 确定条件（图 2－26～图 2－28）

(1) 根据灾害情况，确定 F、G 点即最大拨移量 H 处；

(2) 确定不平行内移的方案，并根据现场的情况、工程量和基本要求选择 T_2、K_2、T_3 的值，确定 D、E 点位置以及两点间的长度 L_2；

(3) 根据基本要求选择 T_1、K_1、T_2 的值及工程量确定 C 点位置，并测定 C、D 两点间的斜长 L_1；

(4) 根据 E 点位置及现场的情况，做一直线 EB 切既有线于 B 点，测定 E、B 两点间的

长度 L_3，L_3 值中的 T_3、K_3 必须满足基本要求，否则调整 D、E 点位置或 α_1、α_2 角，测定 E、I 两点间的长度 EI；

(5)测定便线 D 点至 ZH 点切线的垂直距离 H_1 和 E 点至 ZH 点切线的垂直距离 H_2，或 I 点至 ZH 点切线的垂直距离 y_i 值；

(6)根据基本要求选择的 T_1 值来确定 A 点位置；

(7)计算便线的 α_1、α_2、α_3 和曲线半径 R_1、R_2、R_3 的值。

2. 计算曲线转角 α

(1)计算曲线转角 α_1、α_2

$$L_1 = T_1 + K_1 + T_2$$

$$L_2 = T_2 + K_2 + T_3$$

$$L_3 = T_3 + K_3$$

$$\alpha_1 = \arcsin \frac{H_1}{L_1}$$

$$\alpha_2 = \alpha_g + \alpha_1$$

$$\alpha_g = \arcsin \frac{(H_1 - H_2)}{L_2}$$

或

$$\alpha_g = \arcsin \frac{(H_1 - y_i)}{DI}$$

$$DI = L_2 - EI$$

(2)计算曲线转角 α_3、α_s，检算 L_3 及 B 点位置(图 2-26～图 2-28)

通过计算 α_2 值求 R_2 值，计算 B 点切线与 ZH 点切线的转角 α_s，理论上检算现场测量的 L_2 值及检算现场定位的 B 点位置的准确性。

三角形△IEB 中，已知 $IE = EI$，$EB = L_3$，$BI = C$(弦长 C 值由现场量取)。

$$\angle IBE = \alpha_B$$

由余弦定理得：

$$EI^2 = C^2 + L_3^2 - 2C \cdot L_3 \cdot \cos\alpha_B$$

则

$$\alpha_B = \arccos \frac{C^2 + L_3^2 - EI^2}{2C \cdot L_3}$$

$$\angle BIE = \alpha_i$$

由余弦定理得：

$$L_3^2 = C^2 + EI^2 - 2C \cdot EI \cdot \cos\alpha_i$$

则

$$\alpha_i = \arccos \frac{C^2 + EI^2 - L_3^2}{2C \cdot EI}$$

$$\angle IEB = \alpha_E = 180° - \alpha_b - \alpha_i$$

$$\alpha_3 = 180° - \alpha_E$$

①I 点在 HY 点上(图 2-26)

$$\varphi_0 = \frac{L_0}{2R}$$

三角形△InB 中，$\angle nIB = \alpha_h = \varphi_0 + \frac{\alpha_b}{2}$。由图 2-26 可知，$\alpha_b = 2\alpha_B$，$\alpha_b$ 亦可通过下列

两种方法计算求得：现场量取 B 点至 I 点的弦长 C，则 $\alpha_b = 2\arcsin\dfrac{C/2}{R}$；或现场量取 B 点至 HY 点（I 点）的圆曲线弧长 L_h，则 $\alpha_b = \dfrac{180L_h}{\pi R}$。

$$\alpha_s = (\alpha_3 - \alpha_g) = \varphi_0 + \alpha_b$$

$$\angle nIB = \alpha_h = \varphi_0 + \frac{\alpha_b}{2}$$

$$nB = C \cdot \sin\alpha_h$$

$$In = C \cdot \cos\alpha_h$$

$$Ee = EI \cdot \sin\alpha_g$$

$$Ie = EI \cdot \cos\alpha_g$$

由于在现场基本上靠目测定位，为防止便线铺设时有较大的误差，必须对个别角度、长度进行理论检算或现场复核。

检算：
$$\alpha_3 = \varphi_0 + \alpha_b + \alpha_g$$

检算：
$$(\alpha_3 - \alpha_g) = \arctan\frac{(nB + Ee)}{(In - Ie)}$$

检算：
$$L_3 = \frac{(nB + Ee)}{\sin(\alpha_3 - \alpha_g)}$$

②I 点在缓和曲线内（图 2－27）

现场量取 I 点至 HY 点的缓和曲线弧长 L_y 或 I 点至 ZH 点的缓和曲线弧长 L_i，则 $L_i = L_0 - L_y$，$\varphi_i = \dfrac{L_i^2}{2RL_0}$。

$$\alpha_s = (\alpha_3 - \alpha_g) = \varphi_i + \alpha_b$$

$$en = L_3\cos\alpha_s$$

$$Ee = EI \cdot \sin\alpha_g$$

$$Ie = EI \cdot \cos\alpha_g$$

$$\angle nIB = \alpha_h = \arccos\frac{(Ie + en)}{C}$$

$$nB = C \cdot \sin\alpha_h$$

$$In = C \cdot \cos\alpha_h$$

检算：
$$\alpha_3 = \varphi_i + \alpha_b + \alpha_g$$

检算：
$$(\alpha_3 - \alpha_g) = \arctan\frac{(nB + Ee)}{(In - Ie)}$$

检算：
$$L_3 = \frac{(nB + Ee)}{\sin(\alpha_3 - \alpha_g)}$$

③I 点在圆曲线内（见图 2－28）

现场量取 I 点至 B 点的圆曲线弧长 L_b，则 $\alpha_b = \dfrac{180L_b}{\pi R}$。

$$\alpha_s = (\alpha_3 - \alpha_g)$$

$$\angle nIB = \alpha_h = (\alpha_s - \alpha_b) + \frac{\alpha_b}{2} = (\alpha_3 - \alpha_g) - \frac{\alpha_b}{2}$$

$$nB = C \cdot \sin\alpha_h$$

$$In = C \cdot \cos\alpha_h$$

$$Ee = EI \cdot \sin\alpha_g$$

$$Ie = EI \cdot \cos\alpha_g$$

检算：

$$\alpha_3 = \alpha_h + \alpha_g + \frac{\alpha_b}{2}$$

检算：

$$(\alpha_3 - \alpha_g) = \arctan\frac{(nB + Ee)}{(In - Ie)}$$

检算：

$$L_3 = \frac{(nB + Ee)}{\sin(\alpha_3 - \alpha_g)}$$

3. 计算便线曲线半径 R

T_1、T_2、T_3 已按基本要求确定，则曲线半径 R 为

$$R_1 = \frac{T_1}{\tan\frac{\alpha_1}{2}}$$

$$R_2 = \frac{T_2}{\tan\frac{\alpha_2}{2}}$$

$$R_3 = \frac{T_3}{\tan\frac{\alpha_3}{2}}$$

4. 检算曲线长度、切线长度、夹直线长度

便线曲线半径 R 计算结果取整数值后，检算曲线长度 $l_i = \frac{\pi}{180}R_i\alpha_i$、切线长度 $T_i = R_i\tan\frac{\alpha_i}{2}$，确定曲线起、终点位置，再检算夹直线长度 K_i。

5. 计算便线线路长度 $L_{便}$

$$L_{便} = \frac{\pi}{180}R_1\alpha_1 + K_1 + \frac{\pi}{180}R_2\alpha_2 + K_2 + \frac{\pi}{180}R_3\alpha_3 + K_3$$

6. 计算既有线需要拨动的线路长 $L_{既}$

(1) I 点在 HY 点上（图 2－26）、I 点在缓和曲线内（图 2－27）

$$L_{既} = \overset{\frown}{AB} = A(ZH) + L_0 + L_h$$

(2) I 点在圆曲线内（图 2－28）

$$L_{既} = \overset{\frown}{AB} = A(ZH) + L_0 + L_q + L_b$$

五、缓和曲线外拨临时线路形式

(一)缓和曲线外拨单曲线方案

1. 确定条件(图 2－29 ~ 图 2－31)

(1)根据灾害情况,确定 F、G 点即最大拨移量 H 处;

(2)确定缓和曲线部分外拨的方案,确定 E 点的位置,根据 E 点位置及现场的情况,做一直线 EB 切既有线于 B 点,测定 E、B 两点间的长度 L_2,L_2 中的 T_1、K_2 必须满足基本要求,否则调整 E 点的位置;

(3)根据 E 点处的曲线角 α_s,计算便线曲线半径 R_1。

2. 计　　算

(1)B 点在缓和曲线内(图 2－29)

B 点在缓和曲范围内,B 点至 HY 点满足“最小缓和曲线长度大于等于 20 m”的基本要求,即 $L_{by} \geqslant 20$ m 时:

①计算 L_{bi} 的值

ZH 点至 B 点的缓和曲线长度 L_{bi},可根据既有线的技术资料得到该曲线的缓和曲线全长 L_0,再减去 B 点至 HY 点的缓和曲线长 L_{by}(弧长 L_{by} 值由现场量取),并确认其 $L_{by} \geqslant$ 20 m,则 $L_{bi} = L_0 - L_{by}$。

②计算 φ_b 的角度及其他数据

$$x_b = L_{bi} - \frac{L_{bi}^5}{40R^2\,L_0^2}$$

$$y_b = \frac{L_{bi}^3}{6R\,L_0}$$

$$\varphi_b = \frac{L_{bi}^2}{2RL_0}$$

③AC 的位置及长度

三角形△ENB 中,$\alpha_s = \alpha_1 = \varphi_b$,其中 α_1 为便线的曲线转角。

设计的便线切线 $T_1 = ED = EC$,则

$$\theta = \arctan \frac{y_b}{x_b}$$

$$AB = \sqrt{x_b^2 + y_b^2}$$

根据基本要求选择切线 T_1,则

$$R_1 = \frac{T_1}{\tan \dfrac{\alpha_1}{2}}$$

$$EB = \frac{y_b}{\sin\varphi_b} = T_1 + K_2$$

$$EN = \frac{y_b}{\tan\varphi_b}$$

$$AC = K_1 = x_b - EN - T_1$$

设置便线时，应将 AC 段缓和曲线拨为直线。

(2) B 点在 HY 点处(图 2－30)

当 B 点至 HY 点距离小于 20 m，即 $L_{by} < 20$ m 时，把 B 点设在 HY 点处。

①HY 点处数据：

$$x_0 = L_0 - \frac{L_0^3}{40R^2}$$

$$y_0 = \frac{L_0^2}{6R}$$

$$\varphi_0 = \frac{L_0}{2R}$$

②AC 的位置及长度

三角形△ENB 中，$\alpha_s = \alpha_1 = \varphi_0$。

设计的便线切线 $T_1 = ED = EC$，则

$$\theta = \arctan \frac{y_0}{x_0}$$

$$AB = \sqrt{x_0^2 + y_0^2}$$

根据基本要求选择切线 T_1，则

$$R_1 = \frac{T_1}{\tan \frac{\alpha_1}{2}}$$

$$EB = \frac{y_0}{\sin\varphi_0} = T_1 + K_2$$

$$EN = \frac{y_0}{\tan\varphi_0}$$

$$AC = K_1 = x_0 - EN - T_1$$

设置便线时，应将 AC 段缓和曲线拨为直线。

(3) B 点在圆曲线内

B 点在圆曲线内(图 2－31)

①HY 点处的数据

$$x_0 = L_0 - \frac{L_0^3}{40R^2}$$

$$y_0 = H_1 = \frac{L_0^2}{6R}$$

$$\varphi_0 = \frac{L_0}{2R}$$

②$(ZH)A$ 的位置及长度

三角形△ENB 中，可视 EB 的长度(即 L_2)为既有线上 B 点的切线长，$T_b = L_2 = T_1 + K_2$。

α_b 有两种计算方法：现场量取由 B 点至 HY 点的弦长 C，则 $\alpha_b = 2\arcsin\dfrac{C/2}{R}$；或现场量取 B 点至 HY 点的圆曲线弧长 L_h，则 $\alpha_b = \dfrac{180L_h}{\pi R}$。

$$\alpha_s = \alpha_1 = \varphi_0 + \alpha_b$$

$$NB = L_2 \cdot \sin\alpha_s$$

三角形△$(HY)UB$ 中，$\angle U(HY)B = \alpha_h = \varphi_0 + \dfrac{\alpha_b}{2}$

$$UB = C \cdot \sin\alpha_h$$

或

$$UB = NB - y_0$$

$$EN = L_2 \cdot \cos\alpha_s$$

$$MN = C \cdot \cos\alpha_h$$

设计的便线切线 $T_1 = ED = L_2 - K_2$，则

$$R_1 = \frac{T_1}{\tan\dfrac{\alpha_1}{2}}$$

$$(ZH)N = MN + x_0 = EN + T_1 + K_2 + K_1$$

$$(ZH)A = K_1 = (ZH)N - \frac{y_b}{\tan\alpha_s} + T_b$$

设置便线时，应将$(ZH)A$ 段缓和曲线拨为直线。

3. 检算曲线长度、切线长度、夹直线长度

便线曲线半径 R 计算结果取整数值后，检算曲线长度 $l_1 = \dfrac{\pi}{180}R_1\alpha_1$、切线长度 $T_1 = R_1\tan\dfrac{\alpha_1}{2}$，确定曲线起、终点位置，再检算夹直线长度 K_2。

4. 计算便线线路长度 $L_{便}$

B 点在缓和曲线内（图 2－29）：

$$L_{便} = \frac{\pi}{180}R_1\alpha_s + K_1 + K_2$$

B 点在缓和曲线 HY 点上（图 2－30）：

$$L_{便} = \frac{\pi}{180}R_1\alpha_s + K_1 + K_2$$

B 点在圆曲线内（图 2－31）：

$$L_{便} = \frac{\pi}{180}R_1\alpha_s + K_1 + 2K_2$$

5. 计算既有线需要拨动的线路长 $L_{既}$

（1）当 B 点至 HY 点距离满足大于等于 20 m 时

$\varphi_b = \dfrac{L_{bi}^2}{2RL_0}$，$B$ 点在缓和曲线内（图 2－29），$L_{既}$ 为

$$L_{既} = \overset{\frown}{AB} = L_{bi} = \sqrt{2RL_0\varphi_b}$$

(2)当 B 点至 HY 点距离小于 20 m 时(B 点设在 HY 点上)

$\varphi_0 = \dfrac{L_0}{2R}$,$B$ 点在缓和曲线 HY 点上(图 2-30),$L_{既}$ 为

$$L_{既} = \overset{\frown}{AB} = L_0 = 2R\varphi_0$$

(3)B 点在圆曲线内

B 点在圆曲线内(图 2-31)时,$L_{既}$ 为

$$L_{既} = \overset{\frown}{(ZH)B} = L_0 + \frac{\pi}{180}R\alpha_b$$

或
$$L_{既} = \overset{\frown}{(ZH)B} = L_0 + L_h$$

(二)缓和曲线不平行外拨两曲线方案

1. 确定条件(图 2-32)

(1)根据灾害情况,确定 F、G 点即最大拨移量 H 处;

(2)确定不平行外移的方案,并根据现场的情况、工程量和基本要求选择 T_1、K_2、T_2 的值,确定 D、E 点位置以及两点间的长度 L_2;

(3)根据 E 点位置及现场的情况,做一直线 EB 切既有线于 B 点,测定 E、B 两点间的长度 L_3,L_3 值中的 T_2、K_3 必须满足基本要求,否则调整 D、E 点位置或 α_1 角;

(4)测定便线的曲线交点 E 至 ZH 点切线的垂直距离 H_1 值;

(5)根据基本要求选择的 T_1 值确定 C 点位置;

(6)计算便线的转角 α_1、α_2 和曲线半径 R_1、R_2 的值。

2. 计　　算

(1)曲线转角 α_1

$$L_1 = T_1 + K_1$$
$$L_2 = T_1 + K_2 + T_2$$
$$L_3 = T_2 + K_3$$
$$\alpha_1 = \arcsin\frac{H_1}{L_2}$$

(2)曲线转角 α_2

在 $\triangle IPB$ 中,现场量取 B 点至 I 点的弦长 C,$BI = C$,则 $\alpha_b = 2\arcsin\dfrac{C/2}{R}$;或现场量取 B 点至 HY 点(I 点)的圆曲线弧长 L_h,则 $\alpha_b = \dfrac{180L_h}{\pi R}$。

HY 点处的数据:

$$x_0 = L_0 - \frac{L_0^3}{40R^2}$$

$$y_0 = H_1 = \frac{L_0^2}{6R}$$

$$\varphi_0 = \frac{L_0}{2R}$$

$$\alpha_s = \varphi_0 + \alpha_b = \alpha_2 + \alpha_1$$

$$\alpha_2 = \alpha_s - \alpha_1$$

或

$$\alpha_2 = (\varphi_0 + \alpha_b) - \alpha_1$$

(3)AC 值的计算

$$IP = C \cdot \cos\left(\varphi_0 + \frac{\alpha_b}{2}\right)$$

$$En = L_3 \cdot \cos\alpha_s$$

$$JN = IP - En$$

$$DN = L_2 \cdot \cos\alpha_1$$

①若 E 点在图 2－32 所示位置时：$AC = K_1 = x_0 + JN - DN - T_1$

②若 E 点在 IJ 垂线上时：$AC = x_0 - DN - T_1$

③若 E 点在 IJ 垂线外即缓和曲线内时：$AC = x_0 - NJ - DN - T_1$

3. 计算便线曲线半径 R

T_1、T_2 值在确定 L_2、L_3 值时，已按基本要求选择，则曲线半径为

$$R_1 = \frac{T_1}{\tan\dfrac{\alpha_1}{2}}$$

$$R_2 = \frac{T_2}{\tan\dfrac{\alpha_2}{2}}$$

4. 检算曲线长度、切线长度、夹直线长度

便线曲线半径 R 计算结果取整数值后，检算曲线长度 $l_i = \frac{\pi}{180}R_i\alpha_i$、切线长度 $T_i = R_i\tan\frac{\alpha_i}{2}$，确定曲线起、终点位置，再检算夹直线长度 K_i。

5. 计算便线线路长度 $L_{便}$

$$L_{便} = K_1 + \frac{\pi}{180}R_1\alpha_1 + K_2 + \frac{\pi}{180}R_2\alpha_2 + K_3$$

6. 计算既有线需要拨动的线路长 $L_{既}$

$$L_{既} = \widehat{AB} = L_0 + L_h$$

(三)缓和曲线不平行外拨两曲线外凸式方案

1. 确定条件(图 2－33～图 2－35)

(1)根据灾害情况，确定 F、G 点即最大拨移量 H 处；

(2)确定不平行外移的方案，并根据现场的情况、工程量情况，确定 E 点位置；

(3)根据基本要求选择及确定 T_1、K_1、T_2 的值，根据确定的值及工程量确定 C 点位置，测定 C、E 点间的斜线长 L_1；

(4)根据 E 点位置及现场的情况，做一直线 EB 切既有线于 B 点，测定两点间的长度

L_2,L_2 值中的 T_2、K_2 必须满足基本要求,否则调整 C、E 点位置或 α_1 角;

(5)在 E 点做一直线垂直于 ZH 点切线,分别与 ZH 点切线和既有线相交于 M 点和 I 点,测量 E、M 点间的垂直距离 H_1 的值和 M、I 点间的垂直距离 H_e 的值;

(6)根据基本要求选择的 T_1 值来确定 A 点位置;

(7)计算便线的转角 α_2 和曲线半径 R_1、R_2 的值。

2. 计算曲线转角 α

$$L_1 = T_1 + K_1 + T_2$$

$$L_2 = T_2 + K_2$$

$$\alpha_1 = \arcsin \frac{H_1}{L_1}$$

α_2 需要通过下列计算求得。

3. 检算 B 点位置及计算曲线半径 R_2

在 E 点做一条水平线 EJ 与 ZH 点切线平行,找到直线 EB 与 ZH 点切线的交点 N,测定 E、N 点间的长度 EN。

(1)I 点在 HY 点上(图 2-33)

$$\angle NEM = \alpha_E = \arccos \frac{H_1}{EN}$$

$$\varphi_0 = \frac{L_0}{2R}$$

$$\angle JEN = \alpha_D = 90° - \alpha_E = \varphi_0 + \alpha_b$$

$$\alpha_2 = \alpha_D + \alpha_1$$

$$\alpha_b = \alpha_D - \varphi_0$$

α_b 也可以由下列两种方法求得:现场量取 B 点至 I 点的弦长 C,则 $\alpha_b = 2\arcsin \frac{C/2}{R}$;或现场量取 B 点至 HY 点(I 点)的圆曲线弧长 L_h,则 $\alpha_b = \frac{180L_h}{\pi R}$。

在 I 点做 Ie 垂直于 EB,则

$$Ie = (H_1 + H_e)\sin\alpha_E$$

或

$$H_e = y_0 = \frac{L_0^2}{6R}$$

$$Ee = (H_1 + H_e)\cos\alpha_E$$

$$\angle eBI = \alpha_B = \frac{\alpha_b}{2}$$

$$eB = L_2 - Ee$$

由于在现场基本上靠目测定位,为防止便线铺设时有较大的误差,必须对个别长度进行理论检算及现场复核。

检算:

$$IB = \sqrt{eB^2 + Ie^2}$$

或
$$IB = \frac{Ie}{\sin\frac{\alpha_b}{2}}$$

根据基本要求选择 T_2 的值，计算 R_2 值：

$$R_2 = \frac{T_2}{\tan\frac{\alpha_2}{2}}$$

$$NB = NQ$$

关于 $NB = NQ$ 的说明：N 点为 BE 与 ZH 点切线的交点，因为 B 点与 ZH 点的曲线半径不相等，所以 N 点两侧的切线不等长，那么与 NB 相等的是 N 点至 Q 点的长度 NQ（下同）。

(2) I 点在缓和曲线上（图 2－34）

$$\angle NEM = \alpha_E = \arccos\frac{H_1}{EN}$$

I 点在缓和曲线内的数据：

现场量取 I 点至 HY 点的缓和曲线弧长 L_y 或 I 点至 ZH 点的缓和曲线弧长 L_i，则 $L_i = L_0 - L_y$。

$$\varphi_i = \frac{L_i^2}{2RL_0}$$

$$\angle JEN = \alpha_D = 90° - \alpha_E = \varphi_i + \alpha_b$$

$$\alpha_2 = \alpha_D + \alpha_1$$

$$\alpha_b = \alpha_D - \varphi_i$$

在 I 点做 Ie 垂直于 EB，则

$$Ie = (H_1 + H_e)\sin\alpha_E$$

或
$$H_e = y_i = \frac{L_i^3}{6RL_0}$$

$$Ee = (H_1 + H_e)\cos\alpha_E$$

$$\angle eBI = \alpha_B = \arctan\frac{Ie}{(L_2 - Ee)}$$

$$eB = L_2 - Ee$$

检算：
$$IB = \sqrt{eB^2 + Ie^2}$$

或
$$IB = \frac{Ie}{\sin\alpha_B}$$

根据基本要求选择 T_2 的值，计算 R_2 值：

$$R_2 = \frac{T_2}{\tan\frac{\alpha_2}{2}}$$

$$NB = NQ$$

(3) I 点在圆曲线上（图 2－35）

$$\angle NEM=\alpha_{\mathrm{E}}=\arccos\frac{H_1}{EN}$$

$$\varphi_0=\frac{L_0}{2R}$$

$$y_0=\frac{L_0^2}{6R}$$

现场量取 I 点至 HY 点的弦长 C,则 $\alpha_{\mathrm{y}}=2\arcsin\frac{C/2}{R}$。

$$\angle JEN=\alpha_{\mathrm{D}}=90°-\alpha_{\mathrm{E}}=(\varphi_0+\alpha_{\mathrm{y}})+\alpha_{\mathrm{b}}$$

$$\alpha_2=\alpha_{\mathrm{D}}+\alpha_1$$

$$\alpha_{\mathrm{b}}=\alpha_{\mathrm{D}}-(\varphi_0+\alpha_{\mathrm{y}})$$

在 I 点做 Ie 垂直于 EB,则

$$Ie=(H_1+H_{\mathrm{e}})\sin\alpha_{\mathrm{E}}$$

或

$$H_{\mathrm{e}}=y_0+IU=y_0+C\sin\left(\varphi_0+\frac{\alpha_{\mathrm{y}}}{2}\right)$$

$$Ee=(H_1+H_{\mathrm{e}})\cos\alpha_{\mathrm{E}}$$

$$\angle eBI=\alpha_{\mathrm{B}}=\frac{\alpha_{\mathrm{b}}}{2}$$

$$eB=L_2-Ee$$

检算:

$$IB=\sqrt{eB^2+Ie^2}$$

或

$$IB=\frac{Ie}{\sin\frac{\alpha_{\mathrm{b}}}{2}}$$

根据基本要求选择 T_2 的值,计算 R_2 值:

$$R_2=\frac{T_2}{\tan\frac{\alpha_2}{2}}$$

$$NB=NQ$$

4. 计算便线曲线半径 R

根据基本要求选择 T_1 的值,计算 R_1 值:

$$R_1=\frac{T_1}{\tan\frac{\alpha_1}{2}}$$

5. 检算曲线长度、切线长度、夹直线长度

便线曲线半径 R 计算结果取整数值后,检算曲线长度 $l_i=\frac{\pi}{180}R_i\alpha_i$、切线长度 $T_i=R_i\tan\frac{\alpha_i}{2}$,确定曲线起、终点位置,再检算夹直线长度 K_i。

6. 计算便线线路长度 $L_{便}$

$$L_{便} = \frac{\pi}{180}R_1\alpha_1 + K_1 + \frac{\pi}{180}R_2\alpha_2 + K_2$$

7. 计算既有线需要拨动的线路长 $L_{既}$

(1)I 点在 HY 点上(图 2－33)、I 点在缓和曲线内(图 2－34)

$$L_{既} = \widehat{AB} = A\ (ZH) + L_0 + L_h$$

(2)I 点在圆曲线内(图 2－35)

$$L_{既} = \widehat{AB} = A\ (ZH) + L_0 + L_q + L_b$$

(四)缓和曲线平行外拨三曲线方案

1. 确定条件(图 2－36～图 2－38)

(1)根据灾害情况,确定 F、G 点即最大拨移量 H 处;

(2)确定平行外移的方案,并根据现场的情况、工程量和基本要求选择 T_2、K_2、T_3 的值并确定 D、E 点位置以及两点间的长度 L_2;

(3)根据基本要求选择 T_1、K_1、T_2 的值,由确定的值和工程量确定 C 点位置,并测定 C、D 两点间的斜长 L_1;

(4)根据 E 点位置及现场的情况,做一直线 EB 切既有线于 B 点,测定 E、B 两点间的长度 L_3,L_3 值中的 T_3、K_3 必须满足基本要求,否则调整 D、E 点位置或 α_1 角;

(5)测定便线的曲线交点 D 至 ZH 点的切线的垂直距离 H_1 值,在 E 点做一直线垂直于 ZH 点切线,分别与 ZH 点切线和既有线相交于 M 点和 I 点,测量 E、M 点间的垂直距离 H_2 的值(平行移动时 $H_1 = H_2$)和 M、I 点间的垂直距离 H_e 的值;

(6)根据基本要求选择的 T_1 值来确定 A 点位置;

(7)计算便线的转角 α_1、α_2、α_3 和曲线半径 R_1、R_2、R_3 的值。

2. 计算曲线转角 α

$$L_1 = T_1 + K_1 + T_2$$

$$L_2 = T_2 + K_2 + T_3$$

$$L_3 = T_3 + K_3$$

$$\alpha_1 = \arcsin\frac{H_1}{L_1}$$

因为是平行外移,所以 $H_1 = H_2$,$\alpha_2 = \alpha_1$。

α_3 需要通过下列计算求得。

3. 检算 B 点位置及计算曲线半径 R_3

在 ZH 点切线上找到 EB 与 ZH 点切线的交点 N,测定 E、N 点间的长度 EN。

(1)I 点在 HY 点处(图 2－36)

$$\angle NEM = \alpha_E = \arccos\frac{H_2}{EN}$$

$$\varphi_0 = \frac{L_0}{2R}$$

$$\alpha_3 = 90° - \alpha_E = \varphi_0 + \alpha_b$$

$$\alpha_b = \alpha_3 - \varphi_0$$

α_b 亦可由下列两种方法求得：现场量取 B 点至 I 点的弦长 C，则 $\alpha_b = 2\arcsin\frac{C/2}{R}$；或现场量取 B 点至 HY 点（I 点）的圆曲线弧长 L_h，则 $\alpha_b = \frac{180L_h}{\pi R}$。

在 I 点做 Ie 垂直于 EB，则

$$Ie = (H_2 + H_e)\sin\alpha_E$$

或

$$H_e = y_0 = \frac{L_0^2}{6R}$$

$$Ee = (H_2 + H_e)\cos\alpha_E$$

$$\angle eBI = \alpha_B = \frac{\alpha_b}{2}$$

$$eB = L_3 - Ee$$

由于在现场基本上靠目测定位，为防止便线铺设时有较大的误差，必须对个别长度进行理论检算及现场复核。

检算：

$$IB = \sqrt{eB^2 + Ie^2}$$

或

$$IB = \frac{Ie}{\sin\frac{\alpha_b}{2}}$$

根据基本要求选择 T_3 的值，计算 R_3 值：

$$R_3 = \frac{T_3}{\tan\frac{\alpha_3}{2}}$$

$$NB = NQ$$

（2）I 点在缓和曲线上（图 2－37）

$$\angle NEM = \alpha_E = \arccos\frac{H_2}{EN}$$

现场量取 I 点至 HY 点的缓和曲线弧长 L_y 或 I 点至 ZH 点的缓和曲线弧长 L_i，则 $L_i = L_0 - L_y$，$\varphi_i = \frac{L_i^2}{2RL_0}$。

$$\alpha_3 = 90° - \alpha_E = \varphi_i + \alpha_b$$

$$\alpha_b = \alpha_3 - \varphi_i$$

在 I 点做 Ie 垂直于 EB，则

$$Ie = (H_2 + H_e)\sin\alpha_E$$

或

$$H_e = y_i = \frac{L_i^3}{6RL_0}$$

$$Ee = (H_2 + H_e)\cos\alpha_E$$

$$\angle eBI = \alpha_B = \arctan\frac{Ie}{(L_3 - Ee)}$$

$$eB = L_3 - Ee$$

检算：

$$IB = \sqrt{eB^2 + Ie^2}$$

或

$$IB = \frac{Ie}{\sin\alpha_B}$$

根据基本要求选择 T_3 的值，计算 R_3 值：

$$R_3 = \frac{T_3}{\tan\frac{\alpha_3}{2}}$$

$$NB = NQ$$

(3) I 点在圆曲线上(图 2－38)

$$\angle NEM = \alpha_E = \arccos\frac{H_2}{EN}$$

$$\varphi_0 = \frac{L_0}{2R}$$

现场量取 I 点至 HY 点的弦长 C，则 $\alpha_y = 2\arcsin\frac{C/2}{R}$。

$$\alpha_3 = 90° - \alpha_E = (\varphi_0 + \alpha_y) + \alpha_b$$

$$\alpha_b = \alpha_3 - (\varphi_0 + \alpha_y)$$

在 I 点做 Ie 垂直于 EB，则

$$Ie = (H_2 + H_e)\sin\alpha_E$$

或

$$H_e = y_0 + IU = y_0 + C\sin\left(\varphi_0 + \frac{\alpha_y}{2}\right)$$

$$Ee = (H_2 + H_e)\cos\alpha_E$$

$$\angle eBI = \alpha_B = \frac{\alpha_b}{2}$$

检算：

$$IB = \sqrt{eB^2 + Ie^2}$$

或

$$IB = \frac{Ie}{\sin\frac{\alpha_b}{2}}$$

根据基本求要选择 T_3 的值，计算 R_3 值：

$$R_3 = \frac{T_3}{\tan\frac{\alpha_3}{2}}$$

$$NB = NQ$$

4. 计算便线曲线半径 R

根据基本要求选择 T_1、T_2 的值，计算 R_1、R_2 值：

$$R_1 = \frac{T_1}{\tan\frac{\alpha_1}{2}}$$

$$R_2=\frac{T_2}{\tan\frac{\alpha_2}{2}}$$

5. 检算曲线长度、切线长度、夹直线长度

便线曲线半径 R 计算结果取整数值后，检算曲线长度 $l_i=\frac{\pi}{180}R_i\alpha_i$、切线长度 $T_i=R_i\tan\frac{\alpha_i}{2}$，确定曲线起、终点位置，再检算夹直线长度 K_i。

6. 计算便线线路长度 $L_便$

$$L_便=\frac{\pi}{180}R_1\alpha_1+K_1+\frac{\pi}{180}R_2\alpha_2+K_2+\frac{\pi}{180}R_3\alpha_3+K_3$$

7. 计算既有线需要拨动的线路长 $L_既$

(1) I 点在 HY 点处（图 2-36）、I 点在缓和曲线内（图 2-37）

$$L_既=\overset{\frown}{AB}=A\ (ZH)+L_0+L_h$$

(2) I 点在圆曲线内（图 2-38）

$$L_既=\overset{\frown}{AB}=A\ (ZH)+L_0+L_q+L_b$$

（五）缓和曲线不平行外拨三曲线内斜方案

1. 确定条件（图 2-39～图 2-41）

(1) 根据灾害情况，确定 F、G 点即最大拨移量 H 处；

(2) 确定不平行外移的方案，并根据现场的情况、工程量和基本要求选择 T_2、K_2、T_3 的值并确定 D、E 点位置以及两点间的长度 L_2；

(3) 根据基本要求选择 T_1、K_1、T_2 的值，由确定的值及工程量确定 C 点位置，并测定 C、D 两点间的斜长 L_1；

(4) 根据 E 点位置及现场的情况，做一直线 EB 切既有线于 B 点，测定 E、B 两点间的长度 L_3，L_3 值中的 T_3、K_3 必须满足基本要求，否则调整 D、E 点位置或 α_1、α_2 角；

(5) 测定便线的曲线交点 D 至 ZH 点切线的垂直距离 H_1 的值，在 E 点做一直线垂直于 ZH 点切线，分别与 ZH 点切线和既有线相交于 M 点和 I 点，测量 E、M 点间的垂直距离 H_2 的值和 M、I 点间的垂直距离 H_e 的值；

(6) 根据基本要求选择的 T_1 值来确定 A 点位置；

(7) 计算便线的转角 α_1、α_2、α_3 和曲线半径 R_1、R_2、R_3 的值。

2. 计算曲线转角 α

$$L_1=T_1+K_1+T_2$$

$$L_2=T_2+K_2+T_3$$

$$L_3=T_3+K_3$$

$$\alpha_1=\arcsin\frac{H_1}{L_1}$$

$$\alpha_2=\alpha_g+\alpha_1$$

$$\alpha_g = \arcsin\frac{(H_1 - H_2)}{L_2}$$

α_3 需要通过下列计算求得。

3. 检算 B 点位置及计算曲线半径 R_3

在 ZH 点切线上找到 EB 与 ZH 点切线的交点 N 点，测定 E、N 点间长度的 EN。

(1) I 点在 HY 点处(图 2－39)

$$\angle NEM = \alpha_E = \arccos\frac{H_2}{EN}$$

$$\varphi_0 = \frac{L_0}{2R}$$

$$(\alpha_3 + \alpha_g) = 90° - \alpha_E = \varphi_0 + \alpha_b$$

$$\alpha_3 = 90° - \alpha_E - \alpha_g$$

$$\alpha_b = (\alpha_3 + \alpha_g) - \varphi_0$$

α_b 亦可由下列两种方法求得：现场量取 B 点至 I 点的弦长，则 $\alpha_b = 2\arcsin\frac{C/2}{R}$；或现场量取 B 点至 HY 点(I 点)的圆曲线弧长 L_h，则 $\alpha_b = \frac{180L_b}{\pi R}$。

在 I 点做 Ie 垂直于 EB，则

$$Ie = (H_2 + H_e)\sin\alpha_E$$

或

$$H_e = y_0 = \frac{L_0^2}{6R}$$

$$Ee = (H_1 + H_e)\cos\alpha_E$$

$$\angle eBI = \alpha_B = \frac{\alpha_b}{2}$$

$$eB = L_3 - Ee$$

由于在现场基本上靠目测定位，为防止便线铺设时有较大的误差，必须对个别长度进行理论检算及现场复核。

检算：

$$IB = \sqrt{eB^2 + Ie^2}$$

或

$$IB = \frac{Ie}{\sin\frac{\alpha_b}{2}}$$

根据基本要求选择 T_3 的值，计算 R_3 值：

$$R_3 = \frac{T_3}{\tan\frac{\alpha_3}{2}}$$

$$NB = NQ$$

(2) I 点在缓和曲线上(图 2－40)

$$\angle NEM = \alpha_E = \arccos\frac{H_2}{EN}$$

现场量取 I 点至 HY 点的缓和曲线弧长 L_y 或 I 点至 ZH 点的缓和曲线弧长 L_i，则 $L_i = L_0 - L_y$，$\varphi_i = \dfrac{L_i^2}{2RL_0}$。

$$(\alpha_3 + \alpha_g) = 90° - \alpha_E = \varphi_i + \alpha_b$$

$$\alpha_3 = 90° - \alpha_E - \alpha_g$$

$$\alpha_b = (\alpha_3 + \alpha_g) - \varphi_i$$

在 I 点做 Ie 垂直于 EB，则

$$Ie = (H_2 + H_e)\sin\alpha_E$$

或

$$He = y_i = \frac{L_i^3}{6RL_0}$$

$$Ee = (H_1 + H_e)\cos\alpha_E$$

$$\angle eBI = \alpha_B = \arctan\frac{Ie}{(L_3 - Ee)}$$

$$eB = L_3 - Ee$$

检算：

$$IB = \sqrt{eB^2 + Ie^2}$$

或

$$IB = \frac{Ie}{\sin\alpha_B}$$

根据基本要求选择 T_3 的值，计算 R_3 值：

$$R_3 = \frac{T_3}{\tan\dfrac{\alpha_3}{2}}$$

$$NB = NQ$$

(3) I 点在圆曲线上（图 2－41）

$$\angle NEM = \alpha_E = \arccos\frac{H_2}{EN}$$

$$\varphi_0 = \frac{L_0}{2R}$$

现场量取 I 点至 HY 点的弦长 C，则 $\alpha_y = 2\arcsin\dfrac{C/2}{R}$。

$$(\alpha_3 + \alpha_g) = 90° - \alpha_E = (\varphi_0 + \alpha_y) + \alpha_b$$

$$\alpha_3 = 90° - \alpha_E - \alpha_g$$

$$\alpha_b = (\alpha_3 + \alpha_g) - (\varphi_0 + \alpha_y)$$

在 I 点做 Ie 垂直于 EB，则

$$Ie = (H_2 + H_e)\sin\alpha_E$$

或

$$H_e = y_0 + IU = y_0 + C\sin\left(\varphi_0 + \frac{\alpha_y}{2}\right)$$

$$Ee = (H_1 + H_e)\cos\alpha_E$$

$$\angle eBI = \alpha_B = \frac{\alpha_b}{2}$$

$$eB = L_3 - Ee$$

检算：

$$IB = \sqrt{eB^2 + Ie^2}$$

或

$$IB = \frac{Ie}{\sin\frac{\alpha_b}{2}}$$

根据基本要求选择 T_3 的值，计算 R_3 值：

$$R_3 = \frac{T_3}{\tan\frac{\alpha_3}{2}}$$

$$NB = NQ$$

4. 计算便线曲线半径 R

根据基本要求选择 T_1、T_2 的值，计算 R_1、R_2 的值：

$$R_1 = \frac{T_1}{\tan\frac{\alpha_1}{2}}$$

$$R_2 = \frac{T_2}{\tan\frac{\alpha_2}{2}}$$

5. 检算曲线长度、切线长度、夹直线长度

便线曲线半径 R 计算结果取整数值后，检算曲线长度 $l_i = \frac{\pi}{180}R_i\alpha_i$、切线长度 $T_i = R_i\tan\frac{\alpha_i}{2}$，确定曲线起、终点位置，再检算夹直线长度 K_i。

6. 计算便线线路长度 $L_{便}$

$$L_{便} = \frac{\pi}{180}R_1\alpha_1 + K_1 + \frac{\pi}{180}R_2\alpha_2 + K_2 + \frac{\pi}{180}R_3\alpha_3 + K_3$$

7. 计算既有线需要拨动的线路长 $L_{既}$

(1) I 点在 HY 点处(图 2-39)、I 点在缓和曲线内(图 2-40)

$$L_{既} = \overset{\frown}{AB} = A\,(ZH) + L_0 + L_h$$

(2) I 点在圆曲线内(图 2-41)

$$L_{既} = \overset{\frown}{AB} = A\,(ZH) + L_0 + L_q + L_b$$

(六)缓和曲线不平行外拨三曲线外斜方案

1. 确定条件(图 2-42 ~ 图 2-44)

(1)根据灾害情况，确定 F、G 点即最大拨移量 H 处；

(2)确定不平行外移的方案，并根据现场的情况、工程量和基本要求选择 T_2、K_2、T_3 的值并确定 D、E 点位置以及两点间的长度 L_2；

(3)根据基本要求选择 T_1、K_1、T_2 的值，由选择的值及工程量确定 C 点位置，并测定 C、D 两点间的斜长 L_1；

(4)根据 E 点位置及现场的情况，做一直线 EB 切既有线于 B 点，测定 E、B 两点间的长度 L_3，L_3 值中的 T_3、K_3 必须满足基本要求，否则调整 D、E 点位置或 α_1、α_2 角；

(5)测定便线的曲线切线交点 D 点至 ZH 点的切线的垂直移距 H_1 的值，在 E 点做一直线 EI 垂直于 ZH 点切线，分别与 ZH 点切线和既有线相交于 M 点和 I 点，并测量 E、M 点间的垂直距离 H_2 的值和 M、I 点间的垂直距离 H_e 的值；

(6)根据基本要求选择的 T_1 值来确定 A 点位置；

(7)计算便线的转角 α_1、α_2、α_3 和曲线半径 R_1、R_2、R_3 的值。

2. 计算曲线转角 α

$$L_1 = T_1 + K_1 + T_2$$
$$L_2 = T_2 + K_2 + T_3$$
$$L_3 = T_3 + K_3$$
$$\alpha_1 = \arcsin \frac{H_1}{L_1}$$
$$\alpha_2 = \alpha_1 - \alpha_g$$
$$\alpha_g = \arcsin \frac{(H_2 - H_1)}{L_2}$$

α_3 需要通过下列计算求得。

3. 检算 B 点位置及计算曲线半径 R_3

在 ZH 点切线上找到 EB 与 ZH 点切线的交点 N 点，测定 E、N 点间长度。

(1)I 点在 HY 点处(图 2－42)

$$\angle NEM = \alpha_E = \arccos \frac{H_2}{EN}$$
$$\varphi_0 = \frac{L_0}{2R}$$
$$(\alpha_3 - \alpha_g) = 90° - \alpha_E = \varphi_0 + \alpha_b$$
$$\alpha_3 = 90° - \alpha_E + \alpha_g$$
$$\alpha_b = (\alpha_3 - \alpha_g) - \varphi_0$$

α_b 亦可由下列两种方法求得：现场量取 B 点 I 点的弦长 C，则 $\alpha_b = 2\arcsin \frac{C/2}{R}$；或现场量取 B 点至 HY 点(I 点)的圆曲线弧长 L_h，则 $\alpha_b = \frac{180L_h}{\pi R}$。

在 I 点做 Ie 垂直于 EB，则

$$Ie = (H_2 + H_e)\sin\alpha_E$$

或

$$H_e = y_0 = \frac{L_0^2}{6R}$$
$$Ee = (H_1 + H_e)\cos\alpha_E$$
$$\angle eBI = \alpha_B = \frac{\alpha_b}{2}$$
$$eB = L_3 - Ee$$

由于在现场基本上靠目测定位，为防止便线铺设时有较大的误差，必须对个别长度进行理论检算及现场复核。

检算：
$$IB = \sqrt{eB^2 + Ie^2}$$

或
$$IB = \frac{Ie}{\sin\frac{\alpha_b}{2}}$$

根据基本要求选择 T_3 的值，计算 R_3 值：

$$R_3 = \frac{T_3}{\tan\frac{\alpha_3}{2}}$$

$$NB = NQ$$

(2) I 点在缓和曲线上（图 2－43）

$$\angle NEM = \alpha_E = \arccos\frac{H_2}{EN}$$

现场量取 I 点至 HY 点的缓和曲线弧长 L_y 或 I 点至 ZH 点的缓和曲线弧长 L_i，则$L_i = L_0 - L_y$，$\varphi_i = \frac{L_i^2}{2RL_0}$。

$$(\alpha_3 - \alpha_g) = 90° - \alpha_E = \varphi_i + \alpha_b$$
$$\alpha_3 = 90° - \alpha_E + \alpha_g$$
$$\alpha_b = (\alpha_3 - \alpha_g) - \varphi_i$$

在 I 点做 Ie 垂直于 EB，则

$$Ie = (H_2 + H_e)\sin\alpha_E$$

或
$$H_e = y_i = \frac{L_i^3}{6RL_0}$$

$$Ee = (H_1 + H_e)\cos\alpha_E$$

$$\angle eBI = \alpha_B = \arctan\frac{Ie}{(L_3 - Ee)}$$

$$eB = L_3 - Ee$$

检算：
$$IB = \sqrt{eB^2 + Ie^2}$$

或
$$IB = \frac{Ie}{\sin\alpha_B}$$

根据基本要求选择 T_3 的值，计算 R_3 的值：

$$R_3 = \frac{T_3}{\tan\frac{\alpha_3}{2}}$$

$$NB = NQ$$

(3) I 点在圆曲线上（图 2－44）

$$\angle NEM = \alpha_E = \arccos\frac{H_2}{EN}$$

$$\varphi_0 = \frac{L_0}{2R}$$

现场量取 I 点至 HY 点的弦长 C，则 $\alpha_y = 2\arcsin\frac{C/2}{R}$。

$$(\alpha_3 - \alpha_g) = 90° - \alpha_E = (\varphi_0 + \alpha_y) + \alpha_b$$

$$\alpha_3 = 90° - \alpha_E + \alpha_g$$

$$\alpha_b = (\alpha_3 - \alpha_g) - (\varphi_0 + \alpha_y)$$

在 I 点做 Ie 垂直于 EB，则

$$Ie = (H_2 + H_e)\sin\alpha_E$$

或
$$H_e = y_0 + IU = y_0 + C\sin\left(\varphi_0 + \frac{\alpha_y}{2}\right)$$

$$Ee = (H_1 + H_e)\cos\alpha_E$$

$$\angle eBI = \alpha_B = \frac{\alpha_b}{2}$$

$$eB = L_3 - Ee$$

检算：
$$IB = \sqrt{eB^2 + Ie^2}$$

或
$$eB = \frac{Ie}{\sin\frac{\alpha_b}{2}}$$

根据基本要求选择 T_3 的值，计算 R_3 值：

$$R_3 = \frac{T_3}{\tan\frac{\alpha_3}{2}}$$

$$NB = NQ$$

4. 计算曲线半径 R

根据基本要求选择 T_1、T_2 的值，计算 R_1、R_2 的值：

$$R_1 = \frac{T_1}{\tan\frac{\alpha_1}{2}}$$

$$R_2 = \frac{T_2}{\tan\frac{\alpha_2}{2}}$$

5. 检算曲线长度、切线长度、夹直线长度

便线曲线半径 R 计算结果取整数值后，检算曲线长度 $l_i = \frac{\pi}{180}R_i\alpha_i$、切线长度 $T_i = R_i\tan\frac{\alpha_i}{2}$，确定曲线起、终点位置，再检算夹直线长度 K_i。

6. 计算便线线路长度

$$L_{便} = \frac{\pi}{180}R_1\alpha_1 + K_1 + \frac{\pi}{180}R_2\alpha_2 + K_2 + \frac{\pi}{180}R_3\alpha_3 + K_3$$

7. 计算既有线需要拨动的线路长 $L_{既}$

(1) I 点在 HY 点处(图 2－42)、I 点在缓和曲线内(图 2－43)

$$L_{既} = \overset{\frown}{AB} = A(ZH) + L_0 + L_h$$

(2) I 点在圆曲线内(图 2－44)

$$L_{既} = \overset{\frown}{AB} = A(ZH) + L_0 + L_q + L_b$$

六、圆曲线外拨临时线路形式

(一) 圆曲线外拨切线计算法方案

1. B 点在圆曲线内(或在 HY 点)时(图 2－45(a))

(1) 确定条件

①根据灾害、工程量情况,确定既有线 N 点的最大垂直拨移距离 H 和确定 D 点位置并考虑曲线的外矢距;

②根据 D 点位置及现场的情况,做 DA、DB 两直线与既有线相切于 A、B 两点,测定 DA、DB 的长度 L_1, L_1 值中的 T_1、K_1 必须满足基本要求,否则调整 D 点位置或 α_1 角;

③计算便线转角 α_2 和曲线半径 R_1 的值。

(2) 计算曲线转向角 α_2

$$\alpha_1 = 2\arctan\frac{K_1 + T_1}{R}$$

因为 $T_1 = T_1$, $K_1 = K_1$, $L_1 = L_1$,所以 $\alpha_2 = \alpha_1$。

(3) 计算便线曲线半径 R_1 及检算 T_1

①计算便线曲线半径 R_1

因为
$$\alpha_2 = \alpha_1$$

所以
$$\frac{K_1 + T_1}{R} = \frac{T_1}{R_1}$$

$$R_1 = \frac{T_1 R}{K_1 + T_1}$$

式中,R 为既有线曲线半径,K_1、T_1 根据基本要求选择。若 R_1 不能满足基本要求时,可加大 T_1 值。

②检算便线曲线切线 T_1

因为
$$\alpha_2 = \alpha_1$$

所以
$$\frac{K_1 + T_1}{R} = \frac{T_1}{R_1}$$

$$T_1 = \frac{R_1 K_1}{R - R_1}$$

式中,R 为既有线曲线半径,K_1、R_1 根据基本要求选择。若 T_1 不能满足基本要求时,可加大 R_1 值。

(4) 计算便线线路长度 $L_{便}$

$$L_{便}=2K_1+\frac{\pi}{180}R_1\alpha_2$$

（5）计算既有曲线的拨动长度 $L_{既}$

$$L_{既}=\frac{\pi}{180}R\alpha_1$$

2. B 点在缓和曲线内时（图 2－45（b））

（1）确定条件

①根据灾害、工程量情况，确定既有线 N 点的最大垂直拨移距离 H 和确定 D 点位置并考虑曲线的外矢距；

②根据 D 点位置及现场的情况，做两直线 DA、DB 与既有线相切于 A、B 两点，测定 DA 的长度 L_1、DB 的长度 L_2，L_1、L_2 值中的 T_1、K_1、K_2 必须满足基本要求，否则调整 D 点位置或 α_1 角；

当 B 点在缓和曲线内时，$L_1 \neq L_2$，$K_1+T_1=L_2-X$。式中，X 为一侧曲线的起（终）点在既有缓和曲线上，另一侧曲线的起（终）点在圆曲线上，L_1 与 L_2 长度不等长的两数之差。

（2）计算 α_1 角

参照第二章第三节（三）缓和曲线不平行外拨两曲线外凸式方案——I 点在缓和曲线上的计算方法（图 2－34）。

B 点在缓和曲线内的数据：

现场量取 B 点至 HY 点的缓和曲线弧长 L_{by}，则缓和曲线上 ZH 点至 B 点的弧长 L_{bi} 为 $L_{bi}=L_0-L_{by}$，B 点的缓和曲线倾角 $\varphi_i=\dfrac{L_{bi}^2}{2RL_0}$。

现场量取 HY 点至 A 点的弦长 C，则圆曲线部分所夹的角 $\alpha_b=2\arcsin\dfrac{C/2}{R}$；或现场量取 HY 点至 A 点的圆曲线弧长 L_{ay}，$\alpha_b=\dfrac{180L_{ay}}{\pi R}$，则 $\alpha_1=\varphi_i+\alpha_b$。

（3）计算便线曲线 R_1

根据基本要求确定便线 T、K 值，使 $DM=DF_1=T_1$，$\angle MO_1D=\angle FO_1D$，$\alpha_2=\alpha_1$，则

$$R_1=\frac{T_1}{\tan\dfrac{\alpha_2}{2}}$$

（4）计算便线线路长度 $L_{便}$

$$L_{便}=K_1+\frac{\pi}{180}R_1\alpha_2+K_2$$

（5）计算既有曲线的拨动长度 $L_{既}$

$$L_{既}=\frac{\pi}{180}R\alpha_b+L_{by}$$

3. 计算曲线长度、检算夹直线长度

根据便线曲线转角 α_2 的计算结果，计算曲线长度 $l_1=\dfrac{\pi}{180}R_1\alpha_2$，检算和确定曲线起终

点位置，再检算夹直线长度 K_1 和 K_2。

(二)圆曲线外拨弦线计算法方案

1. 确定条件(图 2－46)

(1)根据灾害、工程量情况，确定既有线 N 点的最大垂直拨移距离 H 和确定 D 点位置并考虑曲线的外矢距；

(2)根据 D 点位置及现场的情况，做两直线 DA、DB 切既有线于 A、B 两点，测定 DA 的长度 L_1、DB 的长度 L_2，L_1、L_2 值中的 T_1、K_1、K_2 必须满足基本要求，否则调整 D 点位置或 α_1 角；

(3)根据现场垂直拨移距离 H 和按基本要求选择便线曲线半径 R_1 的值，计算 α_2、C、T_1 的值。

2. 计算 C、α_1、α_2、T_1

(1)计算弦线长 C

利用确定的垂直拨移的距离 H 的值、选用的曲线 R_1，通过曲线正矢的计算原理，计算 M、F 两点间的弦线长 C。

根据曲线正矢 f 计算公式为 $f=\dfrac{C^2}{8R_1}$，因为 $f=H$，所以 $C=\sqrt{8R_1H}$。

计算得到 C 值后，在 N 点两侧各量取 $C/2$，得 M、F 两点。

(2)曲线转向角 α_2

当曲线半径 R_1 确定后，则 α_2 为

$$\alpha_2 = 2\arcsin\frac{C/2}{R_1}$$

计算切线长 T_1，T_1 值必须满足基本要求：

$$T_1 = \frac{C/2}{\cos\dfrac{\alpha_2}{2}}$$

或

$$T_1 = \frac{(H+E)}{\sin\dfrac{\alpha_2}{2}}$$

式中，E 为 R_1 曲线的外矢距。

便线曲线 R_1 的外矢距 E 为

$$E = R_1\left(\frac{1}{\cos\dfrac{\alpha_2}{2}} - 1\right)$$

(3)曲线转向角 α_1

A 点、B 点在圆曲线内时，$L_1=L_2$，$K_1=K_2$，$\alpha_2=2\arctan\dfrac{K_1+T_1}{R}$。由图可知，$\alpha_1=\alpha_2$。

3. 检算便线曲线 R_1、T_1

(1)检算便线曲线半径 R_1

因为

$$\alpha_1=\alpha_2$$

所以
$$\frac{K_1+T_1}{R}=\frac{T_1}{R_1}$$

$$R_1=\frac{T_1R}{K_1+T_1}$$

式中,R 为既有线曲线半径,K_1、T_1 根据基本要求选择,若 R_1 不能满足基本要求时可加大 T_1 值。

(2)检算便线曲线切线 T_1

因为
$$\alpha_1=\alpha_2$$

所以
$$\frac{K_1+T_1}{R}=\frac{T_1}{R_1}$$

$$T_1=\frac{R_1K_1}{R-R_1}$$

式中 R 为既有线曲线半径,K_1、R_1 根据基本要求选择。若 T_1 不能满足基本要求时可加大 R_1 值。

4.检算曲线长度、切线长度、夹直线长度

便线曲线半径 R 计算结果取整数值后,检算曲线长度 $l_1=\frac{\pi}{180}R_1\alpha_2$、切线长度 $T_1=R_1\tan\frac{\alpha_2}{2}$,确定曲线起、终点位置,再检算夹直线长度 K_1。

5.计算便线线路长度 $L_便$

$$L_便=2K_1+\frac{\pi}{180}R_1\alpha_2$$

6.计算既有曲线的拨动长度 $L_既$

A、B 点在圆曲线内时:

$$L_既=\frac{\pi}{180}R\alpha_1$$

7.A 点或 B 点在缓和曲线内时

参照第二章第三节圆曲线外拨临时线路形式—圆曲线外拨切线式方案的计算方法。

(三)圆曲线外拨切点两侧单曲线方案

1.确定条件(图2-47)

(1)当灾害、故障发生在曲线切点 F 的两侧时,根据灾害和工程量情况、基本要求选择 T_1、T_2、K_2 的值,并确定便线 D、C 点位置及测定两点的距离 L_2;

(2)根据便线 D、C 点位置,根据基本要求选择 T_1、K_1 的值,做一直线 DA 与既有线相切于 A 点,确定 A 点的位置,测定 D、A 两点的距离 L_1;

(3)根据便线 D、C 点位置,根据基本要求选择 T_2、K_3 的值,做一直线 CB 与既有线相切于 B 点并确定 B 点。测定 C、B 两点的距离 L_3;

(4)根据 T_1、T_2、K_1、K_2、K_3 的值和既有曲线半径 R,计算便线曲线转角 α_2、α_3 和曲线半径 R_1、R_2 的值。

2.计　算

(1)计算便线曲线转向角 α_2、α_3

根据基本要求选择的 L_1、L_3 的值及既有曲线半径 R,便可计算便线曲线转向角 α_2、α_3。

$$L_1 = K_1 + T_1$$

$$L_2 = T_1 + K_2 + T_2$$

$$L_3 = T_2 + K_3$$

$$\alpha_2 = 2\arcsin\frac{L_1}{R}$$

$$\alpha_3 = 2\arcsin\frac{L_3}{R}$$

(2)计算既有曲线 AB 弧长的夹角 α_1(即需要拨动的既有线的夹角)当 α_2、α_3 得知后,则 $\alpha_1 = \alpha_2 + \alpha_3$。

(3)计算便线曲线半径 R_1、R_2

T_1、T_2 的值已根据现场情况、基本要求确定,则曲线半径 R 的计算如下:

$$R_1 = \frac{T_1}{\tan\dfrac{\alpha_2}{2}}$$

$$R_2 = \frac{T_2}{\tan\dfrac{\alpha_3}{2}}$$

3. 检算曲线长度、切线长度、夹直线长度

便线曲线半径 R 计算结果取整数值后,检算曲线长度 l_1 和 l_2、切线长度 T_1 和 T_2,确定曲线起、终点位置,再检算夹直线长度 K_1、K_2、K_3。

若 $K_{2.2} \neq K_{2.1}$ 时

$K_{2.1}$的检算:

$$NF = K_{2.1}$$

$$\alpha_e = \alpha_2 - \arctan\frac{K_1}{R - R_1}$$

$$K_{2.1} = NF = (R - R_1)\tan\alpha_e$$

$K_{2.2}$的检算:

$$FG = K_{2.2}$$

$$\alpha_g = \alpha_3 - \arctan\frac{K_3}{R - R_2}$$

$$K_{2.2} = FG = (R - R_2)\tan\alpha_g$$

K_2 的检算:

$$K_2 = NG = NF + FG = K_{2.1} + K_{2.2}$$

4. 计算既有曲线的拨动长度 $L_{既}$

$$L_{既} = \frac{\pi}{180}R\alpha_1$$

5. 计算便线线路长度 $L_{便}$

$$L_{便} = K_1 + \frac{\pi}{180}R_1\alpha_2 + K_2 + \frac{\pi}{180}R_2\alpha_3 + K_3$$

若 A 点或 B 点涉及到缓和曲线时，参照第二章第三节圆曲线外拨临时线路形式——圆曲线外拨切线式方案的计算方法。

七、圆曲线内拨形式

（一）圆曲线内拨两侧单曲线相等方案

1. 确定条件（图 2－48）

（1）根据灾害、工程量情况，确定既有线 V 点的最大垂直拨移距离 H，根据灾害、工程量情况、基本要求选择 T_1、T_2、K_2 的值，并确定便线 D、C 点位置及测定两点的距离 L_2；

（2）根据便线 D、C 点位置，根据基本要求选择 T_1、K_1 的值，做一直线 DA 与既有线相切于 A 点，并确定 A 点位置，测定 D、A 两点的距离 L_1；

（3）根据便线 D、C 点位置，根据基本要求选择 T_2、K_3 的值，做一直线 CB 与既有线相切于 B 点，并确定 B 点位置，测定 C、B 两点的距离 L_3；

（4）根据 T_1、T_2、K_1、K_2、K_3 的值及既有曲线半径 R，计算便线曲线转角 α_2、α_3 和曲线半径 R_1、R_2 的值。

2. 计　算

（1）计算便线曲线转向角 α_2、α_3

根据基本要求选择 L_1、L_3 的值及既有曲线半径 R，便可计算便线曲线转向角 α_2、α_3。

$$L_1 = K_1 + T_1$$

$$L_2 = T_1 + K_2 + T_2$$

$$L_3 = T_2 + K_3$$

$$\alpha_2 = 2\arcsin\frac{L_1}{R}$$

$$\alpha_3 = 2\arcsin\frac{L_3}{R}$$

要求 F 点两侧曲线切线 $T_1 = T_2$，半径 $R_1 = R_2$，则既有曲线 AB 弧长的夹角 α_1 为 $\alpha_1 = \alpha_2 + \alpha_3 = 2\alpha_2 = 2\alpha_3$。

（2）计算便线曲线半径 R_1、R_2

T_1、T_2 的值已根据现场情况、基本要求确定，则曲线半径 R 的计算如下：

$$R_1 = \frac{T_1}{\tan\frac{\alpha_2}{2}}$$

$$R_2 = \frac{T_2}{\tan\frac{\alpha_3}{2}}$$

3. 检算曲线长度、切线长度、夹直线长度

便线曲线半径 R 计算结果取整数值后，检算曲线长度 l_1 和 l_2、切线长 T_1 和 T_2 的值，确定曲线起、终点位置，再检算夹直线长度 K_1、K_2、K_3。

由于 $T_1 = T_2$，$R_1 = R_2$，$\alpha_2 = \alpha_3$，所以 $K_{2.2} = K_{2.1}$。

4. 计算既有曲线的拨动长度 $L_{既}$

$$L_{既}=\frac{\pi}{180}R\alpha_1$$

5. 计算便线线路长度 $L_{便}$

$$L_{便}=K_1+\frac{\pi}{180}R_1\alpha_2+K_2+\frac{\pi}{180}R_2\alpha_3+K_3$$

若 A 点或 B 点涉及到缓和曲线时，参照第二章第三节缓和曲线内拨临时线路形式——缓和曲线不平行内拨两曲线 B 点在圆曲线内方案（图 2－9）的计算方法。

（二）圆曲线内拨两侧单曲线不相等方案

1. 确定条件（图 2－49）

（1）根据灾害、工程量情况，确定既有线 V 点的最大垂直拨移距离 H，根据灾害、工程量情况、基本要求选择 T_1、T_2、K_2 的值，并确定便线 D、C 点位置及测定两点的距离 L_2；

（2）根据便线 D、C 点位置，根据基本要求选择 T_1、K_1 的值，做一直线 DA 与既有线相切于 A 点，并确定 A 点位置，测定 D、A 两点的距离 L_1；

（3）根据便线 D、C 点位置，根据基本要求选择 T_2、K_3 的值，做一直线 CB 与既有线相切于 B 点，确定 B 点位置，测定 C、B 两点的距离 L_3；

（4）根据 R_1、R_2、T_1、T_2、K_1、K_2、K_3 的值及既有曲线半径 R，计算便线曲线的转角 α_2、α_3 的值。

2. 计　　算

（1）计算便线曲线转向角 α_2、α_3

根据基本要求选择的 L_1、L_3 值及既有曲线半径 R，便可计算便线曲线转向角 α_2、α_3。

$$L_1=K_1+T_1$$

$$L_2=T_1+K_2+T_2$$

$$L_3=T_2+K_3$$

$$\alpha_2=2\arctan\frac{T_1}{R_1}$$

$$\alpha_3=2\arctan\frac{T_2}{R_2}$$

（2）计算 A、B 两点的圆心角 α_1

由图 2－49 可知，FO、NO_1 均与 DC 垂直，两直线平行；AO、MO_1 与 AD 垂直，两直线也平行。因此，$\alpha_{1.1}=\alpha_2$。右侧亦同理，$\alpha_{1.2}=\alpha_3$。则 $\alpha_1=\alpha_2+\alpha_3$。

3. 检算曲线长度、切线长度、夹直线长度

计算便线转角 α_2、α_3 的值后，检算曲线长度 l_1 和 l_2、切线长 T_1 和 T_2，确定曲线起终点位置，再检算夹直线长度 K_1、K_2、K_3。

若 $K_{2.2}\neq K_{2.1}$ 时

$K_{2.1}$的检算：

$$NF=K_{2.1}$$

$$\alpha_e=\alpha_2-\arctan\frac{K_1}{R-R_1}$$

$$K_{2.1}=NF=(R-R_1)\tan\alpha_e$$

$K_{2.2}$的检算：

$$FG=F_{2.2}$$

$$\alpha_g=\alpha_3-\arctan\frac{K_3}{R-R_2}$$

$$K_{2.2}=FG=(R-R_2)\tan\alpha_g$$

K_2 的检算：

$$K_2=NG=NF+FG=K_{2.1}+K_{2.2}$$

4. 计算既有曲线的拨动长度 $L_{既}$

$$L_{既}=\frac{\pi}{180}R\alpha_1$$

5. 计算便线线路长度 $L_{便}$

$$L_{便}=K_1+\frac{\pi}{180}R_1\alpha_2+K_2+\frac{\pi}{180}R_2\alpha_3+K_3$$

若 A 点或 B 点涉及到缓和曲线时，参照第二章第三节缓和曲线内拨临时线路形式——缓和曲线不平行内拨两曲线 B 点在圆曲线内方案（图 2－9）的计算方法。

（三）圆曲线内拨复曲线方案

1. 确定条件（图 2－50）

（1）根据灾害、工程量情况，确定既有线 N 点的最大垂直拨移距离 H；

（2）根据"复曲线每个圆曲线的长度不得短于 50 m"的基本要求，选择既有线 T_1 的值，且满足 $T_1\geqslant 25$ m；

（3）根据两圆曲线的最大曲率差选择 R_1，计算既有线曲线 R 的 α_1、l 的值及便线曲线 R_1 的 α_2、T_2、l_1 的值。

2. 选择曲线半径 R_1

由于便线技术标准要求较低，由表 2－6 可知，复曲线采用的最大曲率差为

$$\frac{1}{R}-\frac{1}{R_1}\leqslant\frac{1}{1\,000}$$

$$\frac{1}{R_1}\leqslant\frac{1\,000-R}{1\,000R}$$

$$R_1\geqslant\frac{1\,000R}{1\,000-R}$$

由此式可知，选用两圆曲线的最大曲率差 1/1 000 时，是有条件的，既有曲线半径 $R<1\,000$ m。

若既有线曲线半径 $R=600$ m 时，$R_1\geqslant 1\,500$。

若既有线曲线半径 $R=800$ m 时，$R_1\geqslant 4\,000$。

当既有曲线半径 R 较大时，可采用较高等级的两圆曲线的最大曲率差。

3. 计算既有曲线 $\overset{\frown}{AB}$ 的圆心角 α_1、l 的值及 A、B 两点弦线长 C 的值

①计算既有曲线 $\overset{\frown}{AB}$ 的圆心角 α_1

既有曲线半径 R 为已知，T_1 值按基本要求选择，则

$$\alpha_1=2\arctan\frac{T_1}{R}$$

②计算既有曲线 A、B 两点间的弧线长度 l

$$l = \frac{\pi}{180} R\alpha_1$$

③计算既有曲线 A、B 两点间的弦长 C

$$C = 2 \times \left(R_1 \cdot \sin \frac{\alpha_1}{2} \right)$$

计算出的 l 值,必须满足“复曲线每个圆曲线的长度不得短于 50 m”的要求。在既有线 N 点两侧各量取 $l/2$ 的弧线长,得 A、B 两点,并现场量取 A、B 两点间的弦长 C,验证上述计算结果。

4. 计算便线 $\widehat{AB}$ 的圆心角 α_2 及切线 T_2 值、l_1 值

①计算便线 $\widehat{AB}$ 的圆心角 α_2

便线曲线 R_1、AB 的弦长 C 已由上述计算得结果,则

$$\alpha_2 = 2\arcsin \frac{C/2}{R_1}$$

②计算便线 T_2 值

$$T_2 = R_1 \tan \frac{\alpha_2}{2}$$

③计算便线曲线 A、B 两点间的弧线长度 l_1 值

$$l_1 = \frac{\pi}{180} R_1 \alpha_2$$

5. 分析可拨移量 H、可设曲线 R_1 值

(1)计算可拨移量 H

因为

$$H + H_1 = f$$

$$f = \frac{C^2}{8R}$$

$$H_1 = f_1$$

$$f_1 = \frac{C^2}{8R_1}$$

将上式的 $f = \frac{C^2}{8R}$、$H = f_1$ 代入 $H + H_1 = f$ 得:

$$H + \frac{C^2}{8R_1} = \frac{C^2}{8R}$$

$$H = \frac{C^2(R_1 - R)}{8 \cdot R \cdot R_1}$$

由式可知,既有线 R、临时线路 R_1 根据两圆曲线的最大曲率差确定后,C 值与 H 值成正比,C 值愈大 H 值愈大,可拨移的 H 值量愈大,设计的临时线路的圆曲线愈长。

因为 $C = 2 \times \left(T_1 \cos \frac{\alpha_1}{2} \right)$,把 C 代入到上式中得

$$H=\frac{\left(2\times T_1\cos\frac{\alpha_1}{2}\right)^2\times(R_1-R)}{8\cdot R\cdot R_1}$$

由该式可见：既有线 R 为定数，便线 R_1 由既有曲线 R 和复曲线两圆曲线的最大曲率差确定，H 与 T_1 成正比，T_1 值愈大 H 值就愈大。

由图 2－50 可知，α_1（或 α_2）值愈大，工程量也就越大；T_1 值愈大，工程量也越大。因此，根据现场灾害的情况、确定拨移量 H，合理的选择 T_1 值。为必须满足“复曲线每个圆曲线的长度不得短于 50 m”的要求，T_1 可近似取 25 m。

（2）计算可设的曲线半径 R_1

根据灾害及现场确定需要拨移的量 H 时，计算便线曲线半径 R_1 可设的值。

因为
$$H+\frac{C^2}{8R_1}=\frac{C^2}{8R}$$

则
$$R_1=\frac{RC^2}{C^2-8RH}$$

曲线半径 R_1 值算出后，代入式 $R_1\geqslant\frac{1\,000R}{1\,000-R}$ 中验算 R_1 值是否符合表 2－6 要求，如不合要求，则调整拨移量 H。

6. 计算既有曲线的拨动长度 $L_{既}$

$$L_{既}=\frac{\pi}{180}R\alpha_1$$

7. 计算便线曲线的全长 $L_{便}$

$$L_{便}=\frac{\pi}{180}R_1\alpha_2$$

8. 便线曲线的正矢、超高及放行列车速度

（1）复曲线内的曲线正矢及 A 点（或 B 点）的正矢按基本要求计算。

（2）R_1 曲线超高在 A 点、B 点处按既有线超高。R_1 曲线内超高顺坡：若 R_1 曲线超高值与 A 点、B 点相同时，则平顺设置；若 R_1 曲线超高值与 A 点、B 点不同时，则由 A 点、B 点向 R_1 曲线内按不大于 2.0‰递减（或递增）。

（3）R_1 复曲线内放行列车最高允许速度参照表 2－6 办理。

八、转线形式

（一）平行直线转线方案

1. 确定条件（图 2－51）

（1）根据灾害、抢险方案及工程量情况，确定 C、D 点位置，并测定 C、D 两点间的长度 L_1 的值，L_1 值中的 T_1、T_2、K_1 必须满足基本要求，若不能满足基本要求，调整 C、D 两点位置，或调整 α_1 的值；

（2）测定便线的两曲线交点 C、D 点与既有线Ⅰ线（或Ⅱ线）的垂直距离 H_1、H_2（Ⅰ线和Ⅱ线平行时，$H_1=H_2$）；

（3）测定 C、D 点间的水平距离 S；

(4)根据基本要求选择的 T_1、T_2 值确定 A、B 点位置；

(5)计算便线转角 α_1、α_2 和曲线半径 R_1、R_2 的值。

2. 计　　算

(1)计算曲线转角 α_1、α_2

$$L_1 = T_1 + K_1 + T_2$$

$$\alpha_1 = \arcsin \frac{H_2}{L_1}$$

因为Ⅰ线与Ⅱ线平行，所以，$H_1 = H_2, \alpha_2 = \alpha_1$，则

$$S = \frac{H_2}{\tan\alpha_1}$$

或

$$S = L_1 \cos\alpha_1$$

(2)计算便线曲线半径 R_1 和 R_2

T_1、T_2 已按基本要求确定，便线曲线半径 R 计算为

$$R_1 = \frac{T_1}{\tan \frac{\alpha_1}{2}}$$

$$R_2 = \frac{T_2}{\tan \frac{\alpha_2}{2}}$$

(3)检算曲线长度、切线长度、夹直线长度

便线曲线半径 R 计算结果取整数值后，检算曲线长度 $l_i = \frac{\pi}{180} R_i \alpha_i$、切线长度 $T_i = R_i \tan \frac{\alpha_i}{2}$，确定曲线起、终点位置，再检算夹直线长度 K_i。

3. 计算便线线路长度 $L_{便}$

$$L_{便} = \frac{\pi}{180} R_1 \alpha_1 + K_1 + \frac{\pi}{180} R_2 \alpha_2$$

4. 计算既有线需要拨动的线路长 $L_{既}$(即 A、B 两点的水平距离)

$$L_{既} = T_1 + S + T_2$$

(二)非平行直线转线方案

1. 确定条件(图 2－52)

(1)根据灾害、抢险方案及工程量情况，确定 C、D 点位置，并测定 C、D 两点间的长度 L_1 值，L_1 值中的 T_1、T_2、K_1 必须满足基本要求，若不能满足基本要求，调整 C、D 两点位置或调整 α_1 的值；

(2)测定便线的两曲线交点 C 点与既有线Ⅱ线、D 点与既有线Ⅰ线的垂直距离 H_1、H_2；

(3)测定便线的曲线交点 C、D 两点的水平距离 S；

(4)根据基本要求选择的 T_1、T_2 值确定 A、B 点位置；

(5)计算便线转角 α_1、α_2 和曲线半径 R_1、R_2 的值。

2. 计　　算

(1) 计算曲线转角 α_1、α_2

$$L_1 = T_1 + K_1 + T_2$$

$$\alpha_1 = \arcsin \frac{H_2}{L_1}$$

$$\alpha_2 = \alpha_1 - \arctan \frac{(H_2 - H_1)}{S}$$

检算：

$$S = \frac{H_2}{\tan\alpha_1}$$

或

$$S = L_1 \cos\alpha_1$$

(2) 计算便线曲线半径 R_1 和 R_2

T_1、T_2 已按基本要求确定，便线曲线半径 R 计算为

$$R_1 = \frac{T_1}{\tan \frac{\alpha_1}{2}}$$

$$R_2 = \frac{T_2}{\tan \frac{\alpha_2}{2}}$$

(3) 检算曲线长度、切线长度、夹直线长度

便线曲线半径 R 计算结果取整数值后，检算曲线长度 $l_i = \frac{\pi}{180} R_i \alpha_i$、切线长度 $T_i = R_i \tan \frac{\alpha_i}{2}$，确定曲线起、终点位置，再检算夹直线长度 K_i。

3. 计算便线线路长度 $L_{便}$

$$L_{便} = \frac{\pi}{180} R_1 \alpha_1 + K_1 + \frac{\pi}{180} R_2 \alpha_2$$

4. 既有线需要拨动的线路长 $L_{既}$

$$L_{既} = T_1 + S + T_2$$

(三) 并行同心曲线转线方案

1. 确定条件(图 2－53)

(1) 根据灾害、抢险方案及工程量情况，确定 A、D 点位置，A 点必须是既有线Ⅱ线曲线的切点，并测定 A、D 两点间的长度 L_2 值，L_2 值中的 T_1、K_2 必须满足基本要求，若不能满足基本要求，则调整 D 点位置。测定 A、I 两点间长度 AI 和 I、D 两点间长度 ID。

(2) 根据 D 点位置及现场的情况，做一直线 DB 相切既有线Ⅰ线于 B 点，测定 DB 的长度 L_1 的值，L_1 值中的 T_1、K_1 必须满足基本要求，若不能满足基本要求，则调整 D 点位置。

(3) 计算便线转角 α_3 和曲线半径 R_3 的值。

2. 计　　算

(1) 计算曲线转角 α_3

$$L_1 = T_1 + K_1$$

$$L_2 = AI + ID = T_1 + K_2$$

因为

$$DN = DB$$

所以

$$\alpha_1 = 2\arctan\frac{L_1}{R_1}$$

$$\alpha_2 = \arctan\frac{L_2}{R_2} + \frac{\alpha_1}{2}$$

既有线Ⅰ线与既有线Ⅱ线为同心圆，R_1 曲线的 B 点和 R_3 曲线的起点 N 同在曲线 R_1 的 B 点切线上，R_2 曲线的 A 点和 R_3 曲线的终点 M 同在 R_2 曲线的 A 点切线上，所以，$\alpha_3 = \alpha_2$。

(2)计算曲线半径 R_3

T_1 已按基本要求确定，便线曲线半径 R_3 计算为

$$R_3 = \frac{T_1}{\tan\frac{\alpha_3}{2}}$$

(3)检算曲线长度、切线长度、夹直线长度

便线曲线半径 R 计算结果取整数值后，检算曲线长度 $l_1 = \frac{\pi}{180}R_3\alpha_3$、切线长度 $T_1 = R_3\tan\frac{\alpha_3}{2}$，确定曲线起、终点位置，再检算夹直线长度 K_1 和 K_2。

3. 计算便线线路长度 $L_{便}$

$$L_{便} = K_1 + \frac{\pi}{180}R_3\alpha_3 + K_2$$

4. 计算既有线需要拨动的线路长(即 A、B 两点的弧长)

取两曲线 R_2、R_1 值的平均值做为计算半径

$$L_{既} = \frac{\pi}{180}\left(\frac{R_2 + R_1}{2}\right)\alpha_2$$

(四)并行非同心曲线转线方案

1. 确定条件(图 2－54)

(1)根据灾害、抢险方案及工程量情况，确定 A、D 点位置，A 点必须是既有线Ⅱ线曲线的切点，并测定 A、D 两点间的长度 L_2 值，L_2 值中的 T_2、K_2 必须满足基本要求，若不能满足基本要求，则调整 D 点位置；量取 A_I、A 两点的长度 A_IA、A、I 两点的长度 AI 和 I、D 两点间长度 ID；

(2)根据 D 点位置及现场的情况，做一直线 DB 相切既有线Ⅰ线于 B 点，测定 DB 的长度 L_1 值，L_1 值中的 T_1、K_1 必须满足基本要求，若不能满足基本要求，调整 D 点位置；

(3)根据基本要求确定 T_1、K_1、R_3 的值，计算 α_3、K_2 的值。

2. 计算 α_1、α_2、α_3 角

(1)计算曲线转角 α_1

$$L_1 = T_1 + K_1$$

$$L_2 = AI + ID = T_1 + K_2$$

$$K_2 = L_2 - T_1$$

因为 $DN = DB$，所以 $\alpha_1 = 2\arctan\dfrac{L_1}{R_1}$。

(2)计算曲线转角 α_3

根据基本要求确定的 T_1、R_3 值计算 α_3

$$\alpha_3 = 2\arctan\frac{T_1}{R_3}$$

(3)计算曲线转角 α_2

在 $\triangle O_2AD$ 中 $\qquad \angle O_2DA = \alpha_D = \arctan\dfrac{R_2}{L_2}$

$$\alpha_{2.1} = \arctan\frac{L_2}{R_2}$$

在 $\triangle O_2BD$ 中 $\qquad \angle O_2DB = \alpha_d = 180 - \alpha_3 - \alpha_D$

$$O_2D = \sqrt{(O_2A)^2 + {L_2}^2} = \sqrt{(R_2)^2 + {L_2}^2}$$

由余弦定理得：$(O_2B) = \sqrt{{L_1}^2 + (O_2D)^2 - 2L_1\cdot(O_2D)\cdot\cos\alpha_d}$

由正弦定理得：$\qquad \alpha_{2.2} = \arcsin\dfrac{L_1\times\sin\alpha_d}{O_2B}$

曲线转角 α_2 $\qquad \alpha_2 = \alpha_{2.1} + \alpha_{2.2}$

(4)检算曲线长度、切线长度、夹直线长度

根据便线转角 α_3 的计算结果，检算曲线长度 $l_1 = \dfrac{\pi}{180}R_3\alpha_3$、切线长度 $T_1 = R_3\tan\dfrac{\alpha_3}{2}$，检算和确定曲线起、终点位置，再检算夹直线长度 K_1 和 K_2。

3. 计算便线线路长度 $L_{便}$

$$L_{便} = K_1 + \frac{\pi}{180}R_3\alpha_3 + K_2$$

4. 计算既有线需要拨动的线路长 $L_{既}$（即 A、B 两点的弧长）

取 $A_{\mathrm{I}}A$、$B_{\mathrm{II}}B$ 两处的线间距的平均值加上曲线 R_2 值做为计算半径，则 $L_{既}$ 为

$$L_{既} = \frac{\pi}{180}\left(\frac{R_2 + A_{\mathrm{I}}A + O_2B}{2}\right)\alpha_2$$

（五）直线与曲线转线方案

1. 确定条件(图 2－55)

(1)根据灾害、抢险方案及工程量情况，确定 A、D 点位置，A 点必须是既有线Ⅱ线曲线的切点，并测定 A、D 两点间的长度 L_1 的值，L_1 中的 T_1、K_1 必须满足基本要求，若不能满足基本要求，则调整 A、D 点位置；

(2)根据基本要求确定的 T_1 值来确定 B 点的位置，量取 $B_{\mathrm{II}}B$ 的长度；

(3)根据 A、D 两点间的长度 L_1 值及基本要求选择 T_1、R_2 的值，计算便线转角 α_2，检算 K_1 的值。

2. 计　　算

(1) 计算便线曲线转角 α_2

根据基本要求确定的 T_1、R_2 值，计算便线曲线转角 α_2。

$$L_1 = T_1 + K_1$$

$$\alpha_2 = 2\arctan\frac{T_1}{R_2}$$

(2) 检算曲线长度、切线长度、夹直线长度

根据便线转角 α_2 的计算结果，检算曲线长度 $l_1 = \frac{\pi}{180}R_2\alpha_2$、切线长度 $T_1 = R_2\tan\frac{\alpha_2}{2}$，确定曲线起、终点位置，再检算夹直线长度 K_1。

(3) 计算曲线转角 α_1

在 $\triangle O_1AD$ 中 $\angle O_1DA = \alpha_D = \arctan\frac{R_1}{L_1}$

$$\alpha_{1.1} = \arctan\frac{L_1}{R_1}$$

在 $\triangle O_1BD$ 中 $\angle O_1DB = \alpha_d = 180 - \alpha_2 - \alpha_D$

$$O_1D = \sqrt{(O_1A)^2 + L_1^{\ 2}} = \sqrt{(R_1)^2 + L_1^{\ 2}}$$

由余弦定理得：$(O_1B) = \sqrt{T_1^{\ 2} + (O_1D)^2 - 2T_1 \cdot (O_1D) \cdot \cos\alpha_d}$

由正弦定理得：
$$\alpha_{1.2} = \arcsin\frac{T_1\sin\alpha_d}{(O_1B)}$$

则
$$\alpha_1 = \alpha_{1.1} + \alpha_{1.2}$$

3. 计算便线线路长度 $L_{便}$

$$L_{便} = K_1 + \left(\frac{\pi}{180}R_2\alpha_2\right)$$

4. 计算既有线需要拨动的线路长 $L_{既}$

现场量取 B 点至 $B_{Ⅱ}$ 点的长度，则 $L_{既}$ 为

$$L_{既} = \frac{\pi}{180}(R_1 + B_{Ⅱ}\mathrm{B}/2)\alpha_1$$

第三章 临时道岔

第一节 临时道岔要求

我国铁路道岔导曲线的线型大多数采用圆曲线，其特点是能获得较短的道岔长度、平面设计简单，铺设、养护方便。临时道岔的改造重点是道岔曲线连接部分——导曲线部分。临时道岔的改造，直线尖轨的道岔导曲线半径的大小直接受到尖轨的转辙角 β、辙叉角 α、道岔轨距 S 的约束；曲线尖轨的道岔导曲线半径的大小受到转辙部分的尖轨与基本轨的尺寸及标准零配件相互匹配、辙叉角 α、道岔轨距 S、既有曲线尖轨的曲线半径及相应的导曲线半径的约束，而道岔导曲线半径的大小又决定了道岔的侧向过岔速度，因此，临时道岔的改造必须保证行车安全，同时要满足目前我国铁路既有的规范、标准、规则中对道岔的基本要求。

一、临时道岔基本要求

《铁路线路修理规则》、《铁路工务技术手册 · 道岔》、《铁路工程设计技术手册 · 线路》、《道岔设计手册》、《铁路道岔的容许通过速度》等均规定了对道岔的基本要求。

1. 临时道岔最小要求

表 3-1 临时道岔最小要求

项目	道床宽度	道床厚度及边坡坡度	轨枕间隔	最短钢轨长度	最小导曲线半径
最小值	岔枕端部两侧各加 0.20 m	枕底道砟厚度不小于 25 cm；边坡坡度不小于 1∶1	岔枕间隔不大于 650 mm	4.5 m，不得连续铺设 2 根及以上	导曲线半径大于等于 145 m
项目	道钉	接头螺栓	道岔前后直线	警冲标	轨枕盒道砟
最小值	连接部分直股每侧 3 个，其余钉齐	拧紧 4 个，每侧各拧紧 2 个	直向不少于 20 m，侧向不少于 6 m	两线路中心距离不少于 4.0 m；曲线地段按计算确定加宽	道砟量不少于 2/3

注：《铁路工务技术手册 · 道岔》附录七及《铁路道岔的容许通过速度》（TB/T2477—93）中注明，我国既有 8 号单开道岔的导曲线半径 $R = 145$ m，《铁路线路修理规则》第 3.9.13 条规定：8 号单开道岔侧向允许通过速度 25 km/h。可见导曲线半径 $R = 145$ m 已能满足我国目前现有的机车车辆通过的最小导曲半径 R_{min}。

2. 钢轨必须全断面垂直锯断，严禁使用乙炔切割或烧孔，严禁使用剁子和其他工具强行截断和冲孔。

3. 岔枕端部伸出钢轨工作边的距离 M，应与区间线路基本一致，即 $M = (2\,500 - 1\,435)/2 = 532.5$ mm。按 M 值要求计算的岔枕长度各不相等，等级较多。为此，在具体布置岔枕、计算岔枕长度时，集中若干长度相近的岔枕为一组时，采用一种长度，其误差不应超过 ±75 mm（即岔枕标准级差 150 mm 的二分之一）。

4. 道岔直向与曲线之间连接应有不少于 18 m 的直线过渡段；道岔侧向与曲线连接，曲线头至辙叉跟端的直线段长度，一般不得少于 7.5 m，在困难条件下或道岔后的两线间距(3.8 ~3.6 m)较小时，不得少于 6.0 m。

不同的临时道岔难以有一个统一的标准，一般均以现场经验、参考正线的相关技术标准适当地掌握使用。

二、临时道岔养护

1. 初始期，因路基松软、道床不实，必须昼夜有人监护，做到每趟必检、每趟必修，并有足够的养护人员留守。

2. 保持道床饱满，及时拨正道岔位置，保持道岔各部尺寸良好，拧紧各部位联结零件，确保行车运输安全。

3. 无论区间、车站，使用临时道岔时必须有专人看守监护。

三、确定容许速度

1. 影响道岔直向通过速度的主要因素

(1) 护轨缓冲段冲击角；

(2) 翼轨冲击角；

(3) 辙叉部位的垂直几何不平顺；

(4) 转辙部位的几何不平顺。

临时道岔直向通过速度：可依据《铁路线路修理规则》第 3.9.13 条的规定。

2. 影响道岔侧向通过速度的主要因素

(1) 转辙器；

(2) 导曲线；

(3) 辙叉及护轨；

(4) 道岔连接线路

临时道岔侧向通过速度：道岔侧向通过速度的重点是转辙器和导曲线这两部分的通过速度，在两者中取最小值作为道岔侧向速度。

(5) 临时道岔侧向通过速度计算

①直线型尖轨影响侧向过岔速度，将撞击时的动能损失作为控制过岔速度的参数。

转辙器侧向容许通过速度：　$v_{尖}=\dfrac{\sqrt{\omega_0}}{\sin\beta_c}$

②曲线型尖轨影响侧向过岔速度，将撞击时的动能损失作为控制过岔速度的参数。

转辙器侧向容许通过速度：　$v_{尖}=\sqrt{\dfrac{\omega_0 R_{外}}{2\delta}}$

③导曲线影响过岔速度，将撞击时的动能损失作为控制过岔速度的参数。

圆曲线型导曲线时，导曲线侧向容许通过速度：$v_{导}=\sqrt{\dfrac{\omega_0 R_{外}}{2\delta}}$

式中　ω_0——动能损失容许值，目前我国道岔设计采用 $\omega_{导}=0.65(\text{km}^2/\text{h}^2)$；

$R_{外}$——导曲线外股半径；

β_c——冲击角；

δ——轮轨游间，其值为

$$\delta = S_g - T_{min} + \varepsilon_1 + \varepsilon_4 + \varepsilon_5$$

式中 S_g——尖轨跟端轨距，直线型尖轨时为 1 439 mm；AT 弹性可弯尖轨、18 号普通道岔为 1 435 mm，

T_{min}——车辆轮对内侧最小距离，1 394 mm，

ε_1——轨距容许正误差，按经常保养标准为 +5 mm，

ε_4——车辆在荷载作用下，因车轴上弯曲使轮对下部内侧距离缩小 2 mm，

ε_5——轨距弹性扩大值，按 2 mm 计算。

经过计算，直线型 8～12 号普通道岔，$\delta = 54$ mm；18 号普通道岔、AT 型弹性可弯尖轨 12 号道岔，$\delta = 50$ mm。

第二节 导曲线位置

一、直线型尖轨直线辙叉

1. 导曲线位置

(1)道岔导曲线外股的限制

图 3－1 为直线型尖轨与直线型固定辙叉图。

导曲线外股限制在：

垂直框架 $S - y_u - k \cdot \sin\beta - K \cdot \sin\alpha$

水平框架 $T \cdot (\cos\beta + \cos\alpha)$

(2)计算导曲线切线 T

交点 JD 位置，条件是切线 $T = T$。

$$T_{理} \sin\beta + T_{理} \sin\alpha = S - (y_u + k \cdot \sin\beta + k_{理} \cdot \sin\alpha)$$

$$T_{理} = \frac{S - (y_u + k \cdot \sin\beta + k_{理} \cdot \sin\alpha)}{\sin\beta + \sin\alpha}$$

导曲线 $R_{外}$ 确定后，可用公式 $T = R_{外} \tan\frac{\alpha_0}{2}$计算。

式中 S——标准轨距(mm)；

y_u——尖轨跟距(mm)；

$R_{外}$——导曲线外股半径(mm)；

k——尖轨跟端至导曲线起点的距离(mm)；

K——辙叉理论尖端至导曲线终点的距离(mm)；

α——辙叉转辙角(°)；

β——尖轨转辙角(°)；

α_0——导曲线转向角(°)，$\alpha_0 = \alpha - \beta$。

T——导曲线切线长(mm)；

$T_{理}$——导曲线理论切线长(mm);

$K_{理}$——辙叉理论尖端至导曲线终点的理论距离(mm)。

2. 导曲线支距的计算方法

图 3-1 为直线尖轨与直线固定辙叉结合图,图 3-2 为直线尖轨示意图,图 3-3 为导曲线支距计算示意图。

导曲线的转向角 $$\alpha_0 = \alpha - \beta$$

尖轨转辙角 β $$\beta = \arcsin \frac{y_u}{L_{尖}}$$

冲击角 $$\beta_c = \beta$$

直线型尖轨的导曲线支距 y 由两部分组成(图 3-2):

第一部分是尖轨转辙角 β 对应的直边值;第二部分是导曲线的切线支距值。

(1) 导曲线支距函数法计算式(图 3-1)

$$x_k = R_{外}(\sin\alpha - \sin\beta)$$

或 $$x_k = T(\cos\beta + \cos\alpha)$$

$x = 0$ 时 $$y_0 = (L_{尖} + k)\sin\beta$$

$x = x_i$ 时 $$y_i = y_0 + R_{外}(\cos\beta - \cos\alpha_i)$$

$x = x_k$ 时 $$y_k = S - K \cdot \sin\alpha$$

其中,$\alpha_i = \arcsin\left(\sin\beta + \frac{x_i}{R_{外}}\right)$。

式中 x_k——导曲线全长的水平投影长;

x——导曲线水平横距;

x_i——导曲线任一点的水平横距;

y_0——导曲线起点支距;

y_i——导曲线任一点的垂直支距;

y_k——导曲线终点支距;

$L_{尖}$——尖轨长度;

α_i——导曲线起点至导曲线任一计算点的圆心角与转辙角之和的计算角。

支距计算按表 3-2 列表进行。

表 3-2　支距函数法计算导曲线各点支距

x_i	$\alpha_i = \arcsin\left(\sin\beta + \frac{x_i}{R_{外}}\right)$	$R_{外}(\cos\beta - \cos\alpha_i)$	y_0	$y_i = y_0 + R_{外}(\cos\beta - \cos\alpha_i)$

(2) 导曲线支距比例法计算式(图 3-3)

导曲线支距比例法就是将 AC 曲线圆弧投影到 AB 直线上,利用其弧线长与直线长的比例来计算导曲线各点的支距。

第一部分计算:将 FB 段,即尖轨跟部至导曲线起点间直线段做为计算的第一部分,$y_0 = (L_{尖} + k)\sin\beta$;第二部分计算:将 BC 段做为第二部分,$y_i = x_i \cdot \tan(\alpha_{zi}/2 + \beta)$。

式中，$\alpha_{zi}=\alpha_i\times L_x$，见下注解。

①导曲线弧线全长 L

$$L=\frac{\pi}{180}R_{外}\ \alpha_0$$

式中 α_0——为导曲线的转向角，$\alpha_0=\alpha-\beta$。

②导曲线弧长 L 与导曲线水平投影长 x_k 的比值 L_x 为

$$L_x=\frac{L}{x_k}$$

式中，$x_k=T(\cos\beta+\cos\alpha)$。

③每米导曲线弧线长所对应的夹角 α_i 为

$$\alpha_i=\frac{\alpha_0}{L}$$

④每米导曲线水平投影长所对应的导曲线的角 α_{zi} 为

$$\alpha_{zi}=\alpha_i\times L_x$$

图 3－3：导曲线支距计算示意图中所示的 $\alpha_{zi}/2$ 角的计算。

导曲线从起点开始，一般每 2 m 设置一个支距点，直至导曲线终点。每处支距点对应的$\frac{\alpha_{zi}}{2}$计算如下：

导曲线起点处 $\frac{\alpha_{z0}}{2}\times 0$

2 m 处 $\frac{\alpha_{z1}}{2}\times 2$

4 m 处 $\frac{\alpha_{z2}}{2}\times 4$

⋮ ⋮

导曲线终点处 $\frac{\alpha_{z终}}{2}\times\frac{x_k}{1\,000}$

⑤导曲线支距 y

$$y_0=(L_{尖}+k)\sin\beta$$

$$y_i=x_i\cdot\tan\left(\alpha_{zi}/2+\beta\right)$$

$$y=y_0+y_i=(L_{尖}+k)\sin\beta+x_i\cdot\tan\left(\alpha_{zi}/2+\beta\right)$$

支距计算按表 3－3 列表进行。

表 3－3 支距比例法计算导曲线各点支距

支距点数	x_i(mm)	$\alpha_{zi}/2$	β	$(\alpha_{zi}/2+\beta)$	y_0(mm)	y_i(mm)	该点的支距(mm) y_0+y_i

(3)导曲线支距切线法计算式(图 3－3)

第一部分是 FD 段：$y_d=(L_{尖}+k)\sin\beta+x_i\cdot\tan\beta$

第二部分是 GD 段：$y_q=\dfrac{(x_i/\cos\beta)^2}{2R_{外}}$

由图 3－3 可见，水平计算点在 F 点时，垂直于水平线的支距（FC）所对应曲线的是 C 点，当采用支距切线计算法时，与切线（AD）垂直的是 DG，所对应的是 G 点。因此，采用支距切线计算法，当曲线半径愈小、距计算始点愈远时误差会愈大。但是，支距切线计算法比较简单、快捷，便于抢险救灾时拼装临时道岔使用。

导曲线支距计算式为

$$y_i=y_d+y_q=(L_{尖}+k)\cdot\sin\beta+x_i\cdot\tan\beta+\frac{(x_i/\cos\beta)^2}{2R_{外}}$$

支距计算按表 3－4 列表进行。

表 3－4　支距切线法计算导曲线各点支距

支距点数	x_i (mm)	$y_d=(L_{尖}+k)\sin\beta+x_i\cdot\tan\beta$ (mm)	$y_q=\dfrac{(x_i/\cos\beta)^2}{2R_{外}}$ (mm)	该点的支距 y_d+y_q (mm)

二、切线及半切线型曲线尖轨直线辙叉

1. 导曲线位置

(1) 道岔导曲线外股的限制

图 3－4 为切线型曲线尖轨与直线固定辙叉结合图，图 3－5 为切线型曲线尖轨示意图，图 3－6 为半切线型曲线尖轨示意图。

导曲线外股限制在：

垂直框架　　$S-J_0-K\sin\alpha$

水平框架　　$T+T\cdot\cos\alpha$

由图 3－6 可知，曲线尖轨（导曲线）有两种切线形式：一种是以直股钢轨的作用边做为切线；另一种是距直股钢轨的作用边 J_0 的距离，并平行于直股钢轨的作用边做为切线。

(2) 计算导曲线切线 T

交点 JD 位置，条件是切线 $T=T$，则

$$T_{理}\sin\alpha=S-(J_0+K_{理}\sin\alpha)$$

$$T_{理}=\frac{S-(J_0+K_{理}\sin\alpha)}{\sin\alpha}$$

导曲线 $R_{外}$ 确定后，可用 $T=R_{外}\tan\dfrac{\alpha_0}{2}$ 计算。

式中　J_0——切线型曲线尖轨的曲线理论起点处的支距（mm）。

导曲线的转向角　　$\alpha_0=\alpha$

2. 导曲线支距的计算方法

(1) 导曲线支距函数法计算式

见图 3－4，图 3－5 和图 3－6。

$$x_k = R_外(\sin\alpha - \sin\beta)$$

或

$$x_k = T \cdot (1 + \cos\alpha)$$

$x = 0$ 时　　$y_0 = R_外(1 - \cos\beta) + J_0$

$x = x_i$ 时　　$y_1 = y_0 + R_外(\cos\beta - \cos\alpha_i)$

$x = x_k$ 时　　$y_k = S - K\sin\alpha$

式中，$\alpha_i = \arcsin\left(\sin\beta + \dfrac{x_i}{R_外}\right)$。

导曲线支距按表 3－2 列表计算。

(2)导曲线支距切线法计算式

半切线型曲线尖轨的导曲线支距 y 由 2 部分组成(当尖轨为切线型时：$J_0 = 0$)：第一部分是曲线尖轨导曲线理论起点处支距 J_0；第二部分是导曲线与直向钢轨线作用边(或距曲线尖轨导曲线理论起点处支距 J_0 的直线)的垂直距离，即切线的垂直距离为 $y_{ri} = \dfrac{{x_i}^2}{2R_外}$，则导曲线支距计算为

$$y_i = J_0 + \frac{x_i^2}{2R_外}$$

实际测量以直向钢轨作用边为参照物。

三、割线型曲线尖轨直线辙叉

1. 导曲线位置

(1)道岔导曲线外股的限制

图 3－7 为割线型曲线尖轨与直线固定辙叉结合图，图 3－8 为割线型曲线尖轨示意图，图 3－9 为半割线型曲线尖轨示意图。曲线尖轨(导曲线)的切线在钢轨作用边的外侧 f_1 的距离，即是导曲线的割距。

道岔导曲线理论上布置在($S - K\sin\alpha$)这个垂直框架外。

实际上道岔导曲线控制在：

垂直框架　　$S + f_1 - K\sin\alpha$

水平框架　　$T + T\cos\alpha$

(2)计算导曲线切线 T

交点 JD 位置，条件是切线 $T = T$，则

$$T_理 \sin\alpha = S + f_1 - K_理 \sin\alpha$$

$$T_理 = \frac{S + f_1 - K_理 \sin\alpha}{\sin\alpha}$$

导曲线 $R_外$ 确定后，可用 $T = R_外 \tan\dfrac{\alpha_0}{2}$ 计算。

式中　f_1——割线型曲线尖轨的曲线理论起点处的支距(mm)。

导曲线的转向角，$\alpha_0 = \alpha$。

2. 导曲线支距的计算方法

(1)导曲线支距函数法计算式

$$x_k = R_{外}(\sin\alpha - \sin\beta)$$

或

$$x_k = T \cdot (1 + \cos\alpha)$$

$x = 0$ 时

$$y_0 = R_{外}(1 - \cos\beta) - f_1$$

$x = x_i$ 时

$$y_i = y_0 + R_{外}(\cos\beta - \cos\alpha_i)$$

$x = x_k$ 时

$$y_k = S - K\sin\alpha$$

式中，$\alpha_i = \arcsin\left(\sin\beta + \frac{x_i}{R_{外}}\right)$。

导曲线支距可按表 3－2 列表计算。

(2)导曲线支距切线法计算式

割线型曲线尖轨的导曲线支距 y 由 2 部分组成：第一部分是尖轨起点割距 f_1；第二部分是导曲线与尖轨起点割距的射线的垂直距离 $y_{ri} = \frac{x_i^2}{2R_{外}}$，则导曲线支距为

$$y_i = y_{ri} - f_1 = \frac{x_i^2}{2R_{外}} - f_1$$

实际测量以直向钢轨作用边为参照物。

第三节　临时道岔计算

一、设计概述

1. 道岔主要计算参数

导曲线理论起点至尖轨尖端处的距离 A_0；

尖轨尖端前长 q；

曲线尖轨导曲线理论起点处支距 J_0；

尖轨跟距 y_u；

尖轨跟端至导曲线的起点距离 k；

尖轨转辙角 β；

尖轨冲击角 β_c；

曲线尖轨外轨半径或导曲线外股半径 $R_{外}$；

复曲线型尖轨的 1 号导曲线 $R_{外1}$；

复曲线型尖轨的 2 号导曲线 $R_{外2}$；

道岔辙叉角 α；

尖轨长度 $L_{尖}$；

复曲线型直尖轨长度 $L_{直尖}$；

复曲线型左曲尖轨长度 $L_{左曲尖}$；

复曲线型右曲尖轨长度 $L_{右曲尖}$；

道岔辙叉全长 $L_{辙}$；

道岔辙叉理论前长 n；

道岔辙叉理论后长 m；

道岔后长 b；

转辙部分的基本轨长 $L_{基}$；

辙叉部分的基本轨长 $L_{护}$；

接头轨缝 $L_{缝}=8\ \mathrm{mm}$；

轨缝之和 $L'_{缝}$

尖轨跟端、辙叉趾端轨缝 $\delta'=6\ \mathrm{mm}$；

标准轨距 S；

尖轨跟轨距 $S_{跟}$；

导曲线轨距 $S_{曲}$；

各轨型接头夹板长 $L_{鱼}$；

各轨型钢轨头部宽度 b'。

2. $K_{理}$、$T_{理}$ 的理论值分析计算

(1)导曲线切线长 T 的计算

直线辙叉趾前理论不可弯的部分，即辙叉理论尖端至导曲线终点的理论长 $K_{理}$ 为

$$K_{理}=\left(\frac{L_{鱼}}{2}+\frac{\delta'}{2}\right)+n$$

①直线型尖轨，导曲线终点至辙叉心理论尖端的垂直开口 $S_{趾}$ 为

$$S_{趾}=K_{理}\cdot\sin\alpha=\left[\left(\frac{L_{鱼}}{2}+\frac{\delta'}{2}\right)+n\right]\cdot\sin\alpha$$

②切线型曲线尖轨(图 3-6)，导曲线终点至辙叉心理论尖端的垂直开口 S 趾为

$$S_{趾}=\frac{(S-J_0)-T\sin\alpha}{\sin\alpha}$$

其有两种形式，半切线曲线型尖轨导曲线理论起点处支距：$J_0=0$ 或 $J_0=11.95\ \mathrm{mm}$。

③割线型曲线尖轨，导曲线终点至辙叉心理论尖端的垂直开口 $S_{趾}$ 为

$$S_{趾}=\frac{(S+f_1)-T\sin\alpha}{\sin\alpha}$$

(2)导曲线切线长 T 的计算：

道岔导曲线 R，曲线型尖轨配直线型固定辙叉（原则：保留原曲线尖轨的曲线半径及相应的导曲线半径不变，使原曲线尖轨与基本轨配合尺寸及零部件配合保持不变）

直线尖轨配直线型固定辙叉：$T_{理}=\dfrac{S-(y_u+k\sin\beta+K_{理}\sin\alpha)}{\sin\beta+\sin\alpha}$

切线型曲线尖轨配直线型固定辙叉：$T_{理}=\dfrac{(S-J_0)-K_{理}\sin\alpha}{\sin\alpha}$

割线型曲线尖轨配直线型固定辙叉：$T_{理}=\dfrac{S+f_1-K_{理}\sin\alpha}{\sin\alpha}$

导曲线 $R_{外}$ 确定后可用 $T=R_{外}\tan\dfrac{\alpha_0}{2}$ 计算。

(3)道岔导曲线变化的分析:

①受站场、地形、场地影响,无法按较大的导曲线半径设置时,应缩短导曲线的长度,满足基本要求对临时道岔容许机车车辆通过的最小导曲线半径 R_{min} 的要求,按较合适的容许半径设计。

②受站场、地形、场地影响,导曲线半径需略增大的措施:适量加大尖轨跟距(在既有尖轨竖切始点处做弯折处理,保证尖轨竖切面密贴,方能使尖轨跟距加大),即加大尖轨冲击角 β_c,导曲线半径会有所增大。

③受站场、地形、场地影响,缩短道岔长度的措施,减少辙叉前 K 值、尖轨跟端后 k 值,可缩短道岔全长。

(3)道岔配用的分析:

①直线尖轨配直线型固定辙叉的配用分析

条件(1): $K > K_{理}$,即 $K = \dfrac{S - (L_{尖} + T)\sin\beta - T\sin\alpha}{\sin\alpha} \geqslant K_{理}$

条件(2): $T \leqslant T_{理} = \dfrac{S - (\gamma_u + k\sin\beta + K_{理}\sin\alpha)}{\sin\beta + \sin\alpha}$

条件(3): $R \leqslant R_{理}$

不满足三项条件要求时不可配合使用。

②切线型曲线尖轨配直线型固定辙叉的配用分析

条件(1): $K \geqslant K_{理}$,即 $K = \dfrac{S - J_0 - T(\sin\beta - \sin\alpha)}{\sin\alpha} \geqslant K_{理}$

条件(2): $K_{理} \cdot \sin\alpha \leqslant (K \cdot \sin\alpha) < (S - J_0)$

条件(3): $T \leqslant T_{理} = \dfrac{S - (J_0 + K_{理}\sin\alpha)}{\sin\alpha}$

不满足三项条件要求时不可配合使用(S、J_0 为定值)。

切线型曲线尖轨配直线型固定辙叉,其中在不改变原曲线半径的前提下,应满足上述3个条件方可配用。

③割线型曲线尖轨配直线型固定辙叉的配用分析

条件(1): $K \geqslant K_{理}$,即 $K = \dfrac{S + f_1 - T(\sin\beta - \sin\alpha)}{\sin\alpha} \geqslant K_{理}$

条件(2): $K_{理} \cdot \sin\alpha \leqslant (K \cdot \sin\alpha) < S$

条件(3): $T \leqslant T_{理} = \dfrac{S + f_1 - K_{理}\sin\alpha}{\sin\alpha}$

不满足三项条件要求时不可配合使用(S 为定值)。

割线型曲线尖轨配直线型固定辙叉,其中在不改变原曲线半径的前提下,应满足上述3个条件方可配用。

3. 导曲线水平投影长

直线尖轨与直线固定辙叉相配时,计算导曲线水平投影长 x_k

$$x_k = T \cdot \cos\beta + T \cdot \cos\alpha = T \cdot (\cos\beta + \cos\alpha)$$

曲线尖轨与直线固定辙叉相配时，计算导曲线水平投影长 x_k

$$x_k = T + T \cdot \cos\alpha = T(1+\cos\alpha)$$

4. 道岔长度计算

(1)道岔全长 $L_全$

道岔全长：道岔前基本轨接头至道岔后基本轨接头（各包括 $L_缝/2$）间的距离。

①直线尖轨与直线固定辙叉相配时

$$L_全 = q + (L_尖 + k)\cos\beta + x_k + K\cos\alpha + m + L_缝$$

尖轨跟端至导曲线起点直线距离 k，在确保导曲线半径满足机车车辆通过的最小导曲半径 R_{min} 所需的切线 T 及满足辙叉理论尖端至导曲线终点的理论距离 $K_理$ 条件下，为缩短道岔全长，尽可能的将 k 设计为零，即 $k=0$。

②曲线尖轨与直线固定辙叉相配时

$$L_全 = (q - A_0) + x_k + K\cos\alpha + m + L_缝$$

(2)道岔理论全长 $L_理$

道岔理论全长：尖轨尖端至辙叉理论尖端的距离。

①直线尖轨与直线固定辙叉相配时

$$L_理 = L_全 - q - m - L_缝$$

②曲线尖轨与直线固定辙叉相配时

$$L_理 = L_全 - q - m - L_缝$$

(3)道岔后长 b

道岔后长：道岔中心至道岔后基本轨接头（包括 $L_缝/2$）间的距离。

①直线尖轨与直线固定辙叉相配时

$$b = \frac{S/2}{\tan\dfrac{\alpha}{2}} + m + \frac{L_缝}{2}$$

②曲线尖轨与直线固定辙叉相配时

$$b = \frac{S/2}{\tan\dfrac{\alpha}{2}} + m + \frac{L_缝}{2}$$

(4)道岔前长 a

道岔前长：道岔前基本轨接头（包括 $L_缝/2$）至道岔中心的间距离。

①直线尖轨与直线固定辙叉相配时

$$a = L_全 - b$$

②曲线尖轨与直线固定辙叉相配时

$$a = L_全 - b$$

5. 导曲线支距计算

导曲线支距计算式根据各种道岔配合的形式选择计算方法，见本章第二节“导曲线位置”中所述。

6. 钢轨长度计算

(1)连接部分钢轨长度计算

原则:原转辙部分的尖轨及基本轨不锯,保持其完整性,便于今后利用。护基本轨部分可依实际情况锯。

①直线上股

连接部分的钢轨 $L_{直上}$:

$$L_{直上} = L_{全} - L_{基} - L_{护} - L'_{缝}$$

②直线下股

连接部分的钢轨 $L_{直下}$:

$$L_{直下} = L_{全} - q - L_{尖} - L_{辙} - L'_{缝}$$

③曲线上股

直线尖轨与直线固定辙叉相配时,连接部分曲线上股的钢轨 $L_{曲上}$:

$$L_{曲上} = L_{曲} + K - n - L'_{缝} = [(\pi/180)(R_{外} + b'/2) \cdot \alpha_0] + K - n - L'_{缝}$$

曲线尖轨与直线固定辙叉相配时,连接部分的钢轨 $L_{曲上}$

$$L_{曲上} = L_{曲} + K - A_0 - n - L'_{缝} = [(\pi/180)(R_{外} + b'/2) \cdot \alpha_0] + K - A_0 - n - L'_{缝}$$

④曲线下股

直线尖轨与直线固定辙叉相配时,连接部分曲线下股的钢轨 $L_{曲下}$

$$\begin{aligned} L_{曲下} &= q + L_{尖} - S_{跟} \cdot \tan\beta + L_{曲} + K + m - L_{基} - L_{护} - L'_{缝} \\ &= q + L_{尖} - S_{跟} \cdot \tan\beta + [(\pi/180) \cdot (R_{外} - S_{曲} - b'/2) \cdot \alpha_0] + \\ &\quad K + m - L_{基} - L_{护} - L'_{缝} \end{aligned}$$

曲线尖轨与直线固定辙叉相配时,连接部分的钢轨 $L_{曲下}$

$$\begin{aligned} L_{曲下} &= (q - A_0) + L_{曲} + K + m - L_{基} - L_{护} - L'_{缝} \\ &= (q - A_0) + [(\pi/180)(R_{外} - S_{曲} - b'/2) \cdot \alpha_0] + K + m - L_{基} - L_{护} - L'_{缝} \end{aligned}$$

7. 岔枕铺设

(1)转辙部分按基本轨整长段的岔枕数量及定型图的岔枕铺设间隔铺设。

(2)辙叉部分按护基本轨整长段的岔枕数量及定型图的岔枕铺设间隔铺设。

(3)连接部分岔枕按计算的数量,岔枕铺设间隔:接头处按原定型图,其他处按计算确定。

8. 确定道岔轨距

根据《铁路线路修理规则》第 3. 9. 1 条规定确定道岔轨距。

9. 确定道岔通过速度

(1)侧向容许速度,通过计算确定,选择 $v_{尖}$、$v_{导}$ 的最小值;

(2)直向容许速度,依据《铁路线路修理规则》第 3. 9. 13 条,直向允许通过速度应不超过规则表 3. 9. 13 – 1 中 $v_{直}$ 的规定取值。

二、临时道岔算例

道岔是技术要求高的设备,各部尺寸配合紧密,当遇行车事故、自然灾害等情况,尽可能的使用标准定型道岔。但现场无标准定型道岔,或取标准定型道岔需要较长的时间时,为节省时间、尽快开通线路,应就地取材,采用不同型号的道岔转辙器部分和辙叉护轨部分拼接成非标准临时道岔，恢复列车运行。

【算例一】直线型尖轨配直线型固定辙叉

9 号道岔转辙部分与 12 号道岔辙叉部分

1. 道岔主要计算参数

直线型尖轨配直线型辙叉：

9 号道岔转辙角 $\beta = 1°19'12.7''$；

9 号道岔尖轨冲击角 $\beta_c = \beta = 1°19'12.7''$；

9 号道岔尖轨长 $L_{尖} = 6\,250$ mm；

尖轨尖端前长 $q = 2\,646$ mm；

P50 钢轨接头夹板长 $L_{接} = 820$ mm；

12 号道岔辙叉角 $\alpha = 4°45'49''$；

12 号道岔辙叉全长 $L_{辙} = 4\,557$ mm；

12 号道岔辙叉理论前长 $n = 1\,849$ mm；

12 号道岔辙叉理论后长 $m = 2\,708$ mm；

12 号道岔后长 $b = 19\,962$ mm；

转辙部分的基本轨长 $L_{基} = 12\,500$ mm；

辙叉部分的基本轨长 $L_{护} = 12\,500$ mm；

接头轨缝 $L_{缝} = 8$ mm；

尖轨跟端、辙叉趾端轨缝 $\delta' = 6$ mm；

尖轨跟支距 $y_u = 144$ mm；

P50 公斤钢轨头部宽度 $b' = 70$ mm。

2. 导曲线部分的计算

(1) $K_{理}$、$S_{趾}$、$T_{理}$ 值的计算

①辙叉趾前理论不可弯部分的理论斜长 $K_{理}$

$$K_{理} = [(L_{接}/2 + \delta'/2) + n] = [(820/2 + 6/2) + 1\,849] = 2\,262 \text{ mm}$$

②辙叉趾前理论不可弯部分的垂直开口 $S_{趾}$

$$S_{趾} = K_{理} \sin\alpha = 2\,262 \times \sin 4°45'49'' = 188 \text{ mm}$$

③计算导曲线理论切线长 $T_{理}$

$$T_{理} \sin\beta + T_{理} \sin\alpha = S - (y_u + S_{趾})$$

$$T_{理} \cdot (\sin\beta + \sin\alpha) = 1\,435 - (144 + 188)$$

$$T_{理} = 1\,103/(\sin\beta + \sin\alpha) = 10\,397 \text{ mm}$$

(2) 导曲线半径计算

①计算导曲线理论半径 $R_{理}$

$$R_{理} = \frac{T_{理}}{\tan\dfrac{\alpha_0}{2}}$$

$$\alpha_0 = \alpha - \beta = 3°26'36''$$

$$\frac{\alpha_0}{2} = 1°43'18''$$

将$\frac{\alpha_0}{2}$代入式中得

$$R_{理} = \frac{10\,397}{\tan\frac{\alpha_0}{2}} = 345\,900\ \text{mm}$$

②确定导曲线半径 R

曲线半径采用 $R = 345\ \text{m} = 345\,000\ \text{mm}$。

$$R_{外} = R + S/2 = 345\,000 + 1\,435/2 = 345\,717.5\ \text{mm}$$

(3)确定导曲线切线长 T

$$T = R_{外}\ \tan\frac{\alpha_0}{2} = 10\,392\ \text{mm}$$

(4)确定导曲线终点至辙叉心理论尖端的直线长度 K

$$K = \frac{S - (L_{尖} + T)\sin\beta - T\sin\alpha}{\sin\alpha}$$

$$= \frac{1\,435 - (6\,250 + 10\,392)\sin1°19'12.7'' - 10\,392\sin4°45'49''}{\sin\alpha}$$

$$= 2\,271\ \text{mm}$$

(5)配用分析

条件(1)　　$K \geqslant K_{理}: 2\,271 > 2\,262$;

条件(2)　　$T \leqslant T_{理}: 10\,392 < 10\,397$;

条件(3)　　$R \leqslant R_{理}: 345\,000 < 345\,900$。

满足三项条件要求,符合配用要求。

3. 道岔长度计算

(1)导曲线水平投影长 x_k

$$\begin{aligned} x_k &= T\cdot(\cos\beta + \cos\alpha) \\ &= 10\,392(\cos1°19'12.7'' + \cos4°45'49'') \\ &= 20\,745\ \text{mm} \end{aligned}$$

(2)道岔全长 $L_{全}$

$$\begin{aligned} L_{全} &= q + L_{尖}\cdot\cos\beta + T\cdot(\cos\beta + \cos\alpha) + K\cos\alpha + m + L_{缝} \\ &= 2\,646 + 6\,250\cdot\cos1°19'12.7'' + 10\,392\cdot(\cos1°19'12.7'' + \cos4°45'49'') + \\ &\quad 2\,271\cdot\cos4°45'49'' + 2\,708 + 8 \\ &= 34\,619\ \text{mm} \end{aligned}$$

(3)道岔理论全长 $L_{理}$

$$\begin{aligned} L_{理} &= L_{全} - q - m - L_{缝} \\ &= 34\,619 - 2\,646 - 2\,708 - 8 \\ &= 29\,257\ \text{mm} \end{aligned}$$

(4)道岔后长 b

$$b=\frac{S/2}{\tan\frac{\alpha}{2}}+m+\frac{L_{缝}}{2}$$

$$=\frac{1\,435/2}{\tan\frac{4°45'49''}{2}}+2\,708+\frac{8}{2}=19\,962\ \text{mm}$$

(5)道岔前长 a

$$\begin{aligned}a&=L_{全}-b\\&=34\,619-19\,962\\&=14\,657\ \text{mm}\end{aligned}$$

4. 导曲线支距计算

(1)导曲线水平投影长度 x_k

$$\begin{aligned}x_k&=R_{外}(\sin\alpha-\sin\beta)\\&=345\,717.5(\sin4°45'49''-\sin1°19'12.7'')\\&=20\,745\ \text{mm}\end{aligned}$$

或

$$\begin{aligned}x_k&=T\cdot(\cos\beta+\cos\alpha)\\&=10\,392(\cos1°19'12.7''+\cos4°45'49'')\\&=20\,745\ \text{mm}\end{aligned}$$

(2)导曲线支距函数计算法

①计算导曲线起点支距 y_0

$$y_0=(L_{尖}+k)\sin\beta=(6\,250+0)\sin1°19'12.7''=144\ \text{mm}$$

②计算导曲线中间各点支距 y_i

导曲线中间每 2 000 mm 设一支距点,各点支距计算见表 3－5。

表 3－5　支距函数法计算导曲线各点支距

支距点数	x_i (mm)	$\alpha_i=\arcsin\left(\sin\beta+\frac{x_i}{R_{外}}\right)$	$R_{外}(\cos\beta-\cos\alpha_i)$ (mm)	y_0 (mm)	$y_i=y_0+R_{外}(\cos\beta-\cos\alpha_i)$ (mm)
y_0	0			144	144
y_1	2 000	1°39′06″	51.865	144	196
y_2	4 000	1°59′00″	115.336	144	259
y_3	6 000	2°18′54″	190.385	144	334
y_4	8 000	2°38′49″	277.087	144	421
y_5	10 000	2°58′43″	375.293	144	519
y_6	12 000	3°18′38″	485.165	144	629
y_7	14 000	3°38′34″	606.728	144	751
y_8	16 000	3°58′30″	739.890	144	884
y_9	18 000	4°18′26″	884.648	144	1 029
y_{10}	20 000	4°38′23″	1 041.133	144	1 185
$y_{终}$	20 745	4°45′49″	1 102.406	144	1 246

③计算导曲线终点支距 $y_{终}$

计算导曲线终点支距 $y_{终}$。$y_{终}$ 亦可由 $y_{终}=1\,435-K\sin\alpha$ 计算求得。

(3)导曲线支距比例计算法

见图 3-3:导曲线支距计算示意图。

①导曲线全长 L

$$L=\frac{\pi}{180}R_{外}\ \alpha_0=\frac{\pi}{180}\times 345\,717.5\times 3.443\,333\,333=20\,777\text{ mm}$$

②导曲线弧线长 L 与导曲线水平投影长 x_k 的比值 L_x

$$L_x=\frac{L}{x_k}=\frac{20\,777}{20\,745}==1.001\,542\,54$$

③每米导曲线弧线长所对应的夹角 α_i

$$\alpha_i=\frac{\alpha_0}{L/1\,000}=\frac{3.443\,3333\,33}{20\,777/1\,000}=0.165\,728\,128\,8$$

④每米导曲线水平投影长所对应的导曲线的角 α_{zi}

$$\alpha_{zi}=\alpha_i\times L_x=0.165\,728\,128\,8\times 1.001\,542\,54=0.165\,983\,771\,1$$

每处支距点对应的$\frac{\alpha_{zi}}{2}$计算为:

起点处 $\frac{\alpha_{z0}}{2}\times 0=0$

2 m 处 $\frac{\alpha_{z1}}{2}\times 2=0.165\,983\,771\,1$

4 m 处 $\frac{\alpha_{z2}}{2}\times 4=0.331\,967\,542\,2$

⋮ …

终点处 $\frac{\alpha_{z终}}{2}\times 20.745=1.721\,666\,666$

⑤导曲线支距计算

a. 计算导曲线起点支距。

$$y_0=(L_{尖}+k)\sin\beta=(6\,250+0)\sin 1°19'12.7''=144\text{ mm}$$

b. 计算导曲线中间各点支距 y

$$y=y_0+y_i=L_{尖}\ \sin\beta+x_i\cdot\tan(\alpha_{zi}/2+\beta)$$

$$y_i=x_i\cdot\tan(\alpha_{zi}/2+\beta)$$

尖轨跟端处为导曲线起点 $x=0$,导曲线起点后每隔 2 000 mm 设一个导曲线支距点,各点支距计算见表 3-6。

表 3-6 导曲线支距计算

支距点数	x_i (mm)	$\alpha_{zi}/2$	β	$(\alpha_{zi}/2+\beta)$	y_0 (mm)	y_i (mm)	该点的支距(y_0+y_i) (mm)
y_0	0	0	1.320 194 444	1.320 194 444	144	0	144

续上表

支距点数	x_i (mm)	$\alpha_{zi}/2$	β	$(\alpha_{zi}/2+\beta)$	y_0 (mm)	y_i (mm)	该点的支距(y_0+y_i) (mm)
y_1	2 000	0. 165 983 771 1	1. 320 194 444	1. 486 178 215	144	52	196
y_2	4 000	0. 331 967 542 2	1. 320 194 444	1. 652 161 986	144	115	259
y_3	6 000	0. 497 951 313 4	1. 320 194 444	1. 818 145 757	144	191	335
y_4	8000	0. 663 935 084 5	1. 320 194 444	1. 984 129 528	144	277	421
y_5	10 000	0. 829 918 855 6	1. 320 194 444	2. 150 113 300	144	375	519
y_6	12 000	0. 995 902 626 7	1. 320 194 444	2. 316 097 071	144	485	629
y_7	14 000	1. 161 886 398	1. 320 194 444	2. 482 080 842	144	607	751
y_8	16 000	1. 327 870 169	1. 320 194 444	2. 648 064 613	144	740	884
y_9	18 000	1. 493 853 940	1. 320 194 444	2. 814 048 384	144	885	1 029
y_{10}	20 000	1. 659 837 711	1. 320 194 444	2. 980 032 155	144	1 041	1 185
$y_终$	20 745	1. 721 666 666	1. 320 194 444	3. 043 611 106	144	1 103	1 247

⑥计算导曲线终点支距 $y_终$

计算导曲线终点支距 $y_终$。$y_终$ 亦可由 $y_终 = 1\,435 - K\sin\alpha$ 计算求得。

见图 3－10:9 号道岔转辙部分与 12 号道岔辙叉部分道岔图。

5. 道岔轨距的确定

依据《铁路线路修理规则》第 3. 9. 1 条规定:尖轨尖端轨距为 1 450 mm;尖轨跟部轨距为 1 439 mm;导曲线中部轨距为 1 445 mm;直线部分轨距为 1 435 mm。

6. 钢轨长度的计算

原则:原转辙部分和辙叉部分不锯,保持其完整性,利于今后利用。转辙部分的基本轨长 $L_基 = 12\,500$ mm;辙叉部分的基本轨长 $L_护 = 12\,500$ mm。

见图 3－10。

(1)直线上股

连接部分直线上股的钢轨 $L_{直上}$

$$
\begin{aligned}
L_{直上} &= L_全 - L_基 - L_护 - L'_缝 \\
&= 34\,619 - 12\,500 - 12\,500 - (2\times4 + 2\times8) = 9\,595\ \text{mm}
\end{aligned}
$$

(2)直线下股

连接部分直线下股的钢轨 $L_{直下}$

$$
\begin{aligned}
L_{直下} &= L_全 - q - L_尖 - L_辙 - L'_缝 \\
&= 34\,619 - 2\,646 - 6\,250 - 4\,557 - (2\times4 + 1\times8 + 2\times6) \\
&= 21138\ \text{mm}
\end{aligned}
$$

(不设轨道电路时,可用一条 21 146 mm 整长轨;设轨道电路时,配 2 根长分别为 12 500 mm 和 8 638 mm 的钢轨,设置 8 mm 轨缝)

(3)曲线上股

连接部分曲线上股的钢轨 $L_{曲上}$

$$\begin{aligned} L_{曲上} &= L_{曲} + K - n - L'_{缝} \\ &= [(\pi/180)(R_{外} + b'/2) \cdot \alpha_0] + K - n - L'_{缝} \\ &= [(3.14159/180) \times (345717.5 + 70/2) \times \\ &\quad 3.443333333] + (2271 - 1849) - (2 \times 6 + 1 \times 8) \\ &= 21181\ \text{mm} \end{aligned}$$

（不设轨道电路时，可用一条 21 189 mm 整长轨；设轨道电路时，配 2 根长分别为 12 500 mm和 8 681 mm 的钢轨，设置 8 mm 轨缝）

(4)曲线下股

连接部分曲线下股的钢轨 $L_{曲下}$

$$\begin{aligned} L_{曲下} &= q + L_{尖} - S_{跟} \cdot \tan\beta + L_{曲} + K + m - L_{基} - L_{护} - L'_{缝} \\ &= q + L_{尖} - S_{跟} \cdot \tan 1°19'12.7'' + [(\pi/180) \cdot (R_{外} - S_{曲} - b'/2) \cdot \alpha_0] + K + m - \\ &\quad L_{基} - L_{护} - L'_{缝} \\ &= 2646 + 6250 - 1439\tan\beta + [(3.14159/180) \times (345717.5 - 1445 - 70/2) \times \\ &\quad 3.443333333] + 2271 + 2708 - 12500 - 12500 - (2 \times 8) \\ &= 9514\ \text{mm} \end{aligned}$$

7. 岔枕长度、数量、铺设

(1)转辙部分

按原 9 号道岔转辙部分整 12.500 m 段的岔枕数量：

2.50 m　5 根；　2.60 m　11 根；　2.75 m　8 根。

岔枕铺设间隔：按原 9 号道岔转辙部分（整 12.500 m）定型图。

(2)辙叉部分

按原 12 号道岔辙叉辙部分整 12.500 m 段的岔枕数量：

3.20 m　1 根；　3.35 m　5 根；　3.50 m　4 根；　3.65 m　5 根；
3.80 m　4 根；　3.95 m　3 根；　4.10 m　3 根；　4.25 m　3 根；
4.40 m　4 根；　4.55 m　3 根；　4.70 m　3 根；　4.85 m　3 根。

岔枕铺设间隔：按原 12 号道岔辙叉辙部分（整 12.500 m）定型图。

(3)连接部分

岔枕铺设间隔：岔枕间隔控制在 440 ~ 565 mm 范围内，接头处按原 12 号道岔连接部分定型图。岔枕端部伸出钢轨工作边的距离 M 应满足道岔基本要求。

岔枕根数：直线上股钢轨长度为 9 595 mm，轨缝为 2 × 4 = 8 mm，2 个接头枕间隔 440 mm。(9 595 + 8) − 440 = 9 163 mm，采用 509 mm 岔枕间隔。9 163/509 = 18 孔，共有 17 根枕，加 2 根接头枕，则岔枕数量为 19 根。

连接部分中间直线上股部分内共有 19 根岔枕，具体如下：

2.75 m　1 根；　2.90 m7 根；　3.05 m　7 根；　3.20 m　4 根。

岔枕总数量：

2.50 m　5 根；　2.60 m　11 根；　2.75 m　9 根；　2.90 m　7 根；
3.05 m　7 根；　3.20 m　5 根；　3.35 m　5 根；　3.50 m　4 根；

3.65 m 5 根； 3.80 m 4 根； 3.95 m 3 根； 4.10 m 3 根；
4.25 m 3 根； 4.40 m 4 根； 4.55 m 3 根； 4.70 m 3 根；
4.85 m 3 根。

岔枕合计 84 根共计 $284.5\times(0.16\times0.22)=10.0144\ \mathrm{m^3}$。图 3-11 为 9 号道岔转辙部分与 12 号道岔辙叉部分道岔枕木铺设图。

8. 过岔速度计算

(1)直线型尖轨影响侧向过岔速度，将撞击时的动能损失作为控制过岔速度的参数。

转辙器侧向容许通过速度：

$$v_{尖}=\frac{\sqrt{\omega_0}}{\sin\beta_c}=\frac{\sqrt{0.65}}{\sin1°19'12.7''}=34.993\ \mathrm{km/h}$$

(2)导曲线影响过岔速度，将撞击时的动能损失作为控制过岔速度的参数。

圆曲线型导曲线时，导曲线侧向容许通过速度：

$$v_{导}=\sqrt{\frac{\omega_0R_{外}}{2\delta}}=\sqrt{\frac{0.65\times345717.5}{2\times(1439-1394+5+2+2)}}=45.615\ \mathrm{km/h}$$

(3)确定容许速度

①道岔侧向容许速度，取上述两项计算的最小速度作为侧向容许速度，$v_{尖}=35\ \mathrm{km/h}$。

②道岔直向容许速度，依据《铁路线路修理规则》第 3.9.13 条，直向允许通过速度应不超过规则表 3.9.13-1 中的规定 $v_{直}=90\ \mathrm{km/h}$。

【算例二】直线型尖轨配直线型固定辙叉

12 号道岔转辙部分与 9 号道岔辙叉部分

1. 道岔主要计算参数

直线型尖轨配直线型辙叉

12 号道岔转辙角 $\beta=1°04'18''$；

12 号道岔尖轨冲击角 $\beta_c=\beta=1°04'18''$；

12 号道岔尖轨长 $L_{尖}=7\,700\ \mathrm{mm}$；

尖轨尖端前长 $q=2\,646\ \mathrm{mm}$；

P50 钢轨接头夹板长 $L_{接}=820\ \mathrm{mm}$；

9 号道岔辙叉角 $\alpha=6°20'25''$；

9 号道岔辙叉全长 $L_{辙}=3\,588\ \mathrm{mm}$；

9 号道岔辙叉理论前长 $n=1\,538\ \mathrm{mm}$；

9 号道岔辙叉理论后长 $m=2\,050\ \mathrm{mm}$；

9 号道岔后长 $b=15\,009\ \mathrm{mm}$；

转辙部分的基本长轨 $L_{基}=12\,500\ \mathrm{mm}$；

辙叉部分的基本长轨 $L_{护}=11\,000\ \mathrm{mm}$；

接头轨缝 $L_{缝}=8\ \mathrm{mm}$；

尖轨跟端、辙叉趾端轨缝 $\delta'=6\ \mathrm{mm}$；

尖轨跟支距 $y_u=144\ \mathrm{mm}$；

P50 钢轨头部宽度 $b'=70\ \mathrm{mm}$。

2. 导曲线部分计算

(1) $K_{理}$、$S_{趾}$、$T_{理}$ 值的计算

①辙叉趾前不可弯部分的理论斜长 $K_{理}$

$$K_{理} = [(L_{接}/2 + \delta'/2) + n] = [(820/2 + 6/2) + 1\,538] = 1\,951\ \text{mm}$$

②辙叉趾前不可弯部分的垂直开口 $S_{趾}$

$$S_{趾} = K_{理} \cdot \sin\alpha = [(820/2 + 6/2) + 1\,538] \cdot \sin 6°20'25'' = 216\ \text{mm}$$

③计算导曲线理论切线长 $T_{理}$

$$T_{理}\sin\beta + T_{理}\sin\alpha = S - (y_u + S_{趾})$$

$$T_{理} \cdot (\sin 1°04'18'' + \sin 6°20'25'') = 1435 - (144 + 216)$$

$$T_{理} = 1\,075/(\sin 1°04'18'' + \sin 6°20'25'')$$

$$= 8\,325\ \text{mm}$$

(2) 导曲线半径计算

①计算导曲线理论半径 $R_{理}$

$$R_{理} = \frac{T_{理}}{\tan\dfrac{\alpha_0}{2}}$$

$$\alpha_0 = \alpha - \beta = 5°16'07''$$

$$\frac{\alpha_0}{2} = 2°38'03.5''$$

把$\dfrac{\alpha_0}{2}$代入公式中求得

$$R_{理} = \frac{8\,325}{\tan\dfrac{\alpha_0}{2}} = 180\,940\ \text{mm}$$

②确定导曲线半径 R

曲线半径采用 $R = 180\ \text{m} = 18\,000\ \text{mm}$。

$$R_{外} = R + S/2 = 180\,000 + 1\,435/2 = 180\,717.5\ \text{mm}$$

(3) 确定导曲线切线长 T

$$T = R_{外}\tan\frac{\alpha_0}{2} = 8\,315\ \text{mm}$$

(4) 确定导曲线终点至辙叉心理论尖端的直线长度 K

$$K = \frac{S - (L_{尖} + T)\sin\beta - T\sin\alpha}{\sin\alpha}$$

$$= \frac{1435 - (7\,700 + 8\,315)\sin\beta - 8\,315\sin\alpha}{\sin\alpha}$$

$$= 1\,967\ \text{mm}$$

(5) 配用分析

条件(1)　　$K \geqslant K_{理}$: $1\,967 > 1\,951$;

条件(2)　　$T \leqslant T_{理}$: $8\,315 < 8\,325$;

条件(3)　　$R \leqslant R_{理}$:180 000 < 180 940。

满足三项条件要求,符合配用要求。

3. 道岔长度计算

(1)导曲线水平投影长 x_k

$$\begin{aligned} x_k &= T \cdot (\cos\beta + \cos\alpha) \\ &= 8\,315(\cos 1°04'18'' + \cos 6°20'25'') \\ &= 16\,578 \text{ mm} \end{aligned}$$

(2)道岔全长 $L_{全}$

$$\begin{aligned} L_{全} &= q + \cos\beta \cdot L_{尖} + T \cdot (\cos\beta + \cos\alpha) + K\cos\alpha + m + L_{缝} \\ &= 2\,646 + 7700 \times \cos\beta + 8\,315 \cdot (\cos\beta + \cos\alpha) + 1\,967 \cdot \cos\alpha + 2\,050 + 8 \\ &= 30\,935 \text{ mm} \end{aligned}$$

(3)道岔理论全长 $L_{理}$

$$\begin{aligned} L_{理} &= L_{全} - q - m - L_{缝} \\ &= 30\,935 - 2\,646 - 2\,050 - 8 \\ &= 26\,231 \text{ mm} \end{aligned}$$

(4)道岔后长 b

$$b = \frac{S/2}{\tan\dfrac{\alpha}{2}} + m + \frac{L_{缝}}{2}$$

$$= \frac{1\,435/2}{\tan\dfrac{6°20'25''}{2}} + 2\,050 + 8/2 = 15\,009 \text{ mm}$$

(5)道岔前长 a

$$a = L_{全} - b = 30\,935 - 15\,009 = 15\,926 \text{ mm}$$

4. 导曲线支距计算

(1)导曲线水平投影长度 x_k

$$\begin{aligned} x_k &= R_{外}(\sin\alpha - \sin\beta) \\ &= 180\,717.5(\sin 6°20'25'' - \sin 1°04'18'') \\ &= 16\,578 \text{ mm} \end{aligned}$$

或

$$\begin{aligned} x_k &= T \cdot (\cos\beta + \cos\alpha) \\ &= 8\,315(\cos 1°04'18'' + \cos 6°20'25'') \\ &= 16\,578 \text{ mm} \end{aligned}$$

(2)导曲线支距函数计算法

①计算导曲线起点支距 y_0

$$y_0 = (L_{尖} + k)\sin\beta = (7\,700 + 0)\sin 1°04'18'' = 144 \text{ mm}$$

②计算导曲线中间各点支距 y_i

导曲线中间每 2 000 mm 设一支距点,各点支距计算见表 3 - 7。

表 3－7　支距函数法计算导曲线各点支距

支距点数	x_i (mm)	$\alpha_i=\arcsin\left(\sin\beta+\frac{x_i}{R_外}\right)$	$R_外(\cos\beta-\cos\alpha_i)$ (mm)	y_0 (mm)	$y_i=y_0+R_外(\cos\beta-\cos\alpha_i)$ (mm)
y_0	0			144	144
y_1	2 000	1°42′21″	48.477	144	193
y_2	4 000	2°20′26″	119.155	144	263
y_3	6 000	2°58′31″	211.992	144	356
y_4	8 000	3°36′37″	327.033	144	471
y_5	10 000	4°14′45″	464.356	144	608
y_6	12 000	4°52′55″	624.003	144	768
y_7	14 000	5°31′08″	806.097	144	950
y_8	16 000	6°09′22″	1 010.515	144	1 155
$y_终$	16 578	6°20′25″	1 073.736	144	1 218

③计算导曲线终点支距 $y_终$

计算导曲线终点支距 $y_终$。$y_终$ 亦可用 $y_终=1\,435-K\sin\alpha$ 计算求得。

(3)导曲线支距切线计算法

①计算导曲线起点支距 y_0

$y_0=(L_尖+k)\sin\beta=(7\,700+0)\sin1°04'18''=144$ mm

②计算导曲线中间各点支距 y_i

$$y_i=y_d+y_q=(L_尖+k)\sin\beta+x_i\tan\beta+\frac{(x_i/\cos\beta)^2}{2R_外}$$

尖轨跟端处为导曲线起点 $x=0$,导曲线起点后每隔 2 000 mm 设一个支距点,各点支距计算见表 3－8。

表 3－8　支距切线法计算导曲线各点支距

支距点数	x_i (mm)	$y_d=(L_尖+k)\sin\beta+x_i\cdot\tan\beta$ (mm)	$y_q=\frac{(x_i/\cos\beta)^2}{2R_外}$ (mm)	该点的支距(y_d+y_q) (mm)
y_0	0			144
y_1	2 000	181.426	11.071	193
y_2	4 000	218.858	44.284	263
y_3	6 000	256.251	99.638	356
y_4	8 000	293.664	177.134	471
y_5	10 000	331.076	276.772	608
y_6	12 000	368.489	398.551	767
y_7	14 000	405.901	542.473	948
y_8	16 000	443.314	708.536	1 152
y_9	16 578	454.126	760.652	1 215

③计算导曲线终点支距 $y_{终}$

计算导曲线终点支距 $y_{终}$。$y_{终}$ 亦可由 $y_{终}=1\,435-K\sin\alpha$ 计算求得。

由表3-7和表3-8可见,切线计算法与函数计算法的结果有误差,切线计算法在距计算始点愈远时误差会愈大,在导曲线较长时不宜采用切线计算法。

5. 道岔轨距的确定

依据《铁路线路修理规则》第3.9.1条规定,道岔各部分轨距为尖轨尖端:1 445 mm;尖轨跟部:1 439 mm;导曲线中部:1 450 mm;直线部分:1 435 mm。

6. 钢轨长度计算

原则:原转辙部分和辙叉部分不锯,保持其完整性,利于今后利用。转辙部分的基本轨长 $L_{基}=12\,500$ mm;辙叉部分的基本轨长 $L_{护}=11\,000$ mm。

(1)直线上股

连接部分直线上股的钢轨 $L_{直上}$

$$
\begin{aligned}
L_{直上} &= L_{全}-L_{基}-L_{护}-L'_{缝} \\
&= 30\,935-12\,500-11\,000-(2\times4+2\times8) \\
&= 7\,411\ \text{mm}
\end{aligned}
$$

(2)直线下股

连接部分直线下股的钢轨 $L_{直下}$

$$
\begin{aligned}
L_{直下} &= L_{全}-q-L_{尖}-L_{辙}-L'_{缝} \\
&= 30\,935-2\,646-7\,700-3\,588-(2\times4+8+2\times6) \\
&= 16\,973\ \text{mm}
\end{aligned}
$$

(不设轨道电路时,可用一条16 981 mm整长轨;设轨道电路时,配2根长分别为9 500 mm和7 473 mm的钢轨,设置8 mm轨缝)

(3)曲线上股

连接部分曲线上股的钢轨 $L_{曲上}$

$$
\begin{aligned}
L_{曲上} &= L_{曲}+K-n-L'_{缝} \\
&= [(\pi/180)(R_{外}+b'/2)\cdot\alpha_0]+K-n-L'_{缝} \\
&= [(3.141\,59/180)\times(180\,717.5+70/2)\times5.268\,611\,111]+ \\
&\quad (1\,967-1\,538)-(8+2\times6) \\
&= 17\,030\ \text{mm}
\end{aligned}
$$

(不设轨道电路时,可用一条17 038 mm整长轨;设轨道电路时,配2根长分别为9 500 mm和7 530 mm的钢轨,设置8 mm轨缝)

(4)曲线下股

连接部分曲线下股的钢轨 $L_{曲下}$

$$
\begin{aligned}
L_{曲下} &= q+L_{尖}-S_{跟}\cdot\tan\beta+L_{曲}+K+m-L_{基}-L_{护}-L'_{缝} \\
&= q+L_{尖}-S_{跟}\cdot\tan\beta+[(\pi/180)\cdot(R_{外}-S_{曲}-b'/2)\cdot\alpha_0]+K+m-L_{基}-L_{护}-L'_{缝} \\
&= 2\,646+7\,700-1\,439\tan1^\circ04'18''+[(3.14\,159/180)\times(180\,717.5-1\,450- \\
&\quad 70/2)\times5.268\,611\,111]+1\,967+2\,050-12\,500-11\,000-(2\times8) \\
&= 7\,301\ \text{mm}
\end{aligned}
$$

7. 岔枕长度、数量、铺设

(1)转辙部分

12 号道岔转辙部分整 12. 500 m 段的岔枕数量:

2. 50 m 5 根; 2. 60 m 14 根; 2. 75 m 5 根。

岔枕铺设间隔:按原 12 号道岔转辙部分(整 12. 500 m)定型图。

(2)辙叉部分

按原 9 号道岔辙叉部分整 11. 000 m 段的岔枕数量:

3. 05 m 1 根; 3. 20 m 4 根; 3. 35 m 3 根; 3. 50 m 3 根;
3. 65 m 3 根; 3. 80 m 3 根; 3. 95 m 3 根; 4. 10 m 2 根;
4. 25 m 3 根; 4. 40 m 2 根; 4. 55 m 3 根; 4. 70 m 2 根;
4. 85 m 2 根。

岔枕铺设间隔:按原 9 号道岔辙叉部分(整 11. 000 m)段定型图。

(3)连接部分

岔枕铺设间隔:岔枕间隔控制在 440 ~ 565 mm 范围内,接头处按原 12 号道岔连接部分定型图。岔枕端部伸出钢轨工作边的距离 M 应满足道岔基本要求。

岔枕根数:直线上股钢轨长度为 7 411 mm,轨缝为 2 × 4 = 8 mm,2 个接头枕间隔 440 mm。(7 411 + 8) − 440 = 6 979 mm,采用 537 mm 岔枕间隔。岔枕数为 6 979/537 = 13 孔共有 12 根枕,再加 2 根接头枕,则连接部分中间直线上股部分内共有 14 根岔枕。岔枕如下:

2. 75 m 5 根; 2. 90 m 5 根; 3. 05 m 4 根。

(4)岔枕总数量

2. 50 m 5 根; 2. 60 m 14 根; 2. 75 m 10 根; 2. 90 m 5 根;
3. 05 m 5 根; 3. 20 m 4 根; 3. 35 m 3 根; 3. 50 m 3 根;
3. 65 m 3 根; 3. 80 m 3 根; 3. 95 m 3 根; 4. 10 m 2 根;
4. 25 m 3 根; 4. 40 m 2 根; 4. 55 m 3 根; 4. 70 m 2 根;
4. 85 m 2 根。

岔枕合计 72 根共计 236. 6 × (0. 16 × 0. 22) = 8. 32832 m^3。

岔枕具体布置见岔图 13:12 号道岔转辙部分与 9 号道岔辙叉部分道岔枕木铺设图。

8. 过岔速度计算

(1)直线型尖轨影响侧向过岔速度,将撞击时的动能损失作为控制过岔速度的参数。

转辙器侧向容许通过速度:

$$v_{尖} = \frac{\sqrt{\omega_0}}{\sin\beta_c} = \frac{\sqrt{0.65}}{\sin 1°4'18''} = 43.107\ \text{km/h}$$

(2)导曲线影响过岔速度,将撞击时的动能损失作为控制过岔速度的参数。

圆曲线型导曲线时,导曲线侧向容许通过速度:

$$v_{导} = \sqrt{\frac{\omega_0 R_{外}}{2\delta}} = \sqrt{\frac{0.65 \times 180\,717.5}{2 \times (1\,439 - 1\,394 + 5 + 2 + 2)}} = 32.980\ \text{km/h}$$

(3)确定容许速度

①道岔侧向容许速度,取上述两项计算的最小速度作为侧向容许速度,$v_{导}=30\ km/h$。

②道岔直向容许速度,依据《铁路线路修理规则》第 3.9.13 条,直向允许通过速度应不超过规则表 3.9.13－1 中的规定,取 $v_{直}=90\ km/h$。

【算例三】复曲线型尖轨配直线型固定辙叉

9 号道岔转辙部分与 12 号道岔辙叉部分

1. 道岔主要计算参数

曲线型尖轨配直线型辙叉(原则:保留原导曲线半径不变,使原尖轨与基本轨配合保持不变);

切线型复曲线尖轨(图 3－14:复曲线切线型曲线尖轨示意图);

复曲线型尖轨的 1 号导曲线半径 $R_{外1}=360\,717.5\ mm$;

复曲线型尖轨的 2 号导曲线半径 $R_{外2}=190\,717.5\ mm$;

导曲线理论起点至尖轨尖端处的距离 $A_0=2\,209\ mm$;

尖轨尖端前长 $q=2\,976\ mm$;

复曲线型曲尖轨长度 $L_{左曲尖}=13\,465\ mm$,

直尖轨长度 $L_{右直尖}=13\,456\ mm$;

12 号道岔辙叉角 $\alpha=4°45'49''$;

12 号道岔辙叉全长 $L_{辙}$ 5 927 mm;

12 号道岔辙叉理论前长 $n=2\,127\ mm$;

12 号道岔辙叉理论后长 $m=3\,800\ mm$;

12 号道岔后长 $b=21\,054\ mm$;

P60 钢轨接头夹板长 $L_{接}=820\ mm$;

接头轨缝 $L_{缝}=8\ mm$;

尖轨跟端、辙叉趾端、绝缘接头轨缝 $\delta'=6\ mm$;

P60 公斤钢轨头部宽度 $b'=71\ mm$。

2. 导曲线切线长 T 的计算

图 3－15 为 CZ540 — 60 kg/m 9 号提速道岔一复曲线尖轨示意图。

(1)辙叉趾前不可弯部分的理论斜长 $K_{理}$

$$K_{理}=(L_{接}/2+\delta'/2)+n=(820/2+6/2)+2\,127=2\,540\ mm$$

(2)辙叉趾前不可弯部分的垂直开口 $S_{趾}$

$$\begin{aligned}S_{趾}&=K_{理}\cdot\sin\alpha=[(L_{接}/2+\delta'/2)+n]\cdot\sin\alpha\\&=(820/2+6/2+2127)\cdot\sin4°45'49''\\&=211\ mm\end{aligned}$$

(3)计算 $R_{外1}$、$R_{外2}$ 曲线的公切点 B 的支距

已知 $$AC=2\,209+2\,003+2\,050=6\,262\ mm$$

则 $$BC=AC^2/(2R_{外1})=6\,262^2/(2\times360\,717.5)=54.353\,675\,66\ mm$$

式中 AC——导曲线理论起点至复曲线公切点的水平投影长度;

BC——复曲线公切点至导曲线理论起点切线的垂直距离。

(4)计算 $R_{外1}$ 曲线 A、B 两点的弦长

$$AB=\sqrt{(AC^2+CB^2)}=\sqrt{(6\,262^2+54.353\,675\,66^2)}=6\,262.235\,888\text{ mm}$$

(5)计算 BC 边所对应的夹角 β_0($R_{外1}$曲线的转向角 $\beta/2$)

$$\beta_0=\arctan\frac{CB}{AC}=\frac{54.353\,675\,66}{6\,262}=0.497\,310\,445\,5$$

$$\beta_0=0°29'50''$$

(6)计算 $R_{外1}$曲线 AB 弧长的切线长 T_1

$$T_1=\frac{AB/2}{\cos\beta_0}=\frac{6\,262.235\,888/2}{\cos 0°29'50''}=3\,131.235\,851\text{ mm}$$

(7)计算 D、C 点的线长 DC

$$DC=AC-T_1=6\,262-3\,131.235\,851=3\,130.764\,149\text{ mm}$$

(8)计算 $R_{外1}$曲线的转向角 β

$$\beta=\arctan\frac{BC}{DC}=\frac{54.353\,675\,66}{3\,130.764\,149}=0.994\,620\,877\,8=0°59'41''$$

(9)计算导曲线切线长 $T_{理}$

复曲线型尖轨的 2 号导曲线半径 $R_{外2}=190\,717.5$ m 的起点在 B 点,那么,$J_0=CB=54.353\,675\,66$ mm。

$$T_{理}=\frac{S-(J_0+K_{理}\sin\alpha)}{\sin\alpha}$$

$$=\frac{1435-(54.356\,756\,6+2\,540\cdot\sin 4°45'49'')}{\sin 4°45'49''}$$

$$=14\,085\text{ mm}$$

(10)计算导曲线切线长 T_2

保留原导曲线半径 $R_{外2}$不变,即 $R_{外2}=190\,717.5$ mm。

$$\alpha_0=\alpha-\beta=4°45'49''-0°59'41''=3°46'08''$$

$$\frac{\alpha}{2}=1°53'04''$$

则导曲线切线长为 $T_2=R_{外2}\tan\dfrac{\alpha_0}{2}=6\,275$ mm。

(11)确定导曲线终点至辙叉心理论尖端的斜线长度 K

$$K=\frac{S-CB-T_2(\sin\beta+\sin\alpha)}{\sin\alpha}$$

$$=\frac{1\,435-54.353\,675\,66-6\,275(\sin 0°59'41''+\sin 4°45'49'')}{\sin 4°45'49''}$$

$$=\frac{751}{\sin 4°45'49''}$$

$$=9\,039\text{ mm.}$$

(12)配用分析

条件(1) $K\geqslant K_{理}$:$9\,039>2\,540$

条件(2) $K_{理}\cdot\sin\alpha\leqslant(K\cdot\sin\alpha)<S-CB-S_{趾}$

$$K_{理} \cdot \sin\alpha = 211 < K \cdot \sin\alpha = 751 < S - CB - S_{趾} = 1173$$

条件(3) $T \leqslant T_{理}: 6275 < 14085$

满足三项条件要求,可配合使用。

3. 道岔长度计算

(1)计算导曲线 $R_{外1}$ 水平投影长 x_{k1}

$$\begin{aligned} x_{k1} &= T_1 + T_1 \cdot \cos\beta \\ &= 3\,131.235\,851 + 3\,131.235\,851 \times \cos 0°59'41'' \\ &= 6262\ \text{mm} \end{aligned}$$

或 $x_{k1} = AE + EF + FC = 2\,209 + 2\,003 + 2\,050 = 6\,262\ \text{mm}$

(2)计算导曲线 $R_{外2}$ 水平投影长 x_{k2}

$$\begin{aligned} x_{k2} &= T_2(\cos\beta + \cos\alpha) \\ &= 6\,275(\cos 0°59'41'' + \cos 4°45'49'') \\ &= 12\,527\ \text{mm} \end{aligned}$$

(3)道岔全长 $L_{全}$

$$\begin{aligned} L_{全} &= (q - A_0) + x_{k1} + x_{k2} + K\cos\alpha + m + L'_{缝} \\ &= (2\,980 - 2\,209) + 6\,262 + 12\,527 + 9\,039\cos 4°45'49'' + 3\,800 + (2 \times 4 + 6) \\ &= 32\,382\ \text{mm} \end{aligned}$$

(4)道岔理论全长 $L_{理}$

$$\begin{aligned} L_{理} &= L_{全} - q - m - L_{缝} \\ &= 32\,382 - 2\,976 - 3\,800 - 8 \\ &= 25\,598\ \text{mm} \end{aligned}$$

(5)道岔后长 b

$$b = \frac{S/2}{\tan\dfrac{\alpha}{2}} + m + \frac{L_{缝}}{2}$$

$$= \frac{1\,435/2}{\tan\dfrac{4°45'49''}{2}} + 3\,800 + \frac{8}{2} = 21\,054\ \text{mm}$$

(6)道岔前长 a

$$a = L_{全} - b = 32\,382 - 21\,054 = 11\,328\ \text{mm}$$

4. 导曲线支距计算

导曲线 $R_{外1}$ 水平投影长 $x_{k1} = T_1 + T_1 \cdot \cos\beta = 6\,262\ \text{mm}$

导曲线 $R_{外2}$ 水平投影长 $x_{k2} = T_2(\cos\beta + \cos\alpha) = 12\,527\ \text{mm}$

(1)采用切线计算法计算导曲线支距

①第一部分支距

第一部分支距为 $R_{外1}$ 曲线上各点至 AC 水平线的垂直距离,水平线计算点由 A 点起至 C 点止,支距计算式为

$$y_{\text{I}} = \frac{AC^2}{2R_{外1}}$$

当计算点在公切点(即 B 点)时,$AC = x_{k1} = 6\,262$ mm

②第二部分支距

第二部分支距为 $R_{外2}$ 曲线 B 点处的 T_2 切线上各点至 BG 水平线的垂直距离,BG 水平线计算点由 B 点起至 $R_{外2}$ 曲线终点所对应的点止,支距计算式为

$$y_{Ⅱ} = x_i \cdot \tan\beta$$

当计算点在公切点(即 B 点)时,水平距离 $x_i = 0$。

③第三部分支距

第三部分支距为 $R_{外2}$ 曲线上各点至 B 点处的 T_2 切线的垂直距离,T_2 切线计算点由 B 点起至 $R_{外2}$ 曲线终点止,支距计算式为

$$y_{Ⅲ} = \frac{(x_i/\cos\beta)^2}{2R_{外2}}$$

当计算点在公切点(即 B 点)时,$x_i = 0$。

④导曲线支距 y

$R_{外2}$ 导曲线任一点的支距近似计算式为

$$y = y_{Ⅰ} + y_{Ⅱ} + y_{Ⅲ} = \frac{AC^2}{2R_{外1}} + x_i \cdot \tan\beta + \frac{(x_i/\cos\beta)^2}{2R_{外2}}$$

各点支距计算见表 3 - 9。

表 3 - 9　切线法计算导曲线各点支距

支距点数	$\frac{AC^2}{2R_{外1}}$ (mm)	x_i (mm)	$x_i \times \tan\beta$ (mm)	$\frac{(x_i/\cos\beta)^2}{2R_{外2}}$ (mm)	该点的支距(mm) $y_{Ⅰ}+y_{Ⅱ}+y_{Ⅲ}$	附　注
y_0	54. 354	0	0	0	54. 354	公切点
y_1	54. 354	849. 5	14. 750	1. 893	71. 0	尖轨刨切始点
y_2	54. 354	9 412	163. 420	232. 313	450. 0	尖轨跟端点
y_3	54. 354	11 412	198. 146	341. 534	594. 0	
$y_{终}$	54. 354	12 527	217. 505	411. 533	683. 4	导曲线终点

⑤计算导曲线终点支距 $y_{终}$

计算导曲线终点支距 $y_{终}$。$y_{终}$ 亦可由 $y_{终} = 1\,435 - K\sin\alpha$ 计算求得。

(2)采用比例计算法计算导曲线支距

①导曲线全长 L

$$L = \frac{\pi}{180}R_{外2}\alpha_0 = \frac{\pi}{180} \times 190\,717.5 \times 3.768\,888\,889 = 12\,545 \text{ mm}$$

②导曲线弧线长 L 与导曲线水平投影长 x_{k2} 的比值 L_x

$$L_x = \frac{L}{x_{k2}} = \frac{12\,545}{125\,27} = 1.001\,436\,896$$

③每米 $R_{外2}$ 导曲线弧线长所对应的夹角 α_i

$$\alpha_i = \frac{\alpha_0}{L/1\,000} = \frac{3.768\,888\,889}{12\,545/1\,000} = 0.300\,429\,564\,8$$

④每米 $R_{外2}$ 导曲线水平投影长所对应的导曲线的角 α_{zi}

$$\alpha_{zi}=\alpha_i\times L_x=0.3004295648\times1.001436896=0.3008612508$$

图 3－3 导曲线支距计算示意图中所示的 $\alpha_{zi}/2$ 的计算：

当 $x_i=0$ 时　　$\frac{\alpha_{z0}}{2}=0$

$x_i=849.5$ mm 时　　$\frac{\alpha_{z1}}{2}=\frac{0.3008612508}{2}\times0.8495=0.1277908162$

$x_i=9412$ mm 时　　$\frac{\alpha_{z2}}{2}=\frac{0.3008612508}{2}\times9.412=1.415853046$

⋮　　⋮

$R_{外2}$ 终点 $x_i=12527$ mm 时　　$\frac{\alpha_{z终}}{2}=\frac{0.3008612508}{2}\times12.527=1.88444444$

⑤导曲线支距 y

$$y_{\mathrm{I}}=AC^2/(2R_{外2})=6262^2/(2\times360717.5)=54.35367566\text{ mm}$$

$$y_{\mathrm{II}}=x_i\cdot\tan(\alpha_{zi}/2+\beta)$$

导曲线支距 y 为

$$y=y_{\mathrm{I}}+y_{\mathrm{II}}=AC^2/(2R_{外1})+x_i\cdot\tan(\alpha_{zi}/2+\beta)$$

公切点处为导曲线起点，$x=0$，公切点后设支距测点，各点支距计算见表 3－10。

表 3－10　比例法计算导曲线各点支距

支距点数	x_i (mm)	$\alpha_{zi}/2$	β	$(\alpha_{zi}/2+\beta)$	y_{I} (mm)	y_{II} (mm)	该点的支距($y_{\mathrm{I}}+y_{\mathrm{II}}$) (mm)
y_0	0	0	0.9947222222	0.9947222222	54.354	0	54.4
y_1	849.5	0.1277908162	0.9947222222	1.122513038	54.354	16.645	71.0
y_2	9412	1.415853046	0.9947222222	2.410575268	54.354	396.220	450.6
y_3	11412	1.716714297	0.9947222222	2.711436519	54.354	540.459	594.8
$y_{终}$	12527	1.884444444	0.9947222222	2.879166667	54.354	630.024	684.4

导曲线支距设置见图 3－16：复曲线尖轨与直线固定辙叉道岔图。

5. 钢轨长度计算(图 3－16)

原则：原转辙部分(尖轨)不锯，保持其完整性，利于今后利用。护轨基本轨部分可依实际情况锯。$L_{基}=16432$ mm，$L_{护}=12500$ mm。由于道岔全长 $L_{全}=32382$ mm，因此将护轨基本轨锯制成 $L_{护}=10500$ mm。

(1)直线上股

连接部分的钢轨 $L_{直上}$

$$\begin{aligned}L_{直上}&=L_{全}-L_{基}-L_{护}-L'_{缝}\\&=32382-16432-10500-(2\times4+2\times8)\\&=5426\text{ mm}\end{aligned}$$

(2)直线下股

连接部分的钢轨 $L_{直下}$

$$L_{直下}=L_{全}-(q+9)-L_{右直尖}-L_{辙}-L'_{缝}$$
$$=32\,382-(2\,976+9)-13\,456-5\,927-(2\times4+2\times6)$$
$$=9\,994\ \text{mm}$$

(3)曲线上股

连接部分的钢轨 $L_{曲上}$

$$L_{曲上}=L_{曲1}+L_{曲2}+K-A_0-n-L'_{缝}-L_{左曲尖}$$
$$=[(\pi/180)(R_{外1}+b'/2)\times\beta]+[(\pi/180)(R_{外2}+b'/2)\times\alpha_0]+K-A_0-n-L'_{缝}-L_{左曲尖}$$
$$=[(3.141\,59/180)(360\,717.5+71/2)\times0.994\,722\,222\,2]+[(3.141\,59/180)(190\,717.5+71/2)\times3.768\,888\,889]+K-A_0-n-L'_{缝}-L_{左曲尖}$$
$$=6\,263+12\,548+9\,039-2\,209-2\,127-(2\times6)-13\,465$$
$$=10\,037\ \text{mm}$$

(4)曲线下股

连接部分的钢轨 $L_{曲下}$

$$L_{曲下}=(q-A_0)+L_{曲1}+L_{曲2}+K+m-L_{基}-L_{护}-L'_{缝}$$
$$=(q-A_0)+\{[(\pi/180)(R_{外1}-S_{曲}-b'/2)\times\beta]+[(\pi/180)(R_{外2}-S_{曲}-b'/2)\times\alpha_0]\}+K+m-L_{基}-L_{护}-L'_{缝}$$
$$=(2\,976-2\,209)+\{[(3.141\,59/180)(360\,717.5-1\,435-71/2)\times0.994\,722\,222\,2]+[(3.141\,59/180)(190\,717.5-1\,450-71/2)\times3.768\,888\,889]\}+K+m-L_{基}-L_{护}-L'_{缝}$$
$$=(767)+(6\,237+12\,448)+9\,039+3\,800-16\,432-10\,500-(2\times8)$$
$$=5\,343\ \text{mm}$$

6. 岔枕长度计算

(1)转辙器部分

按定型图 60 kg/m 钢轨 9 号提速道岔基本轨 16 432 mm 尖轨整长段的岔枕数量、岔枕铺设间隔铺设及编号。无钢枕时,可用两根木枕代替,利于转辙杆件等构件的工作。

2.60 m　10 根；　钢枕：　3 根；　2.70 m　4 根；　2.80 m　4 根；
2.90 m　2 根；　3.00 m　4 根。

(2)辙叉部分

按原 12 号道岔辙叉辙部分(整 10.500 m)段的岔枕数量(根)：

3.40 m　1 根；　3.60 m　5 根；　3.80 m　4 根；　4.00 m　4 根；
4.20 m　5 根；　4.40 m　4 根；　4.60 m　5 根；　4.80 m　5 根

岔枕铺设间隔:按原 12 号道岔辙叉辙部分(整 10.500 m)定型图。

(3)连接部分

岔枕铺设间隔:岔枕间隔控制在 440 ~ 565 mm 范围内,接头处按原 12 号道岔连接部分定型图。岔枕端部伸出钢轨工作边的距离 M,满足道岔基本要求。

岔枕根数：直线上股钢轨长度为5 426 mm，轨缝为3 + 4 = 7 mm，2个接头枕间隔为尖轨跟端处是600 mm，其他处是520 mm。(5 426 + 7) - (600 + 520)/2 = 4 873 mm，采用541 mm岔枕间隔。则连接部分岔枕数量：6 979/541 = 9孔8根枕，再加2根接头枕，连接部分中间直线上股部分内共有10根岔枕。具体如下：

3.10 m　1根；　　3.20 m　4根；　　3.40 m　5根。

(4)岔枕总数量

2.60 m　10根；	钢枕　3根；	2.70 m　4根；	2.80 m　4根；
2.90 m　2根；	3.00 m　4根；	3.10 m　1根；	3.20 m　4根；
3.40 m　6根；	3.60 m　5根；	3.80 m　4根；	4.00 m　4根；
4.20 m　5根；	4.40 m　4根；	4.60 m　5根；	4.80 m　5根。

岔枕合计67根 + 3根钢枕 = 70根。

岔枕布置见图3 - 17：复曲线尖轨与直线固定辙叉道岔枕木铺设图。

7. 道岔轨距确定

直线部分：1 435 mm；其他部分按《60 kg/m钢轨9号提速单开道岔铺设图》确定。

8. 确定容许速度

(1)曲线型尖轨影响侧向过岔速度，将撞击时的动能损失作为控制过岔速度的参数

转辙器侧向容许通过速度：

$$v_{导} = \sqrt{\frac{\omega_0 R_{外1}}{2\delta}} = \sqrt{\frac{0.65 \times 360\,717.5}{2 \times (1\,439 - 1\,394 + 5 + 2 + 2)}} = 46.594\ \text{km/h}$$

(2)导曲线影响过岔速度，将撞击时的动能损失作为控制过岔速度的参数

圆曲线型导曲线，导曲线侧向容许通过速度：

$$v_{导} = \sqrt{\frac{\omega_0 R_{外2}}{2\delta}} = \sqrt{\frac{0.65 \times 190\,717.5}{2 \times (1\,439 - 1\,394 + 5 + 2 + 2)}} = 33.880\ \text{km/h}$$

(3)确定容许速度

①道岔侧向容许速度，取上述两项计算的最小速度作为侧向容许速度，$v_{导} = 30$ km/h。

②道岔直向容许速度，依据《铁路线路修理规则》第3.9.13条，直向允许通过速度应不超过规则表3.9.13 - 1中的规定，取$v_{直} = 90$ km/h。

附录　便线各种形式下计算图示

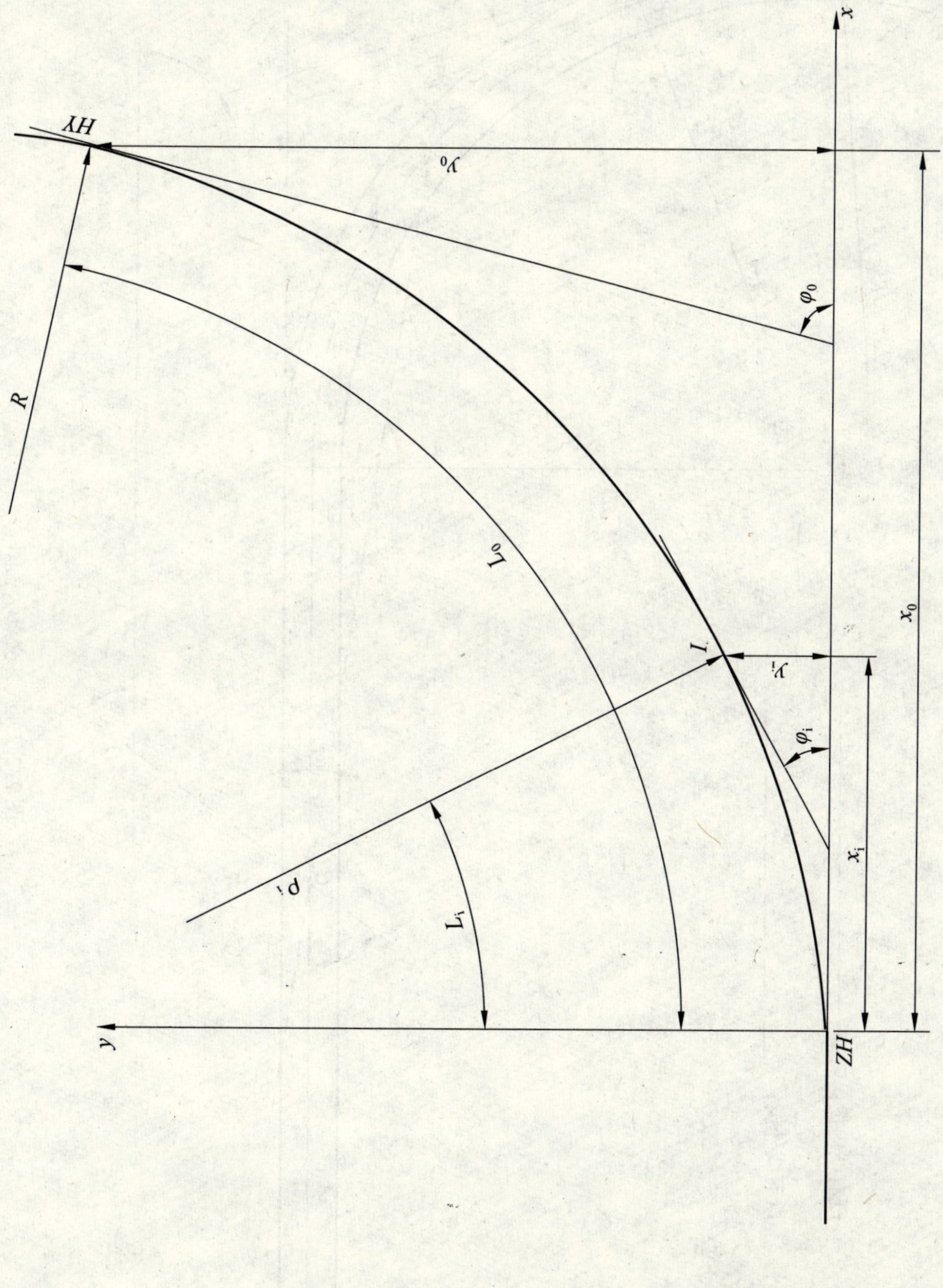

图 2-1　缓和曲线示意图

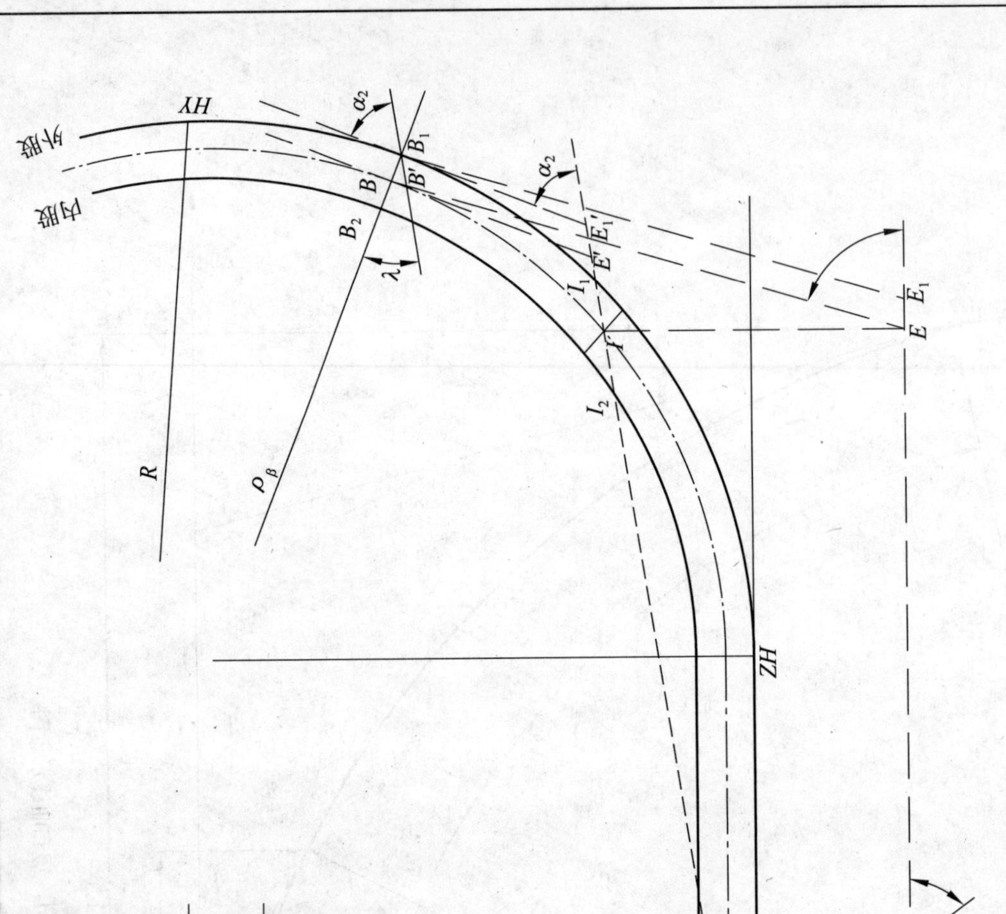

图 2-2　便线各交点示意图

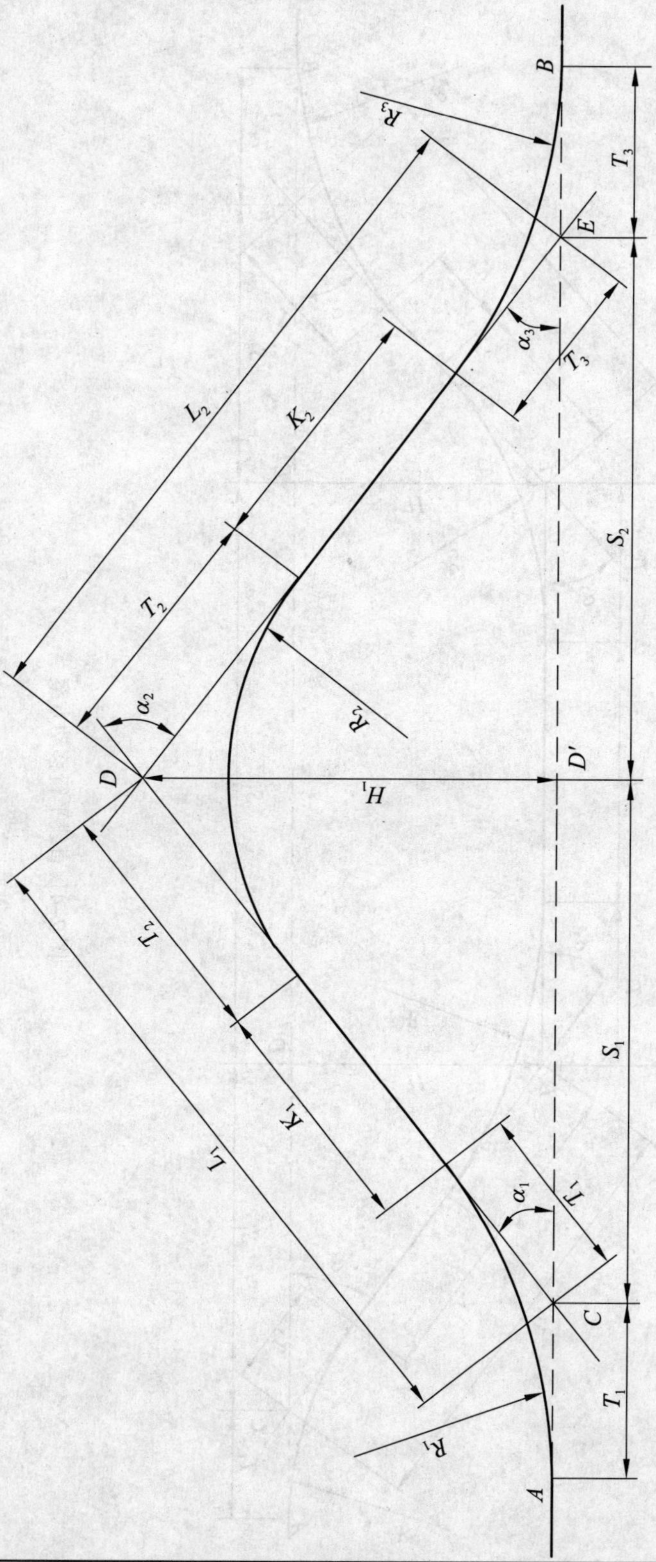

图 2-3　直线改三角线方案

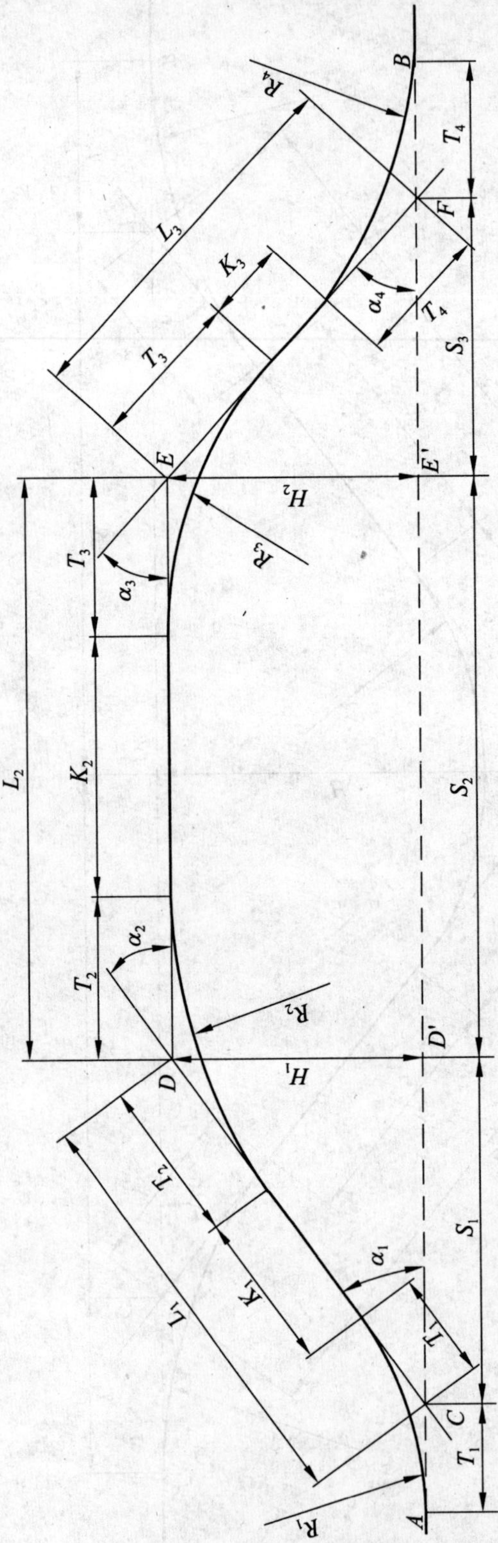

图 2–4　直线平行移动方案

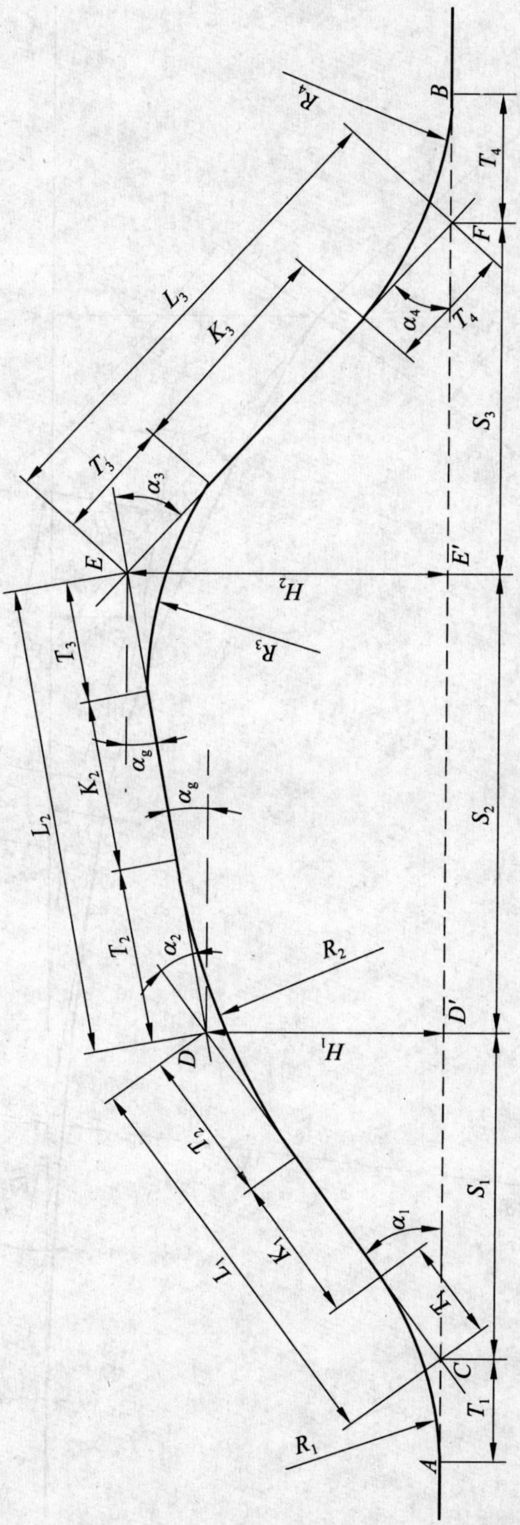

图 2-5　直线非平行移动方案

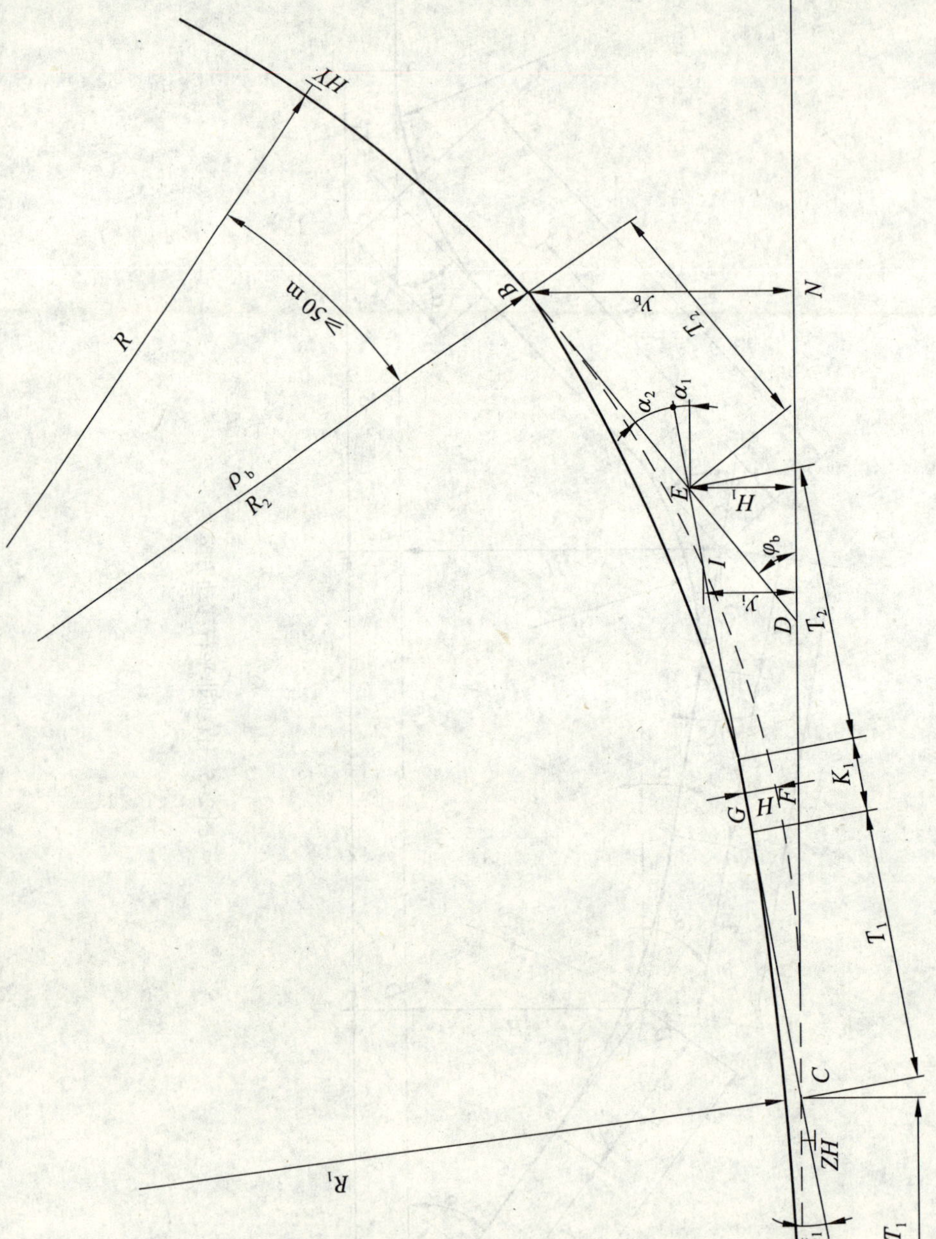

图 2-6　缓和曲线内拨一单一复曲线方案（I、B点在缓和曲线内）

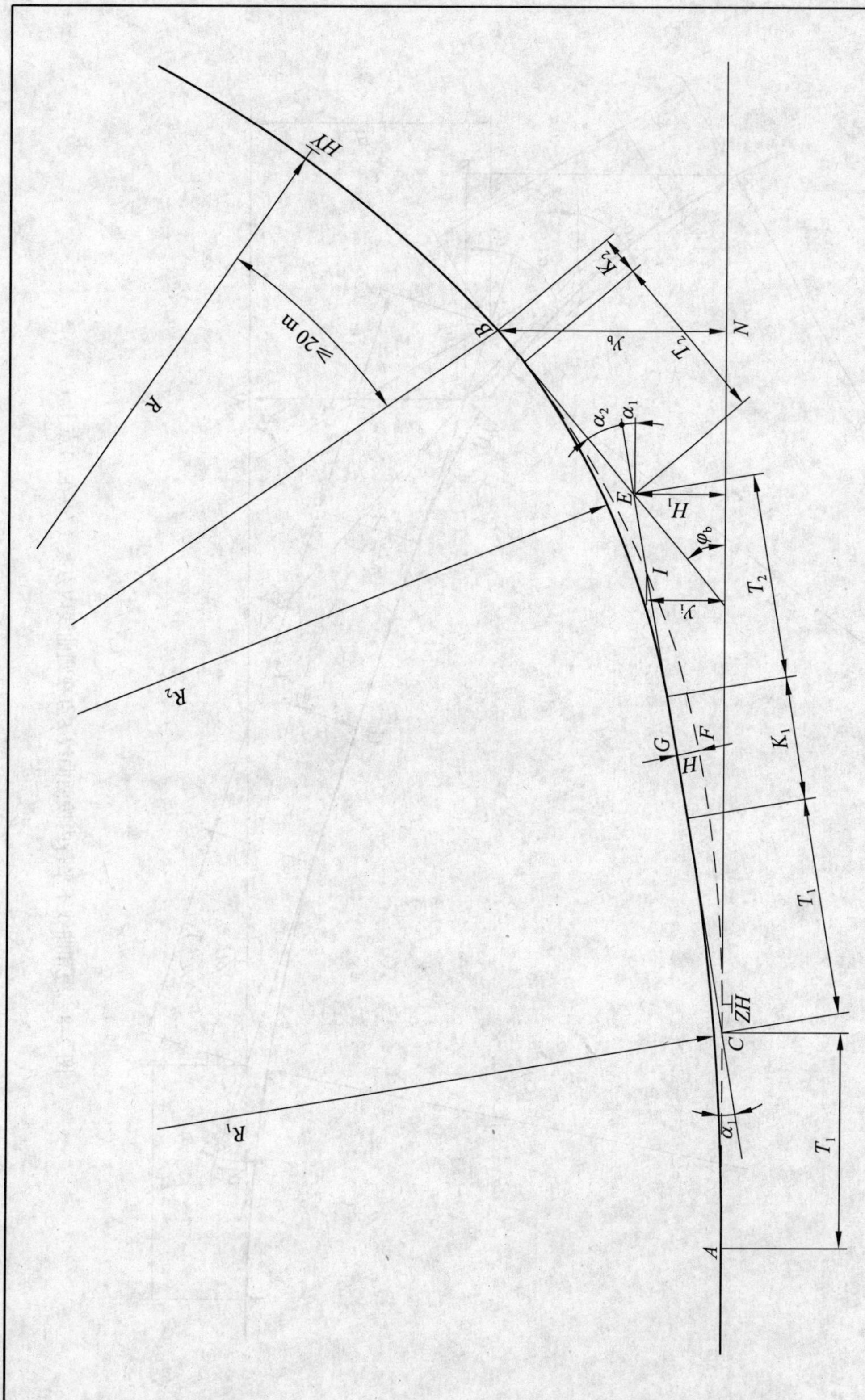

图 2-7　缓和曲线内拨两单曲线方案（I、B点在缓和曲线内）

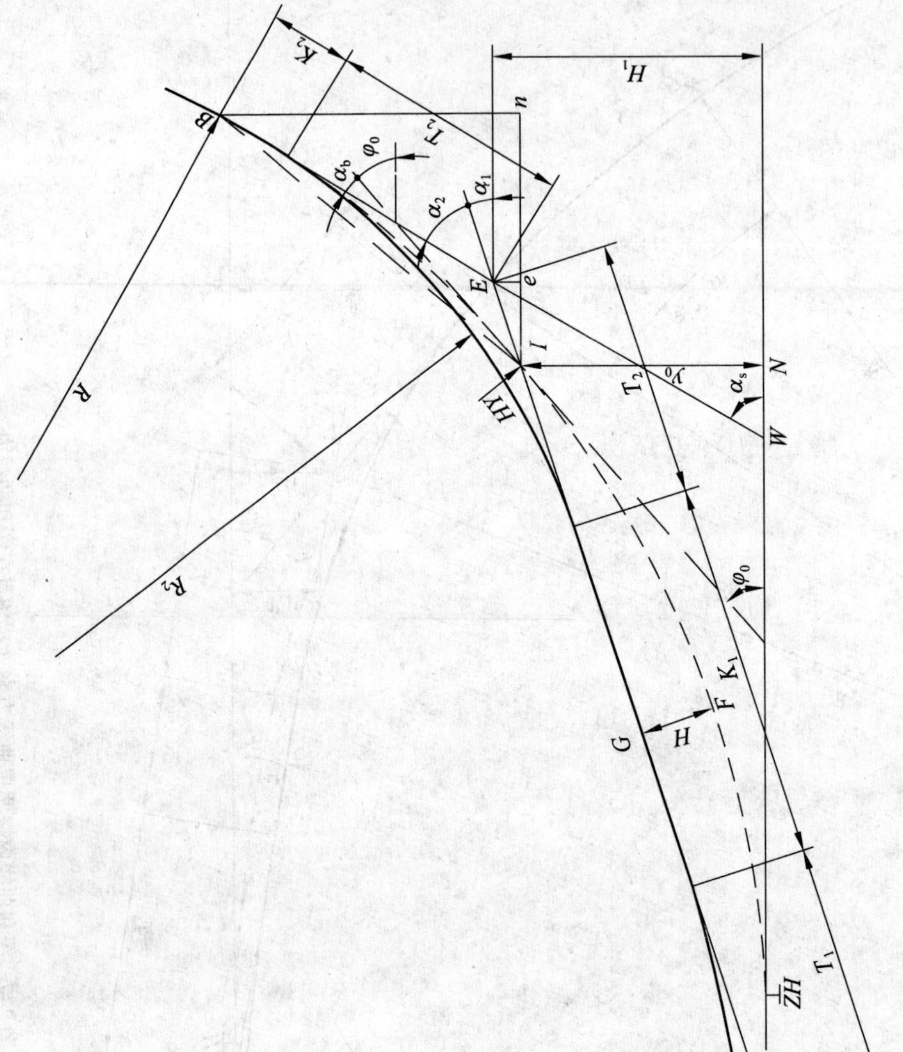

图 2-8　缓和曲线不平行内拨两曲线 B点在圆曲线内方案（I点在HY点上）

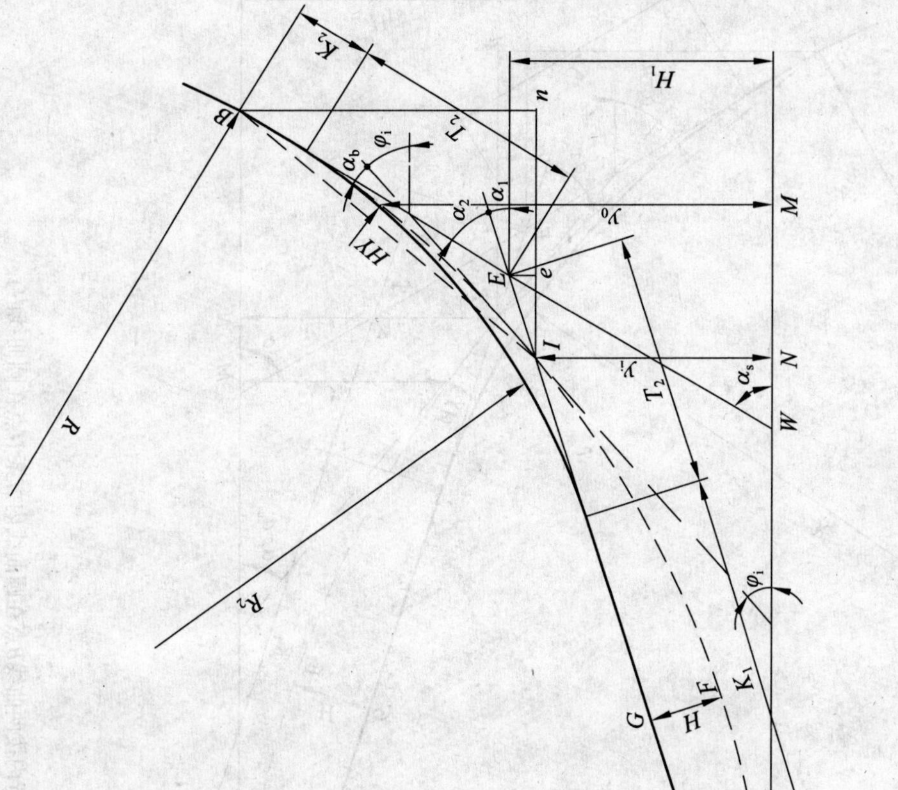

图 2-9　缓和曲线不平行内拨两曲线 *B* 点在圆曲线内方案(*I* 点在缓和曲线内)

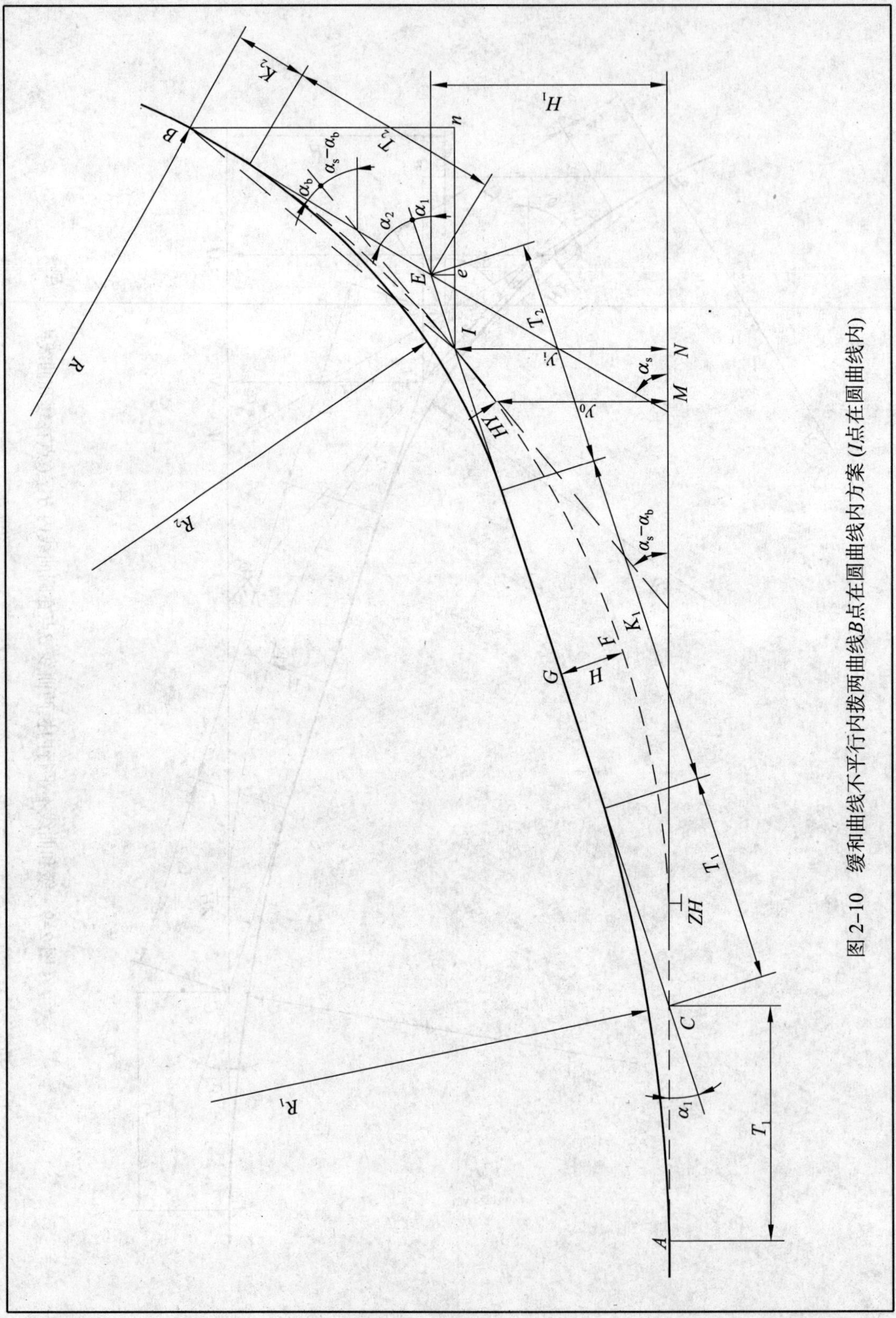

图 2-10　缓和曲线不平行内拨两曲线B点在圆曲线内方案（I点在圆曲线内）

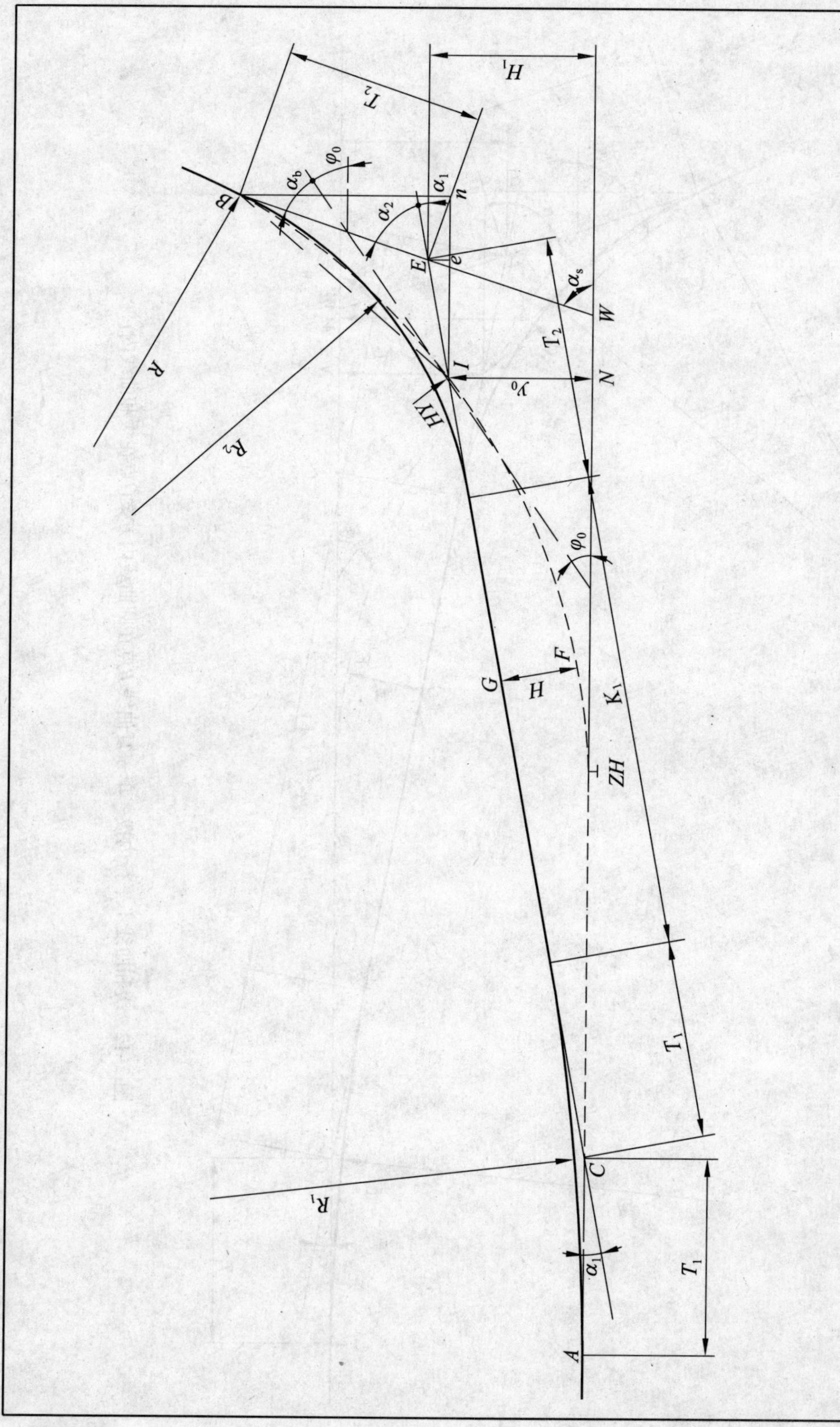

图 2-11　缓和曲线不平行内拨—单一复曲线B点在圆曲线内方案(I点在HY点上)

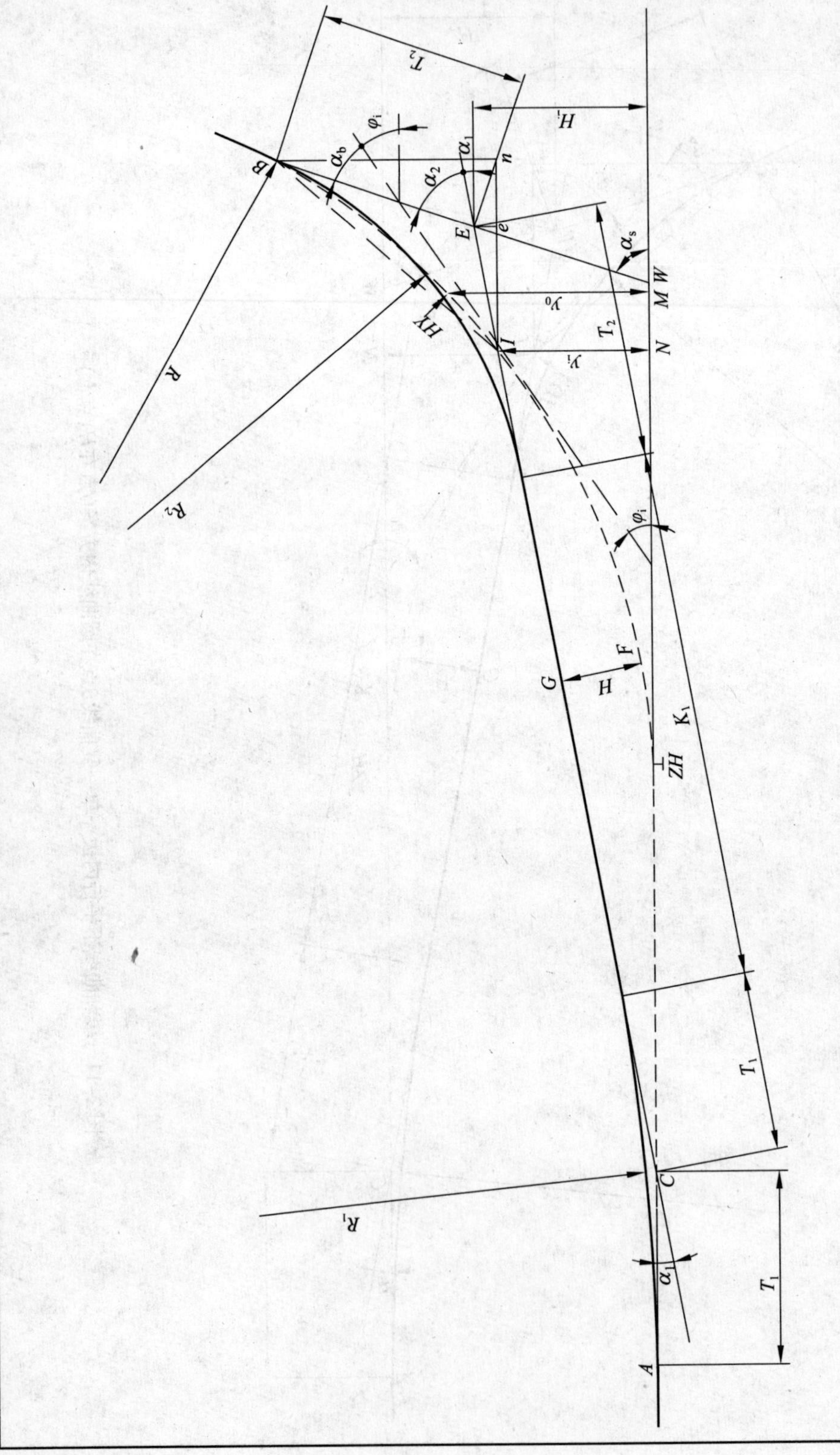

图 2-12　缓和曲线不平行内拨一单一复曲线 B点在圆曲线内方案(I点在缓和曲线内)

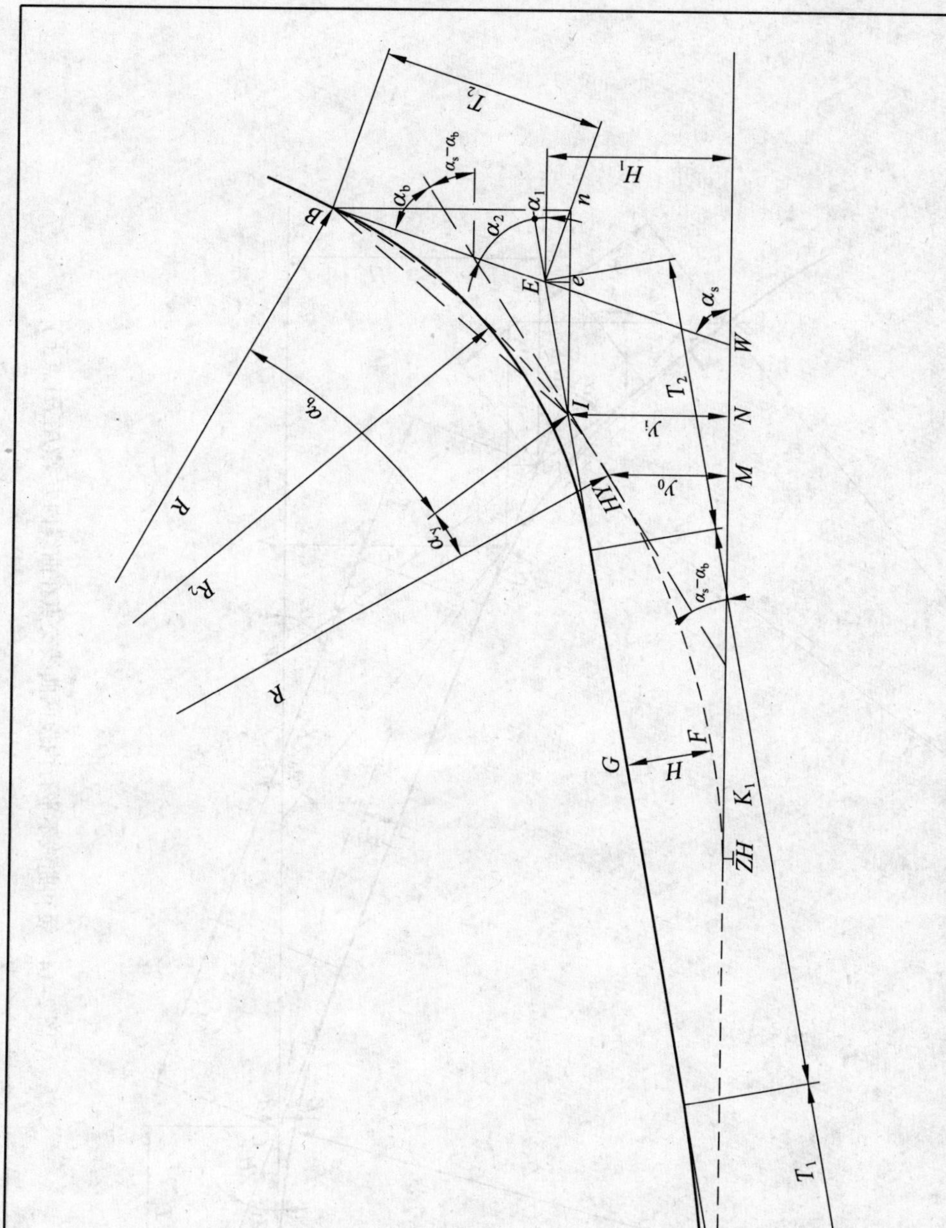

图 2-13　缓和曲线不平行内拨一单一复曲线B点在圆曲线内方案(I点在圆曲线内)

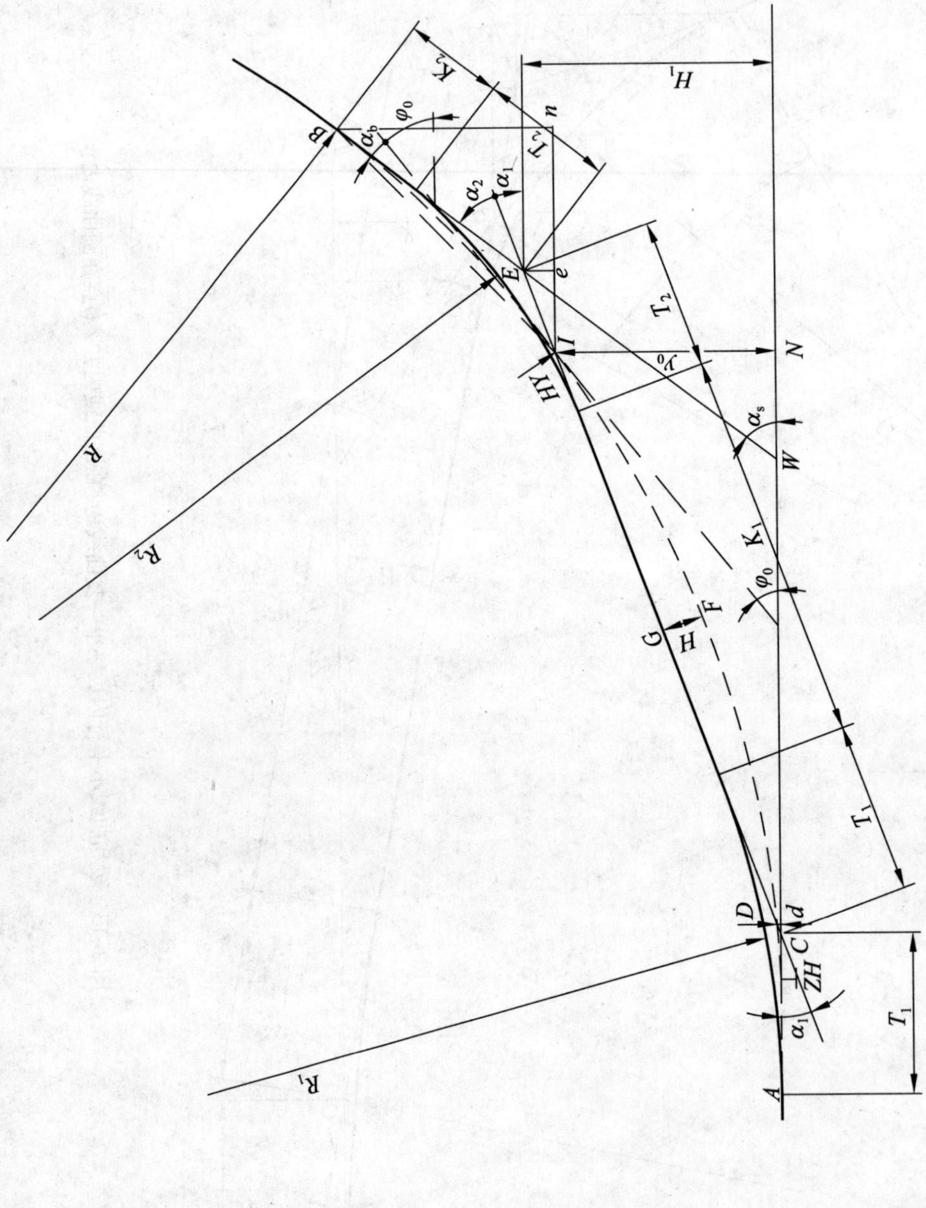

图 2-14　缓和曲线不平行内拨两曲线交点在曲线内方案（I在HY点上）

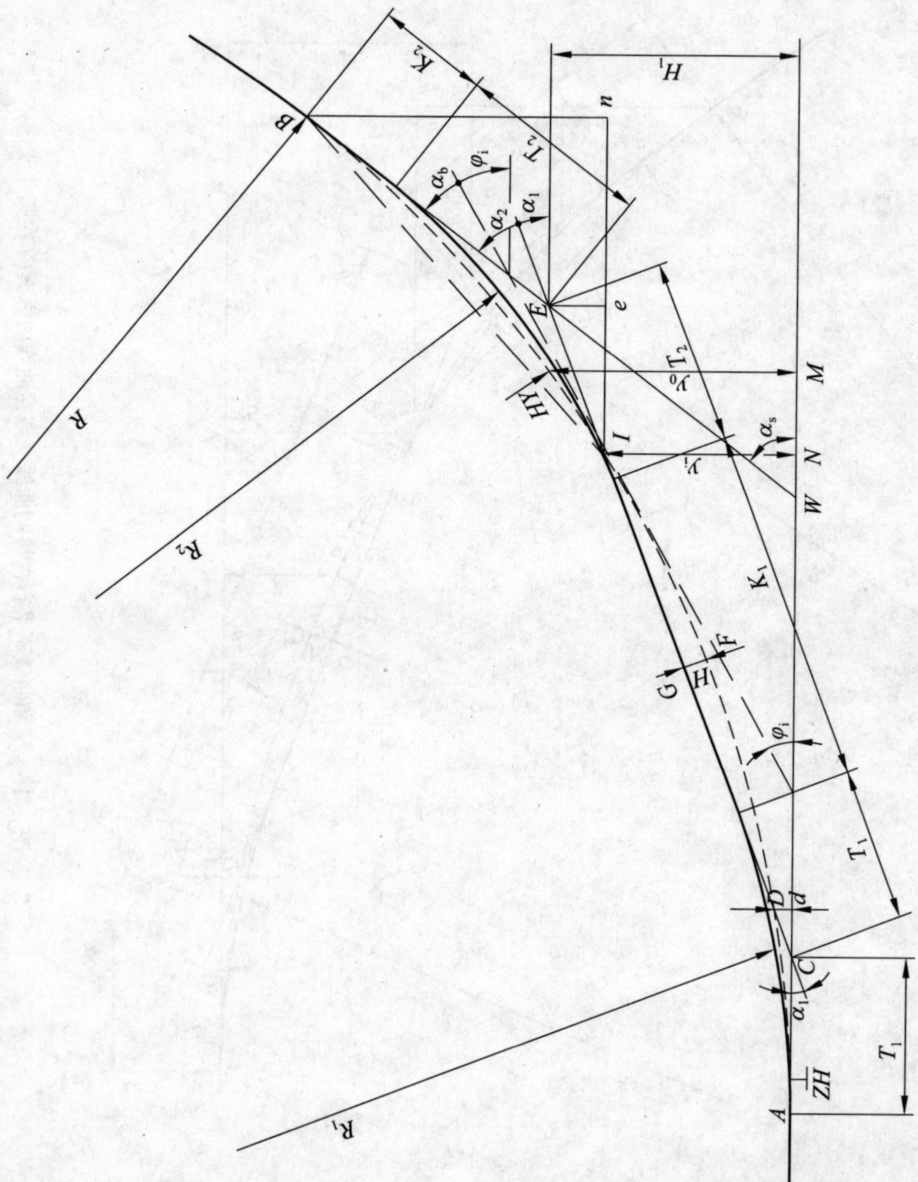

图 2-15　缓和曲线不平行内拨两曲线交点在曲线内方案(I在缓和曲线内)

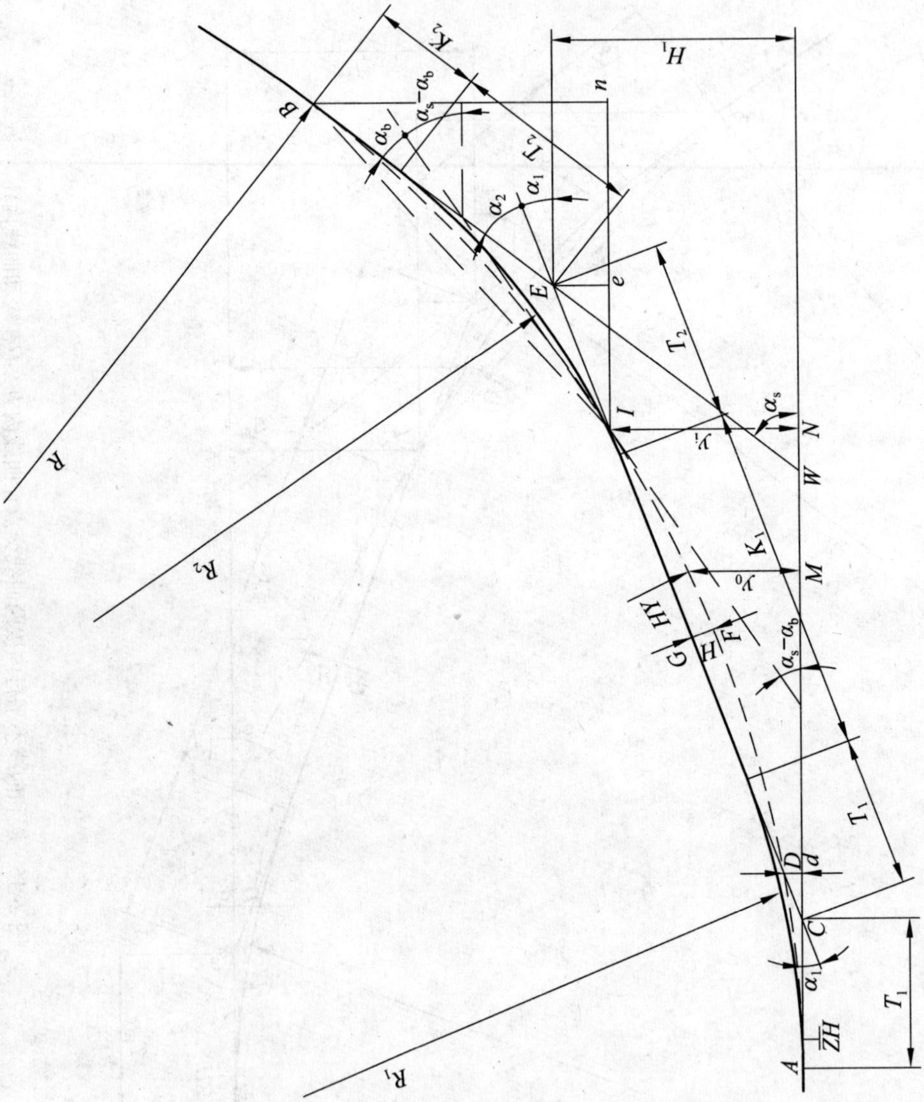

图 2-16　缓和曲线不平行内拨两曲线交点在曲线内方案（I 在圆曲线内）

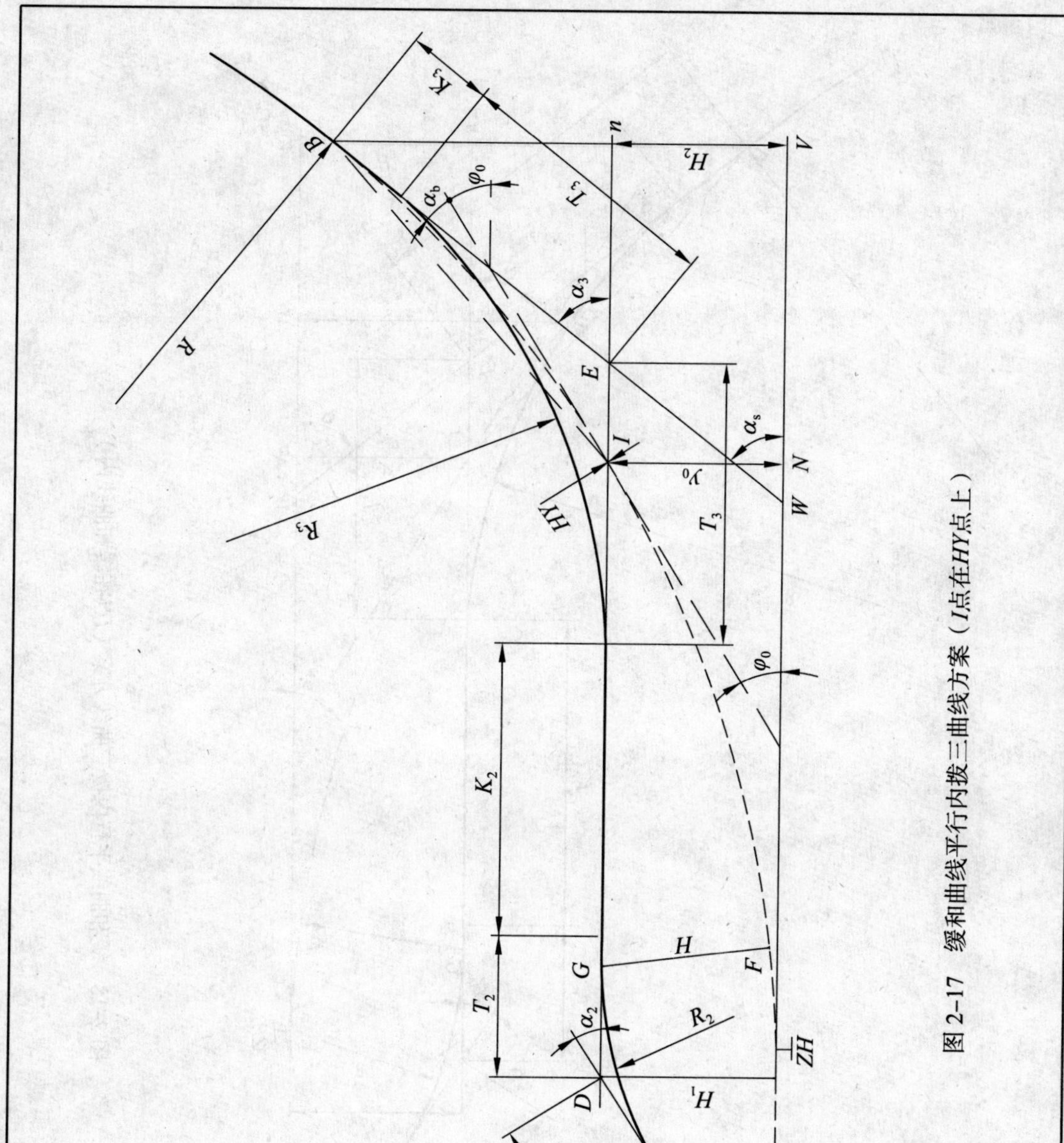

图 2-17　缓和曲线平行内拨三曲线方案（I点在HY点上）

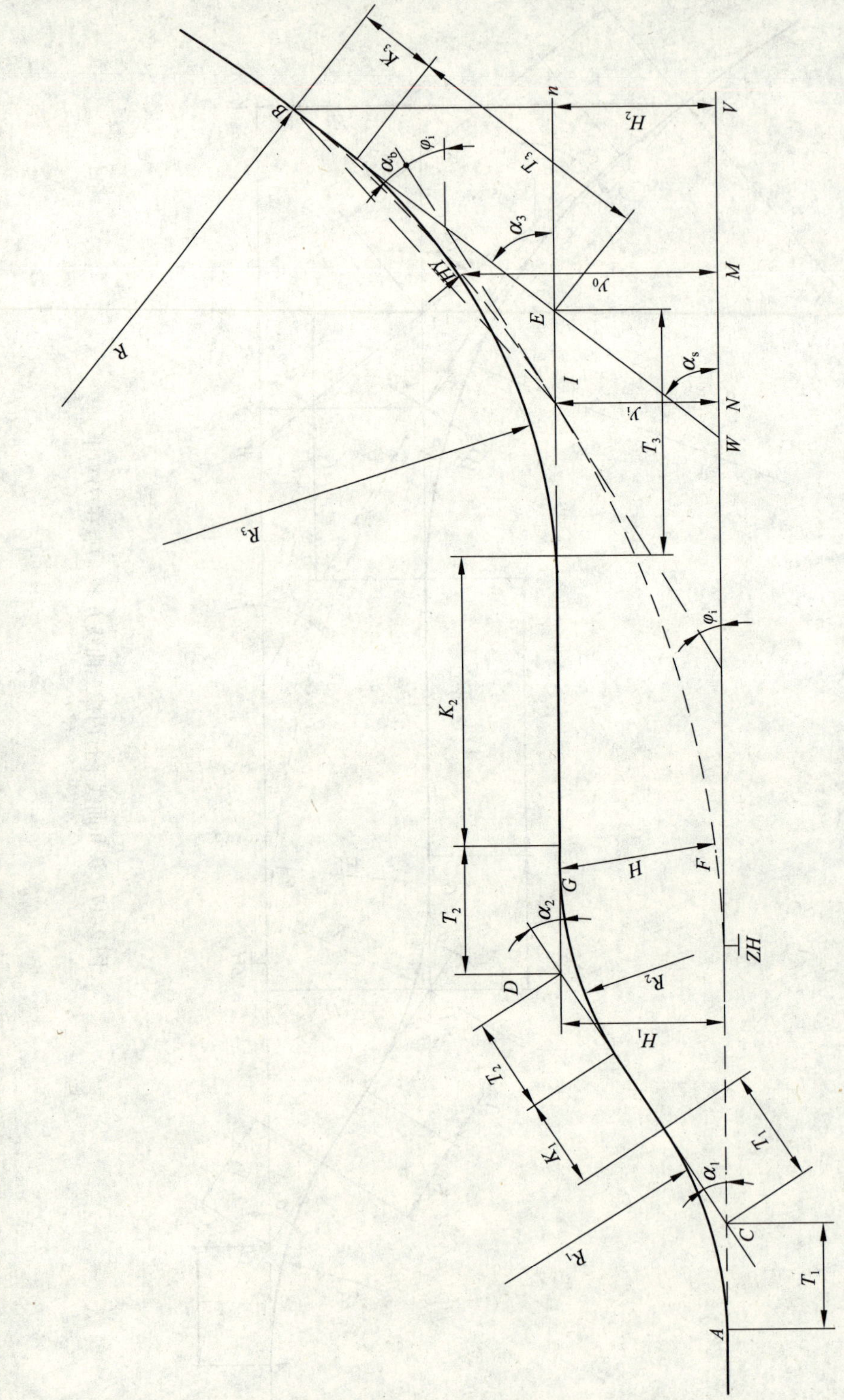

图 2-18　缓和曲线平行内拨三曲线方案（I点在缓和曲线内）

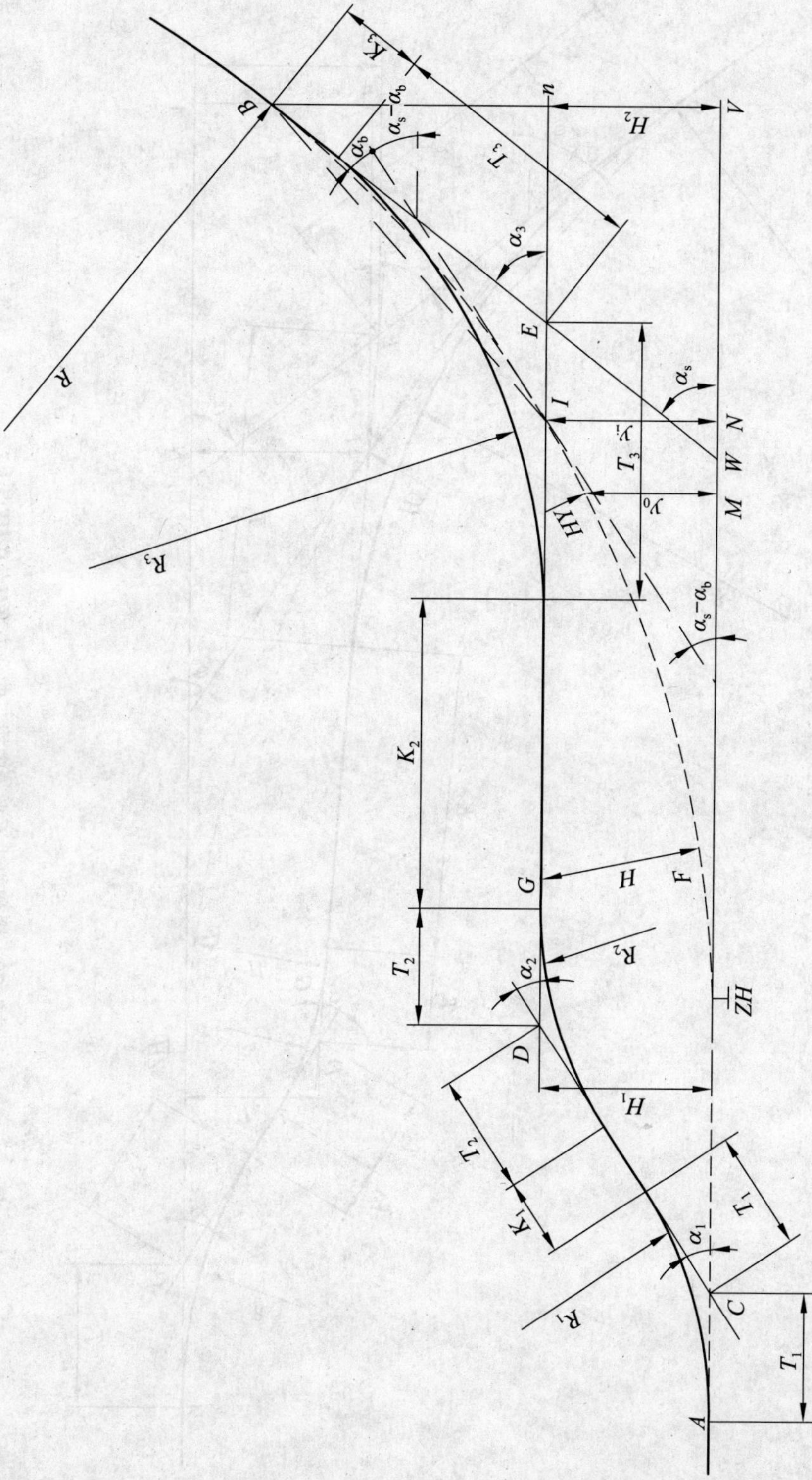

图 2-19　缓和曲线平行内拨三曲线方案（*I*点在圆曲线内）

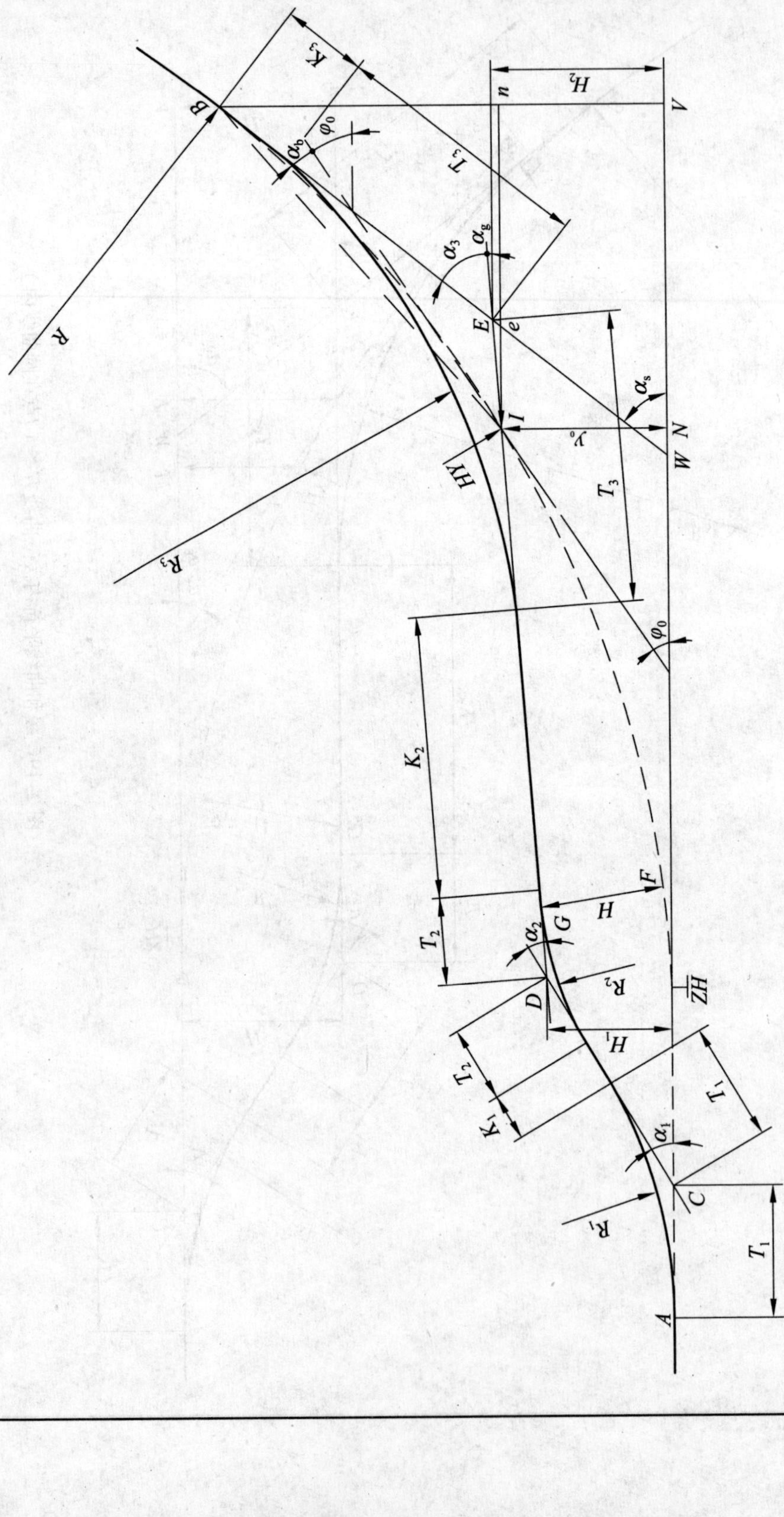

图 2-20　缓和曲线不平行内拨三曲线方案(I点在HY点上)

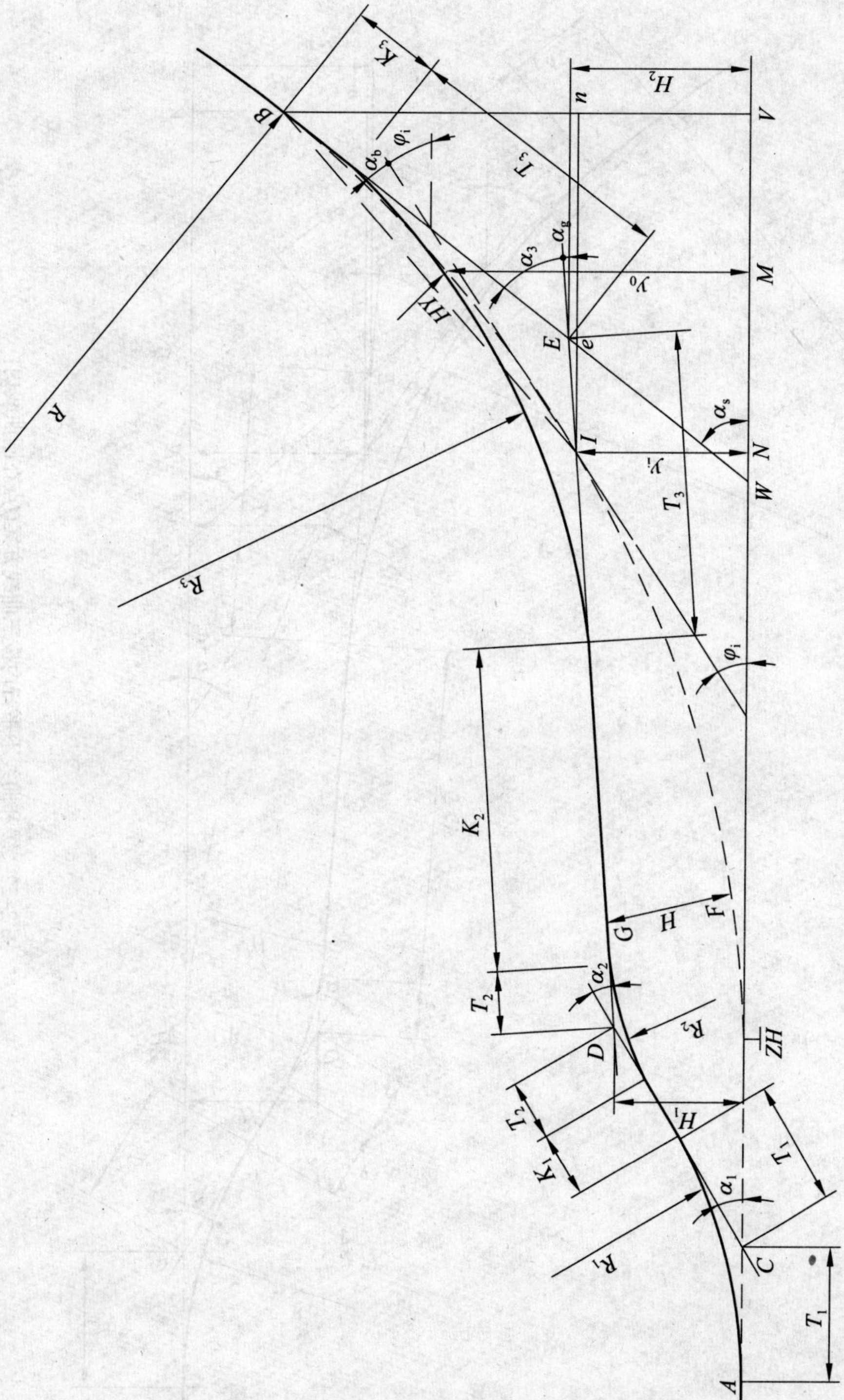

图 2-21　缓和曲线不平行内拨三曲线方案(I点在缓和曲线内)

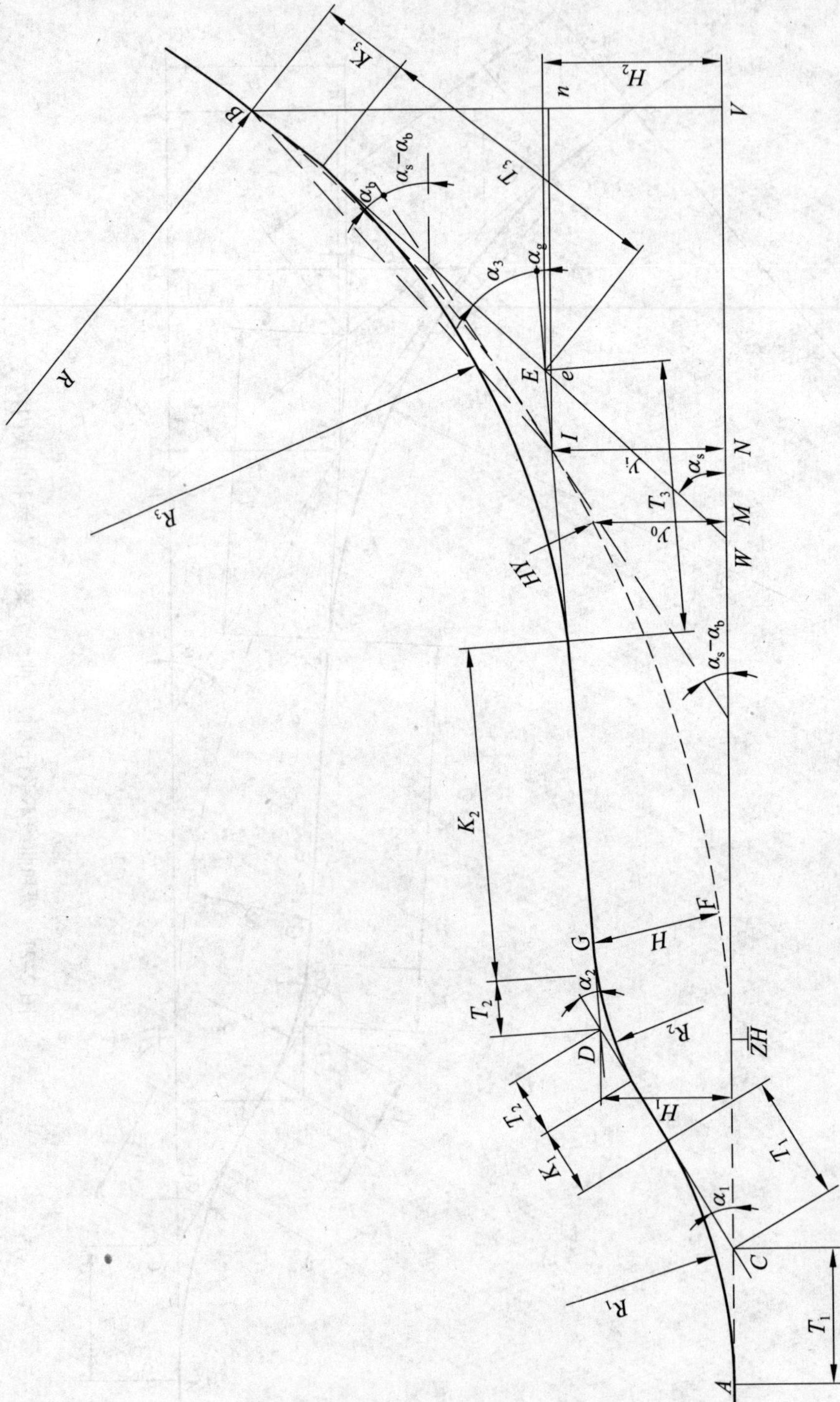

图 2-22　缓和曲线不平行内拨三曲线方案（I点在圆曲线内）

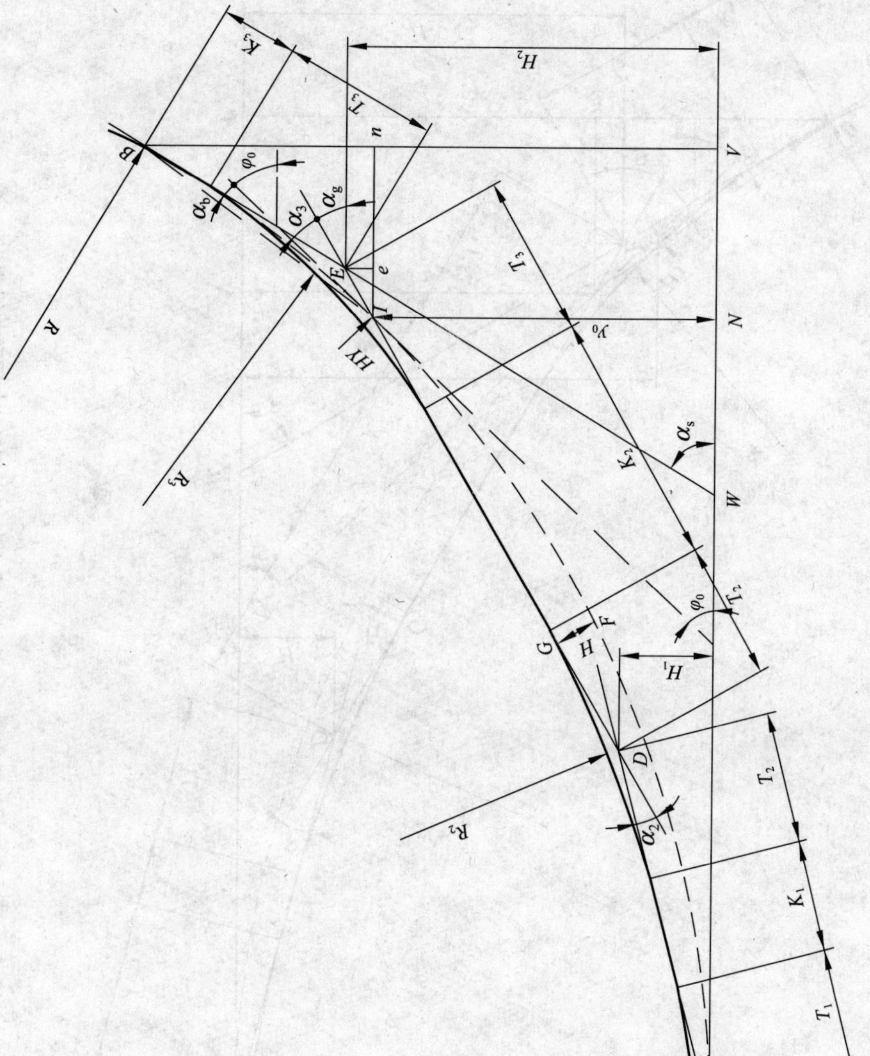

图 2-23　缓和曲线不平行内拨三曲线内凹式方案（I点在HY点上）

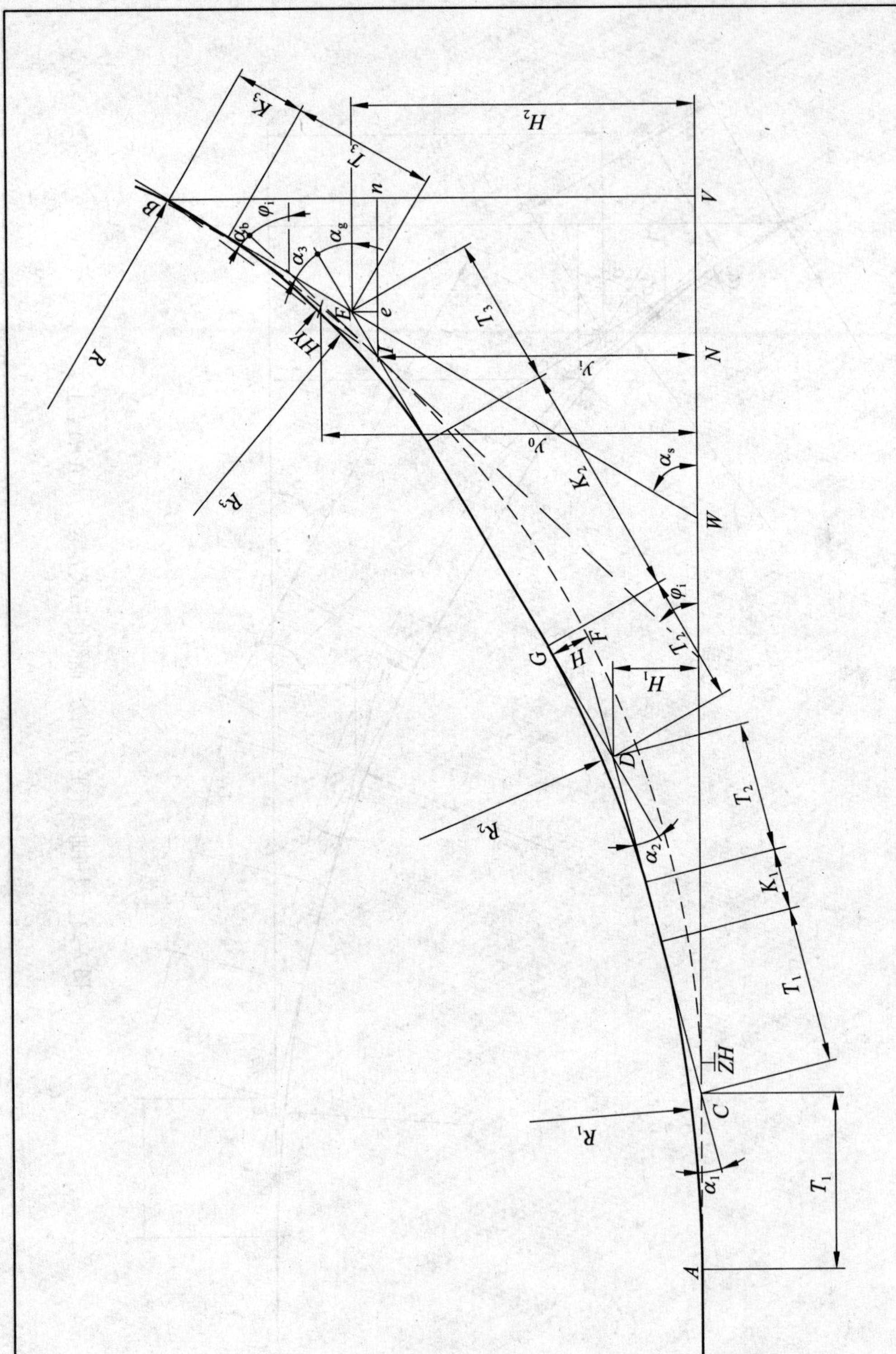

图 2-24　缓和曲线不平行内拔三曲线内凹式方案(I点在缓和曲线内)

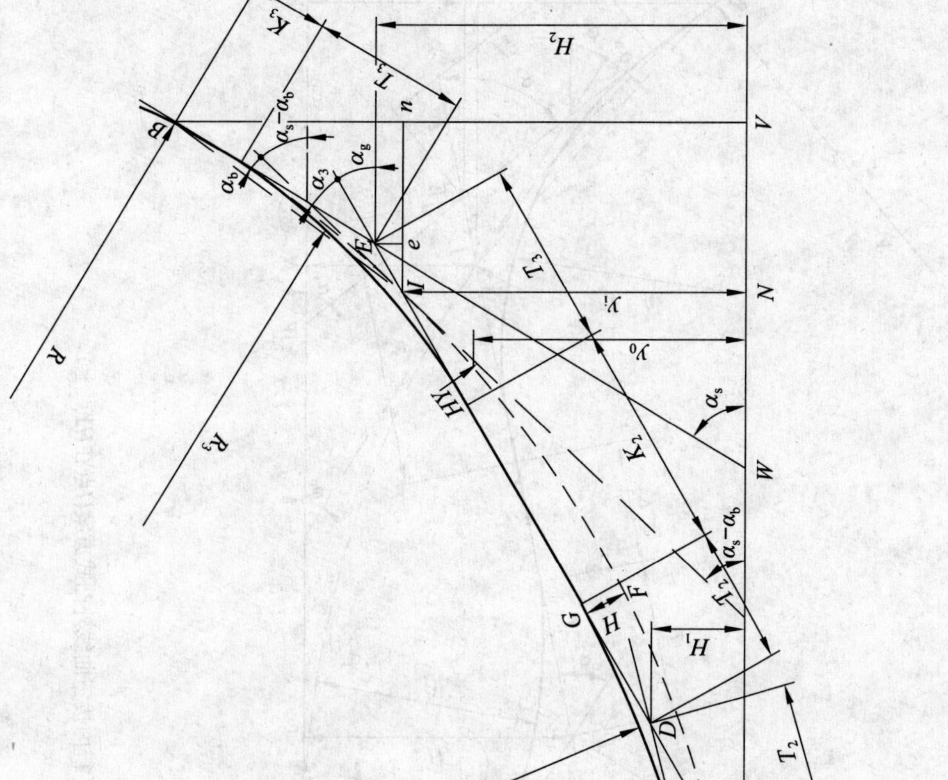

图 2-25　缓和曲线不平行内拨三曲线内凹式方案（I点在圆曲线内）

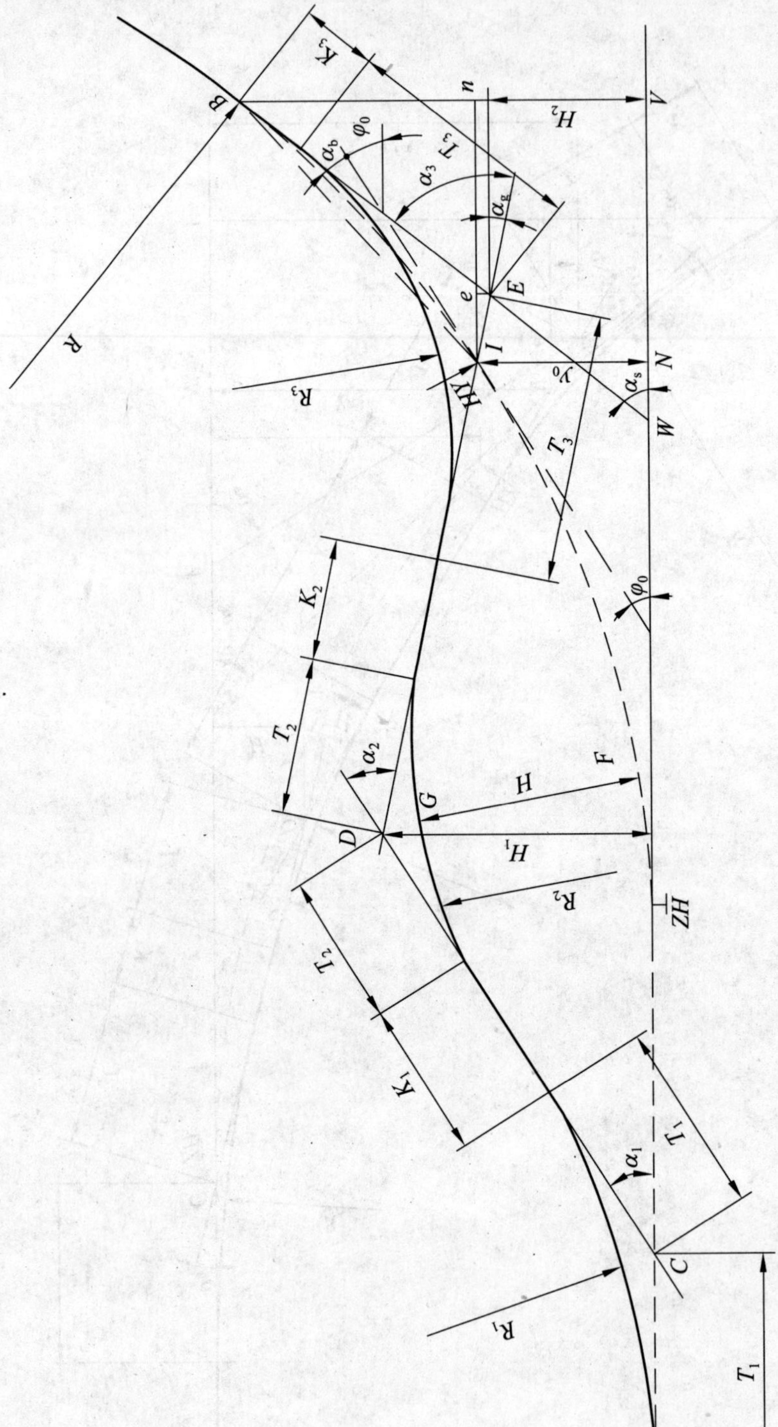

图 2-26　缓和曲线不平行内拨三曲线外凸式方案(I点在HY点上)

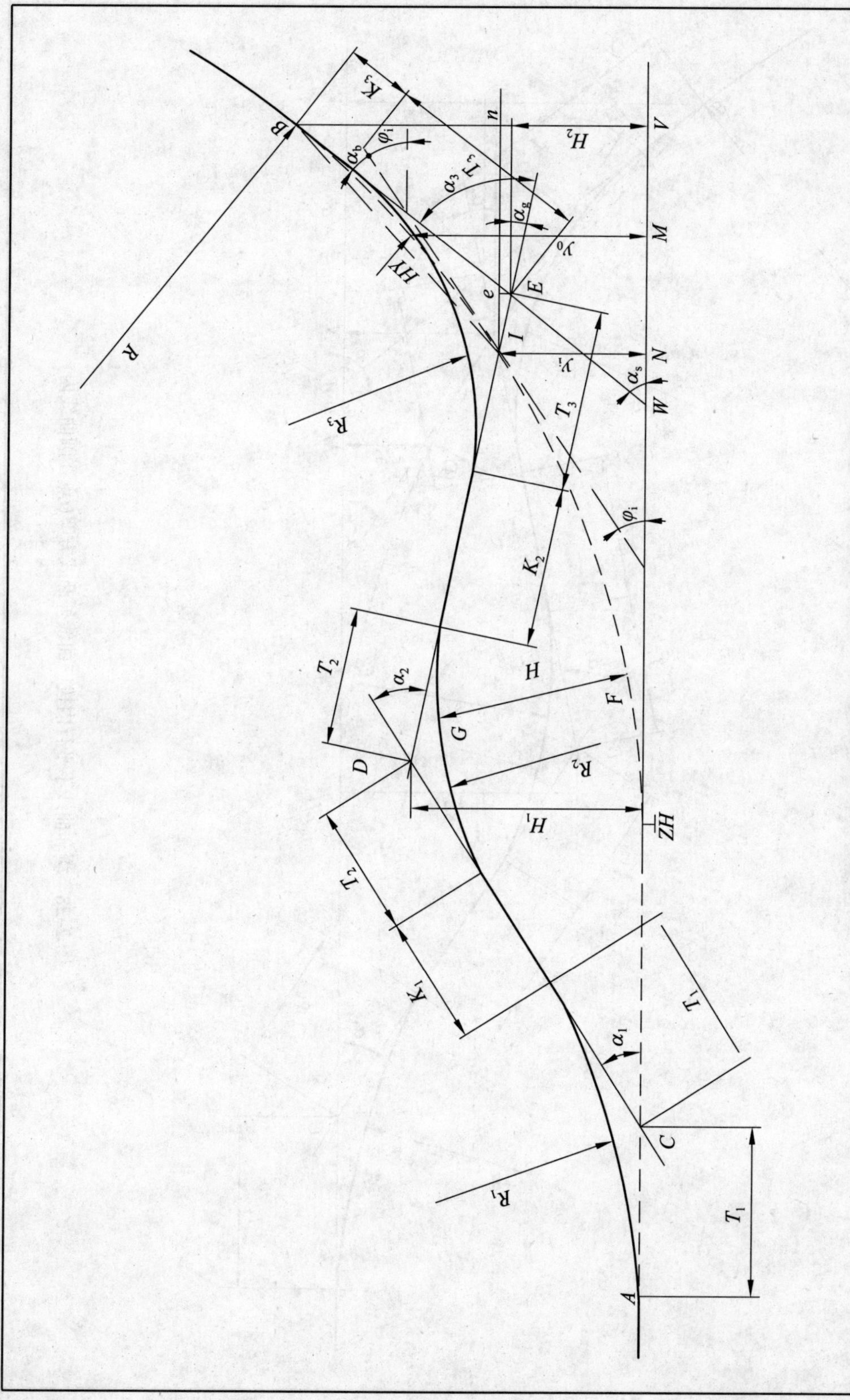

图 2-27　缓和曲线不平行内拨三曲线外凸式方案(I点在缓和曲线内)

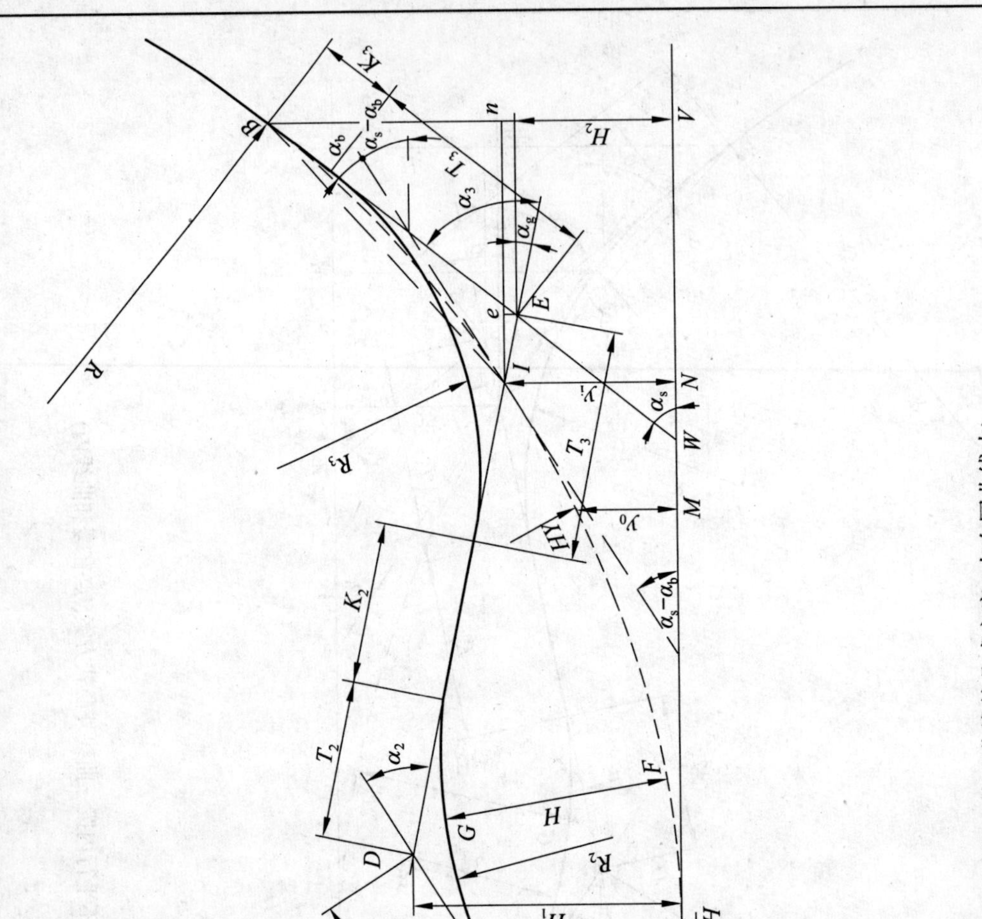

图 2-28　缓和曲线不平行内拨三曲线外凸式方案(I点在圆曲线内)

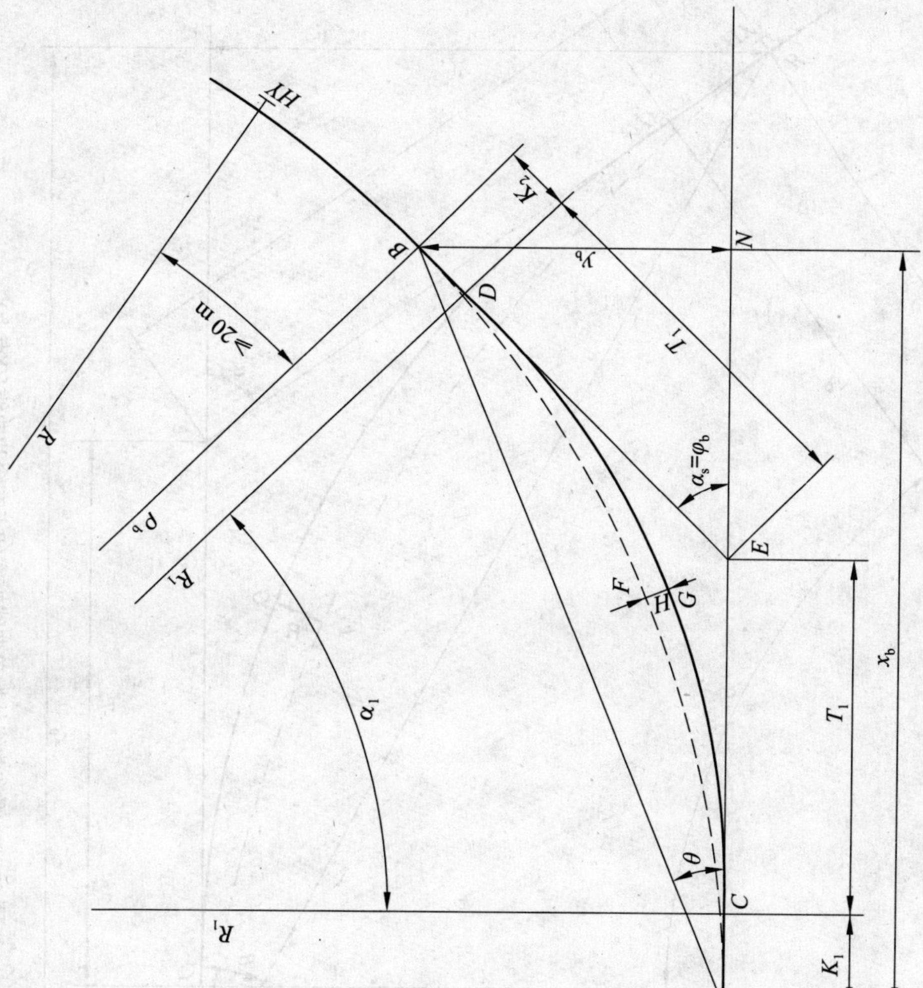

图 2-29　缓和曲线外拨单曲线方案(*B*点在缓和曲线内)

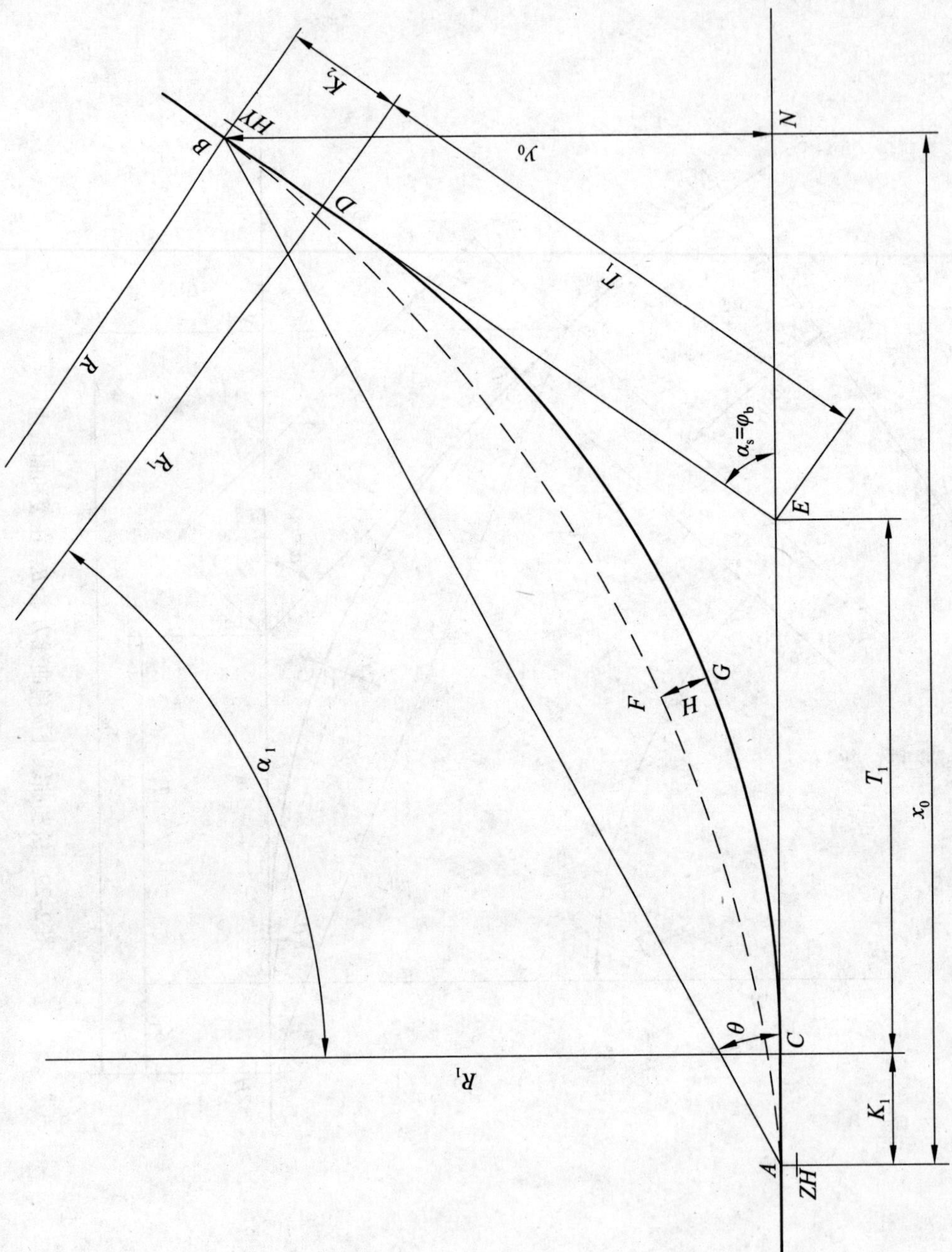

图 2-30　缓和曲线外拨单曲线方案(*B*点在缓和曲线*HY*点上)

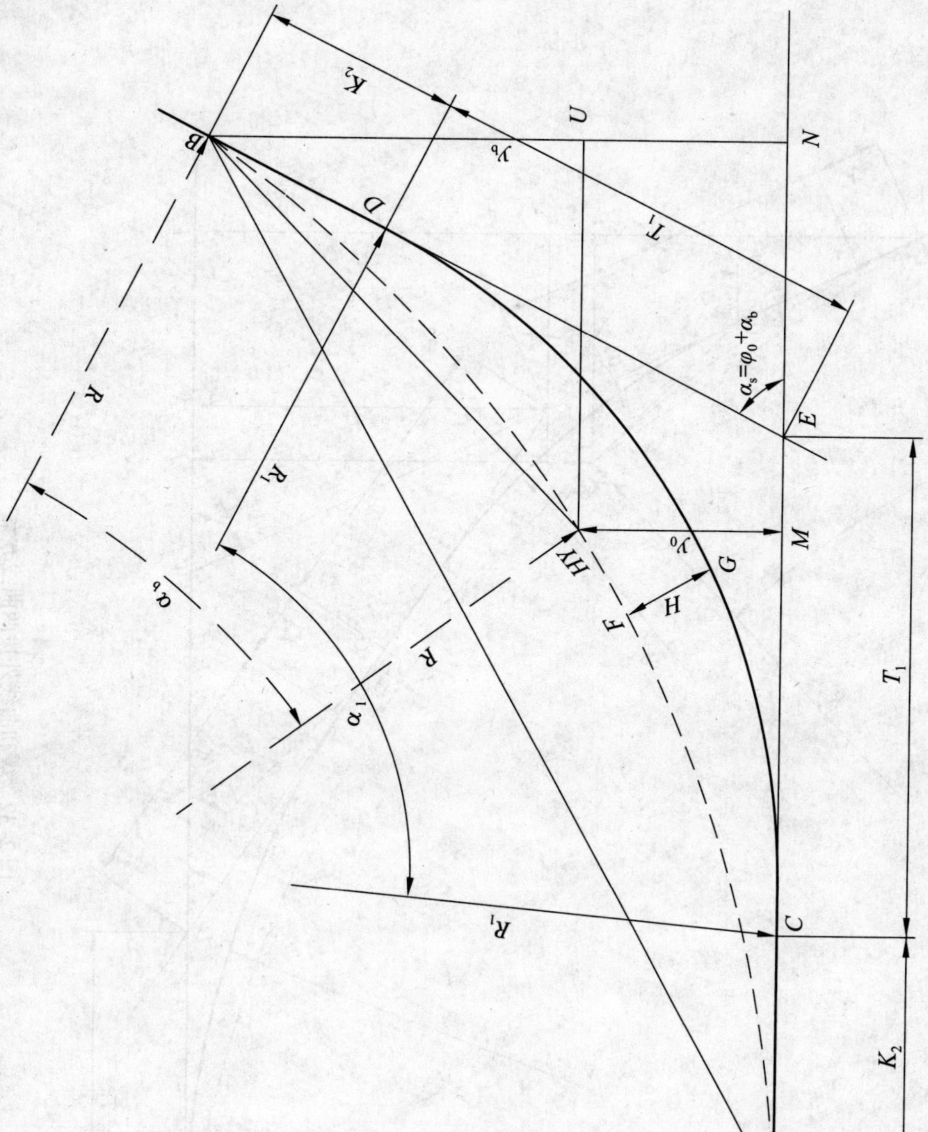

图 2-31　缓和曲线外拔单曲线方案(B点在圆曲线内)

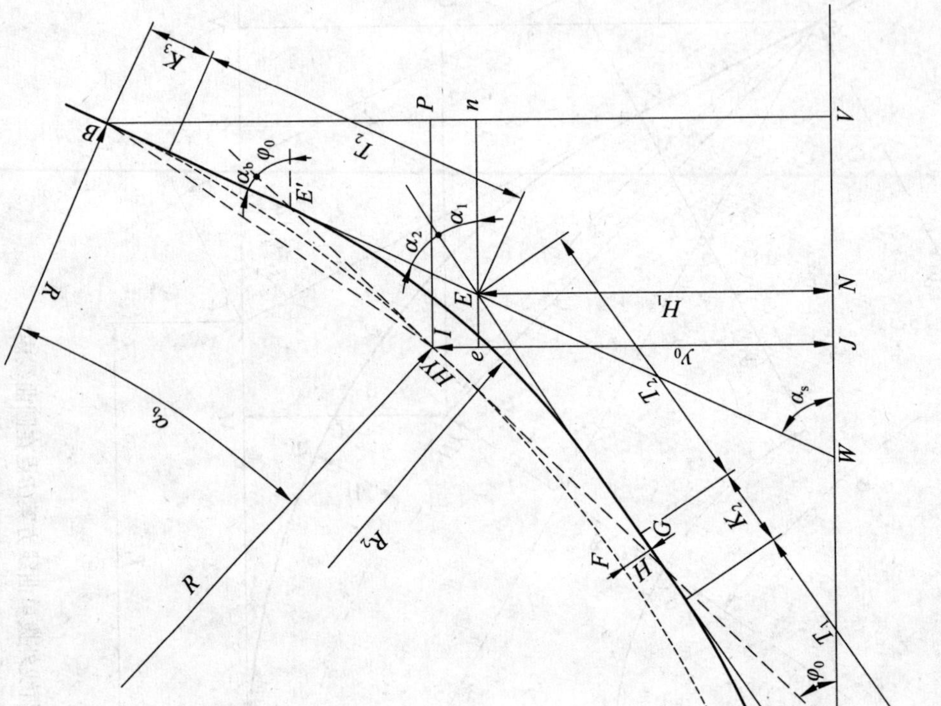

图 2-32　缓和曲线外拔两曲线方案

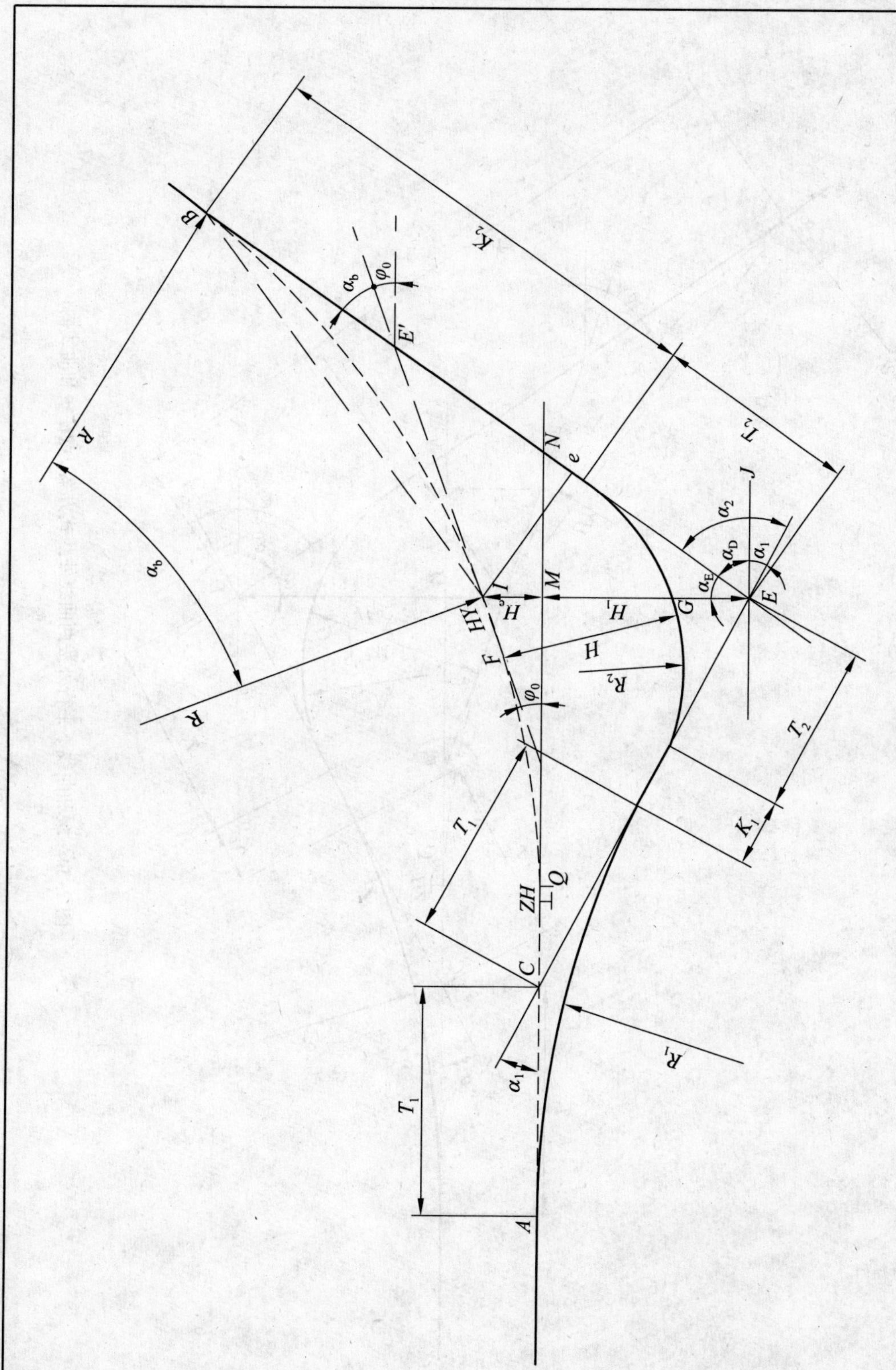

图 2-33　缓和曲线不平行外拨两曲线外凸式方案(*I*点在*HY*点上)

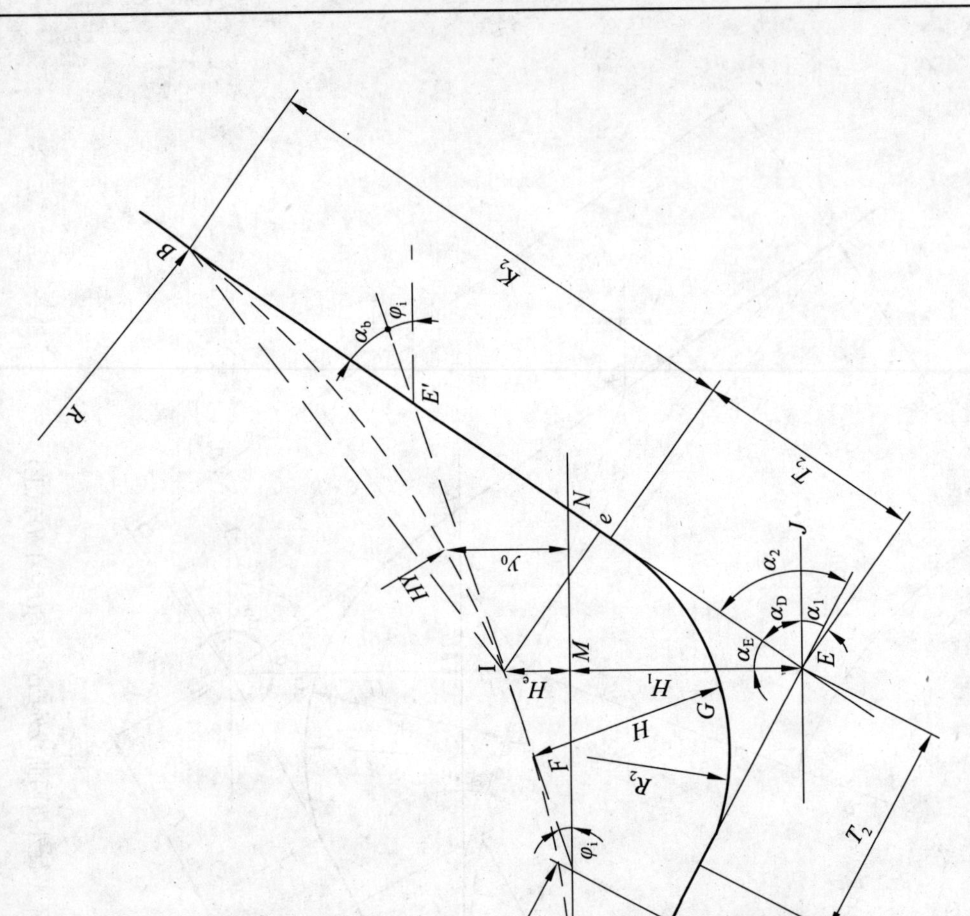

图 2-34　缓和曲线不平行外拨两曲线外凸式方案(I点在缓和曲线内)

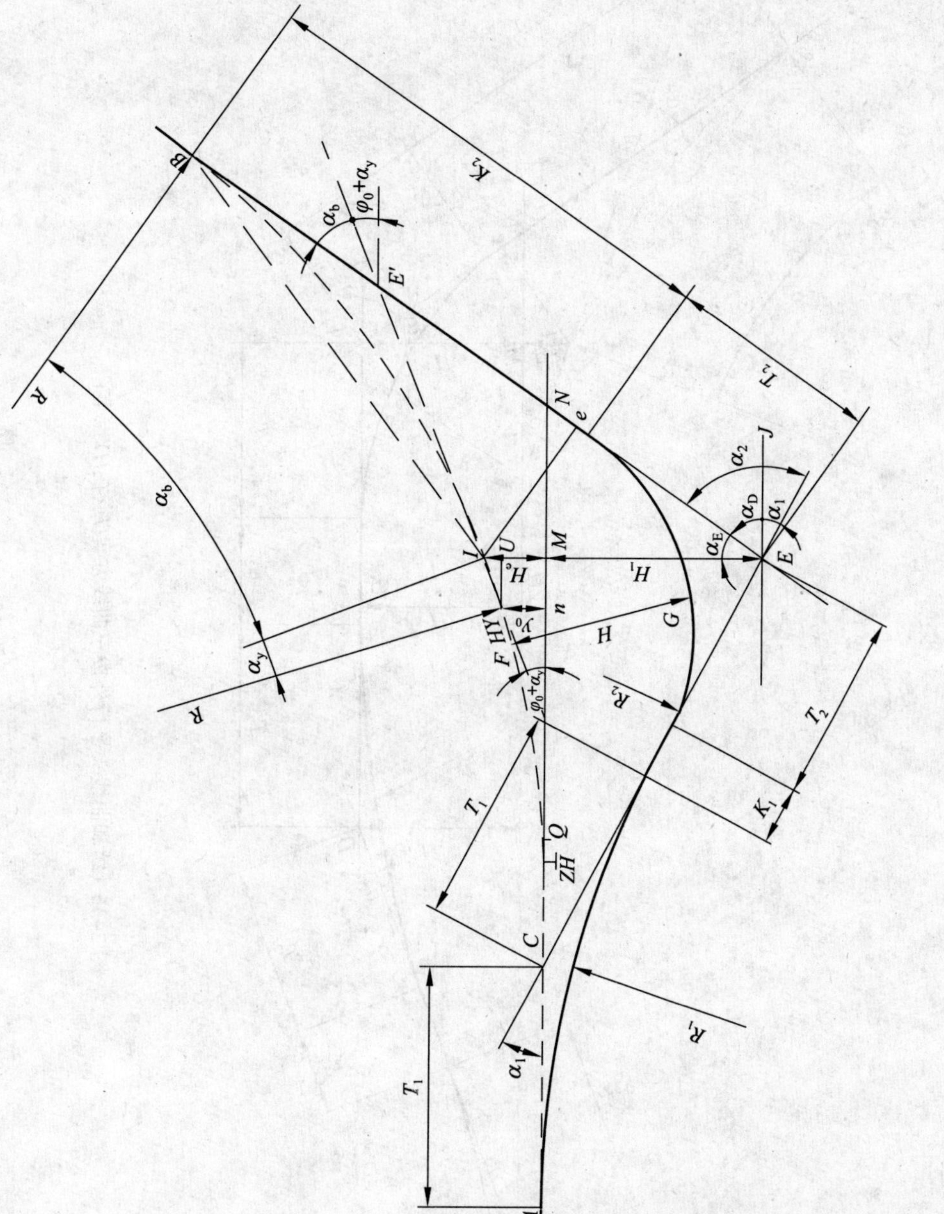

图 2-35　缓和曲线不平行外拨两曲线外凸式方案（I点在圆曲线内）

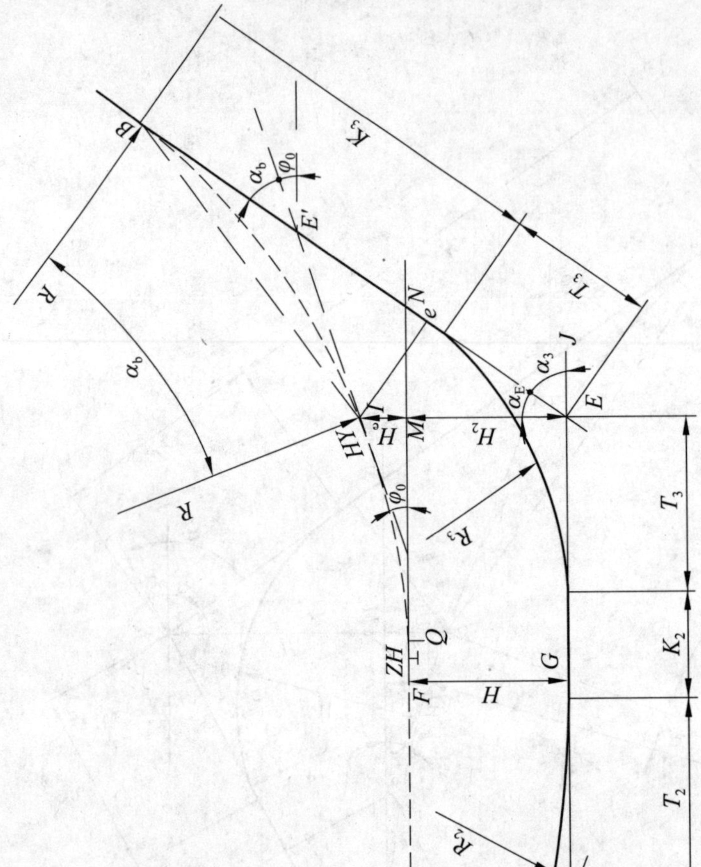

图 2-36　缓和曲线头平行外拨三曲线方案(I点在HY点上)

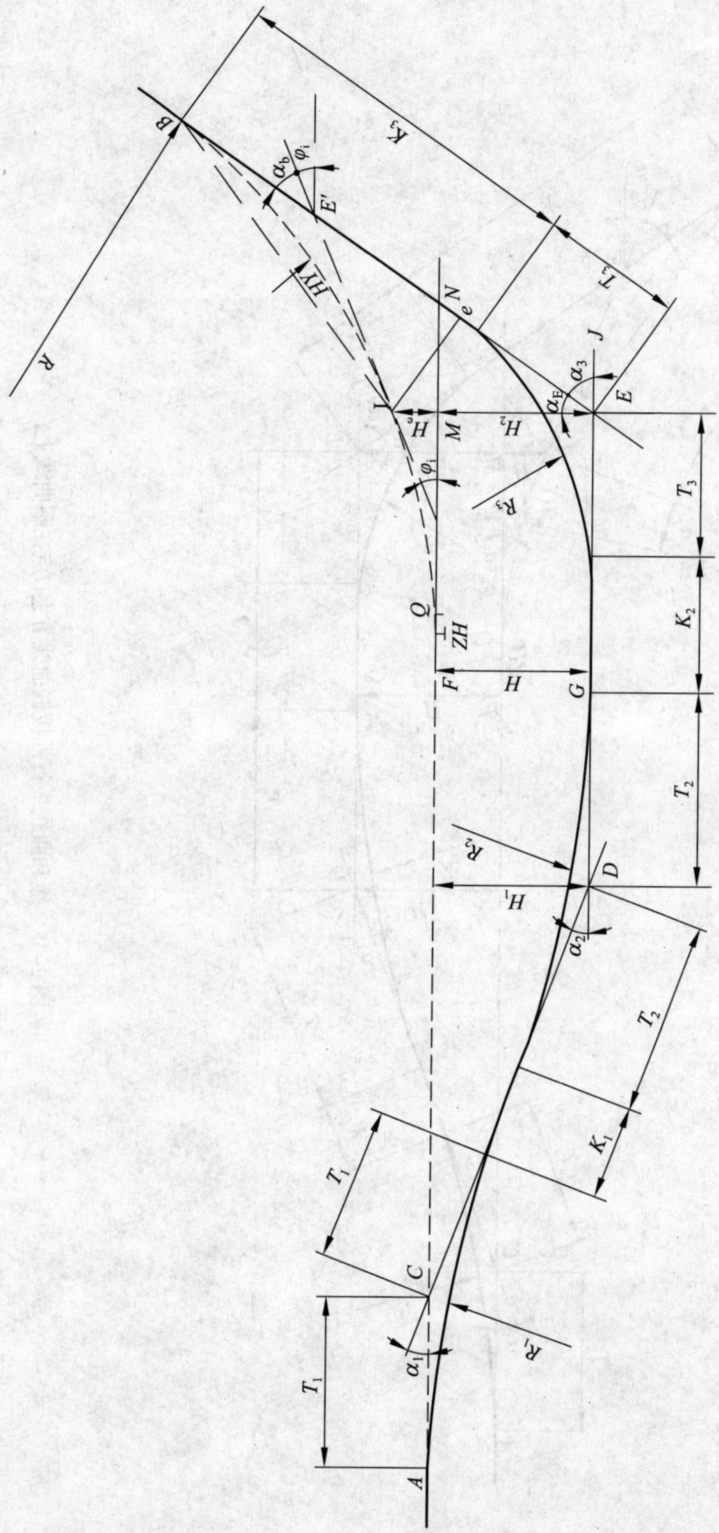

图 2-37　缓和曲线平行外拨三曲线方案(J点在缓和曲线上)

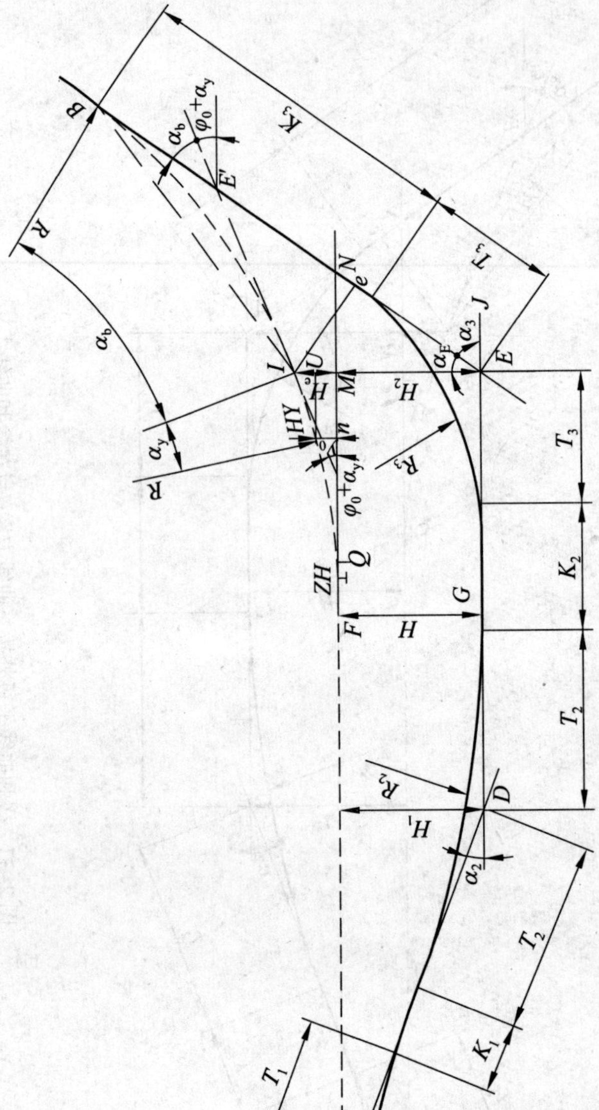

图 2-38　缓和曲线平行外拔三曲线方案(I点在圆曲线上)

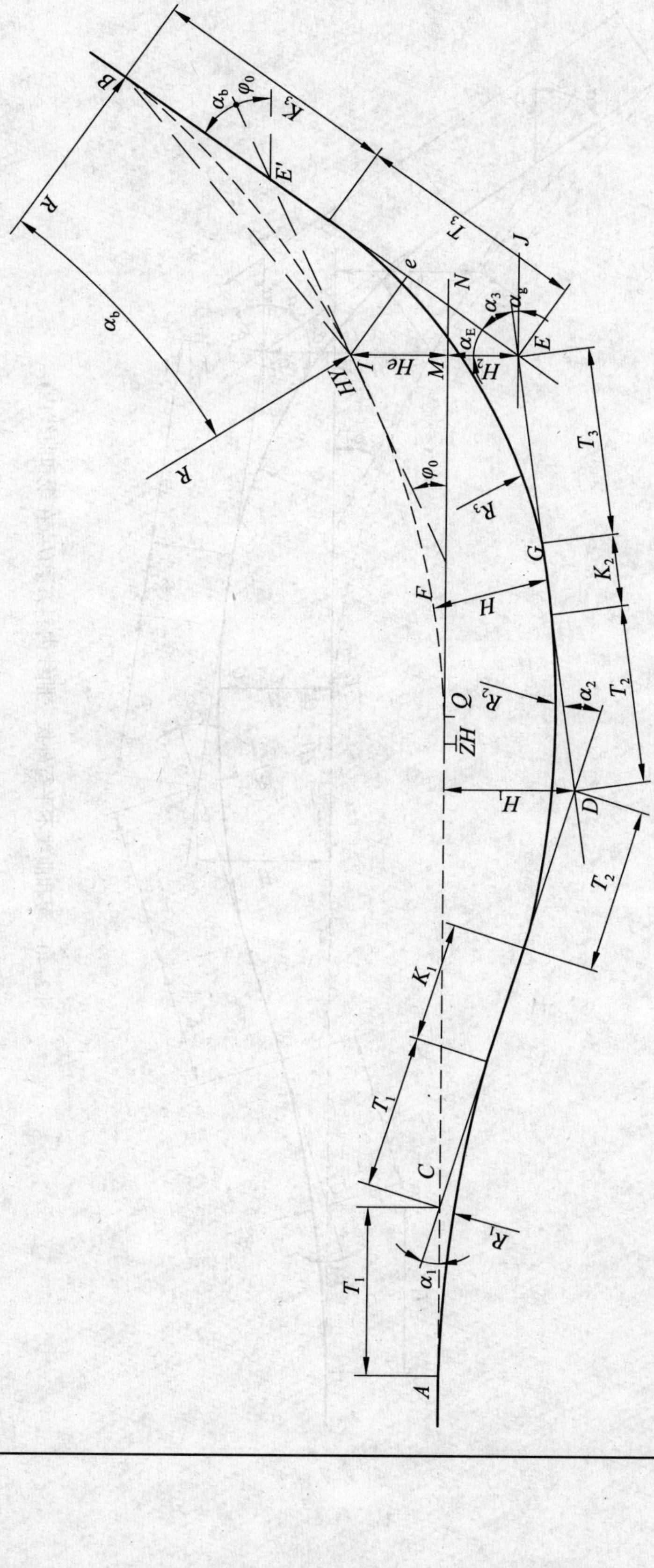

图 2-39　缓和曲线不平行外拨三曲线内斜方案（I点在HY点上）

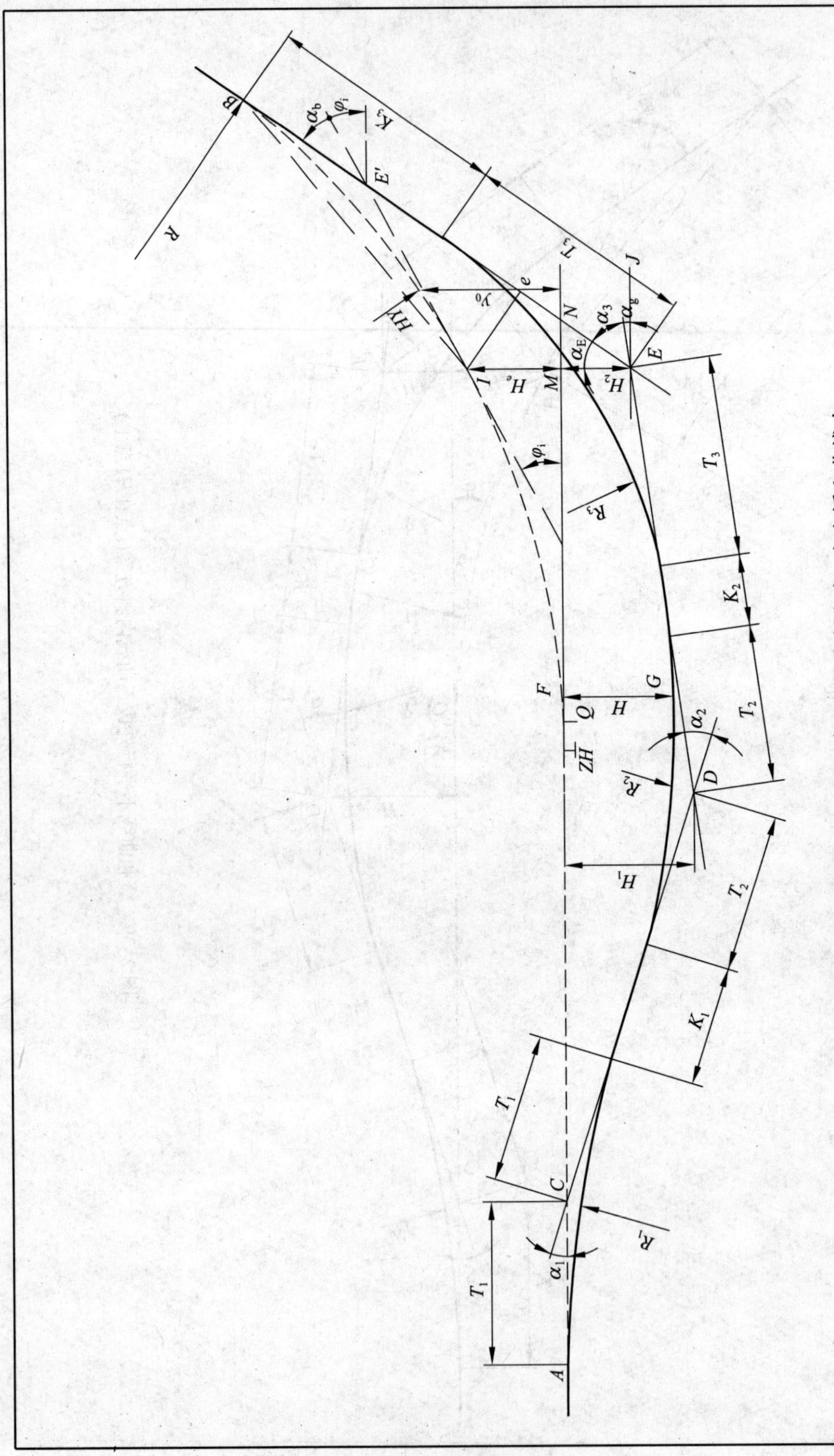

图 2-40　缓和曲线不平行外拨三曲线内斜方案(*I*点在缓和曲线内)

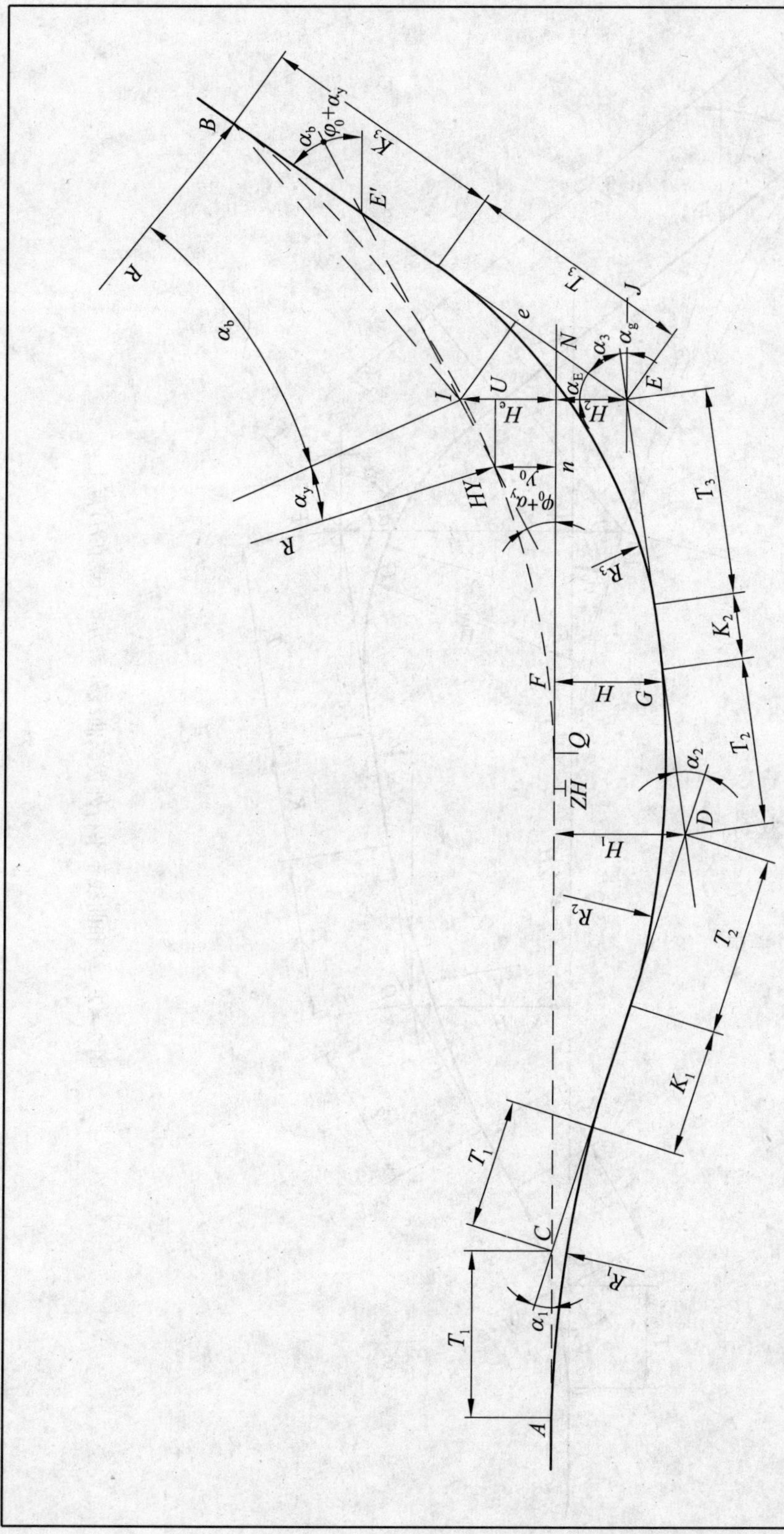

图 2-41　缓和曲线不平行外拨三曲线内斜方案(I点在圆曲线内)

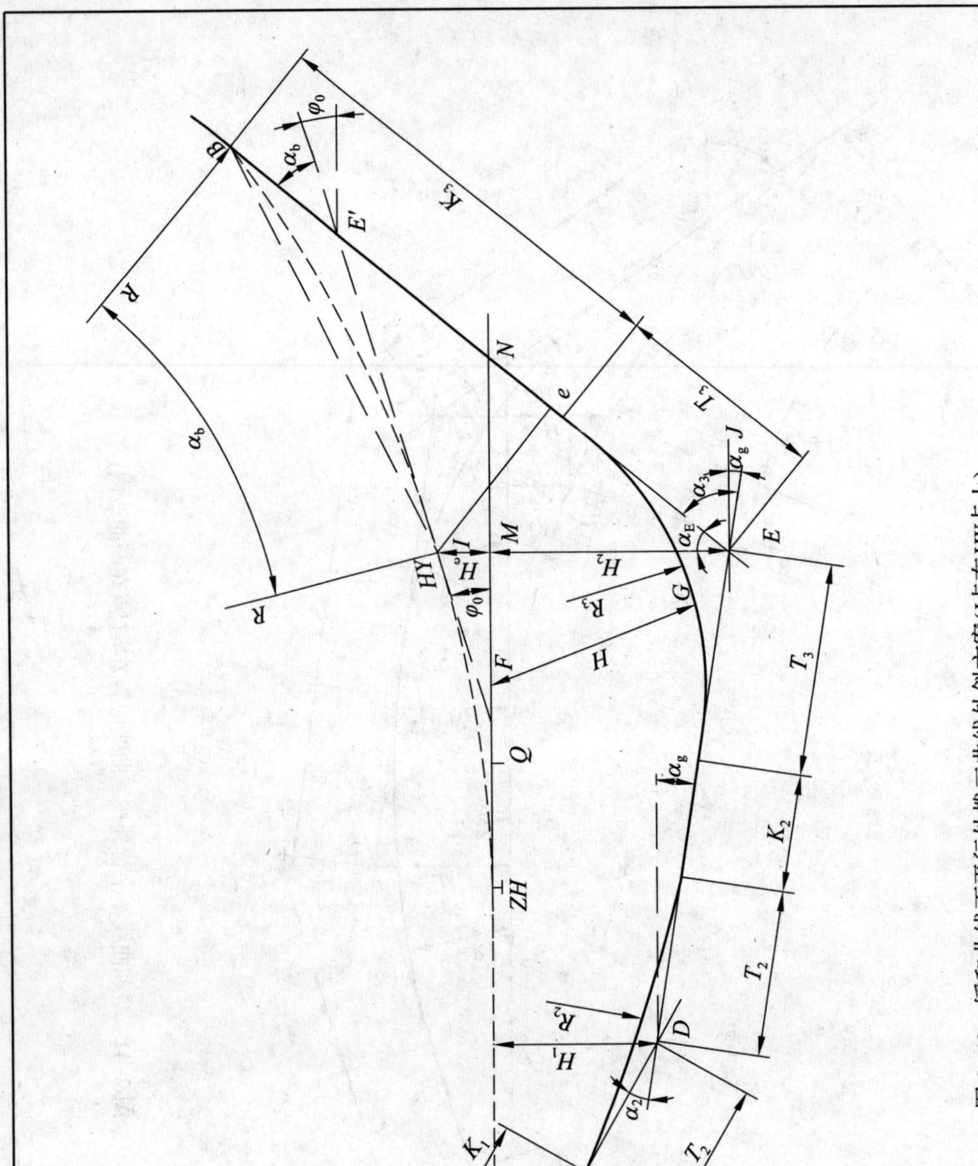

图 2-42　缓和曲线不平行外拨三曲线外斜方案(I点在HY点上)

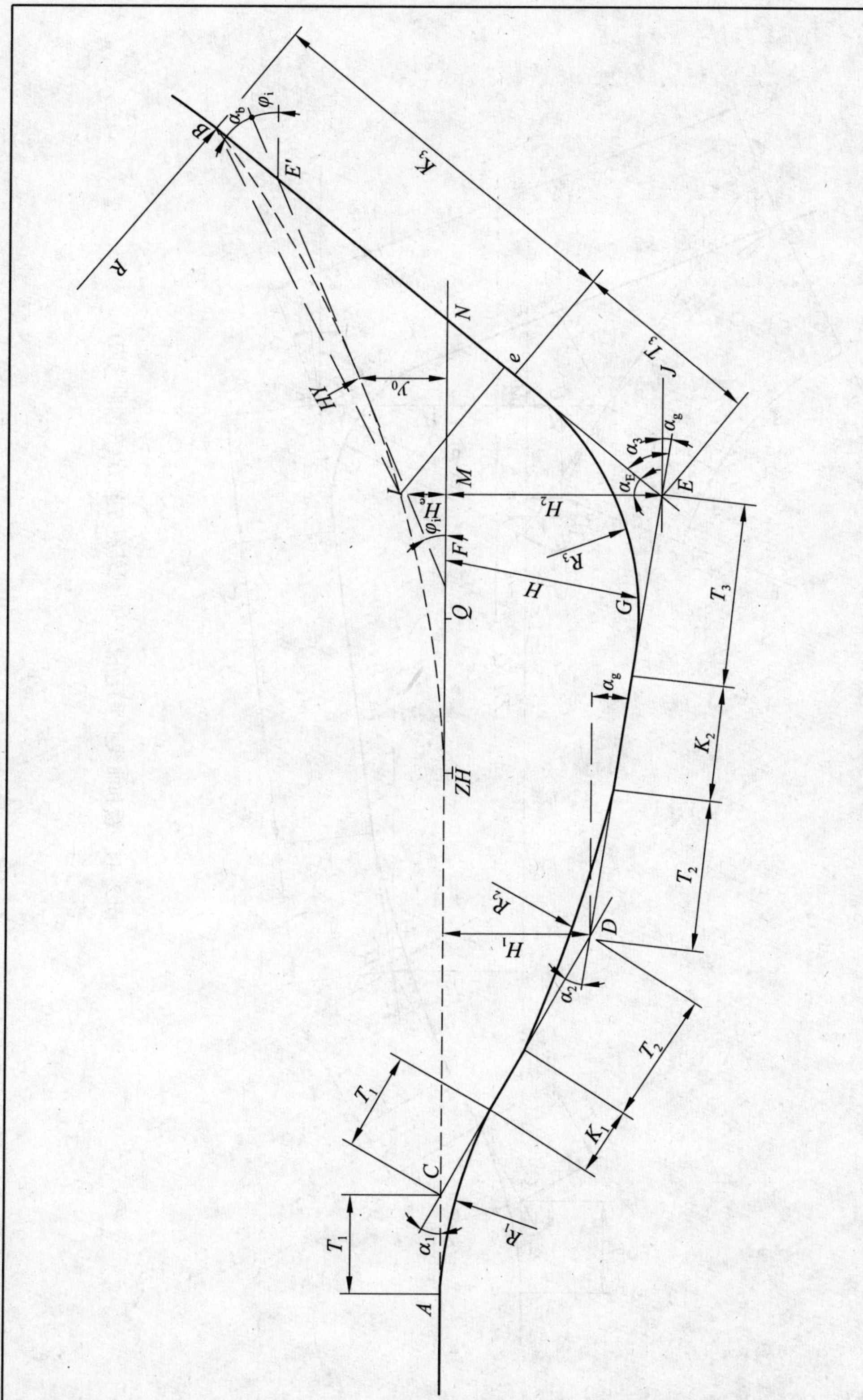

图 2-43　缓和曲线不平行外拨三曲线外斜方案(I点在缓和曲线内)

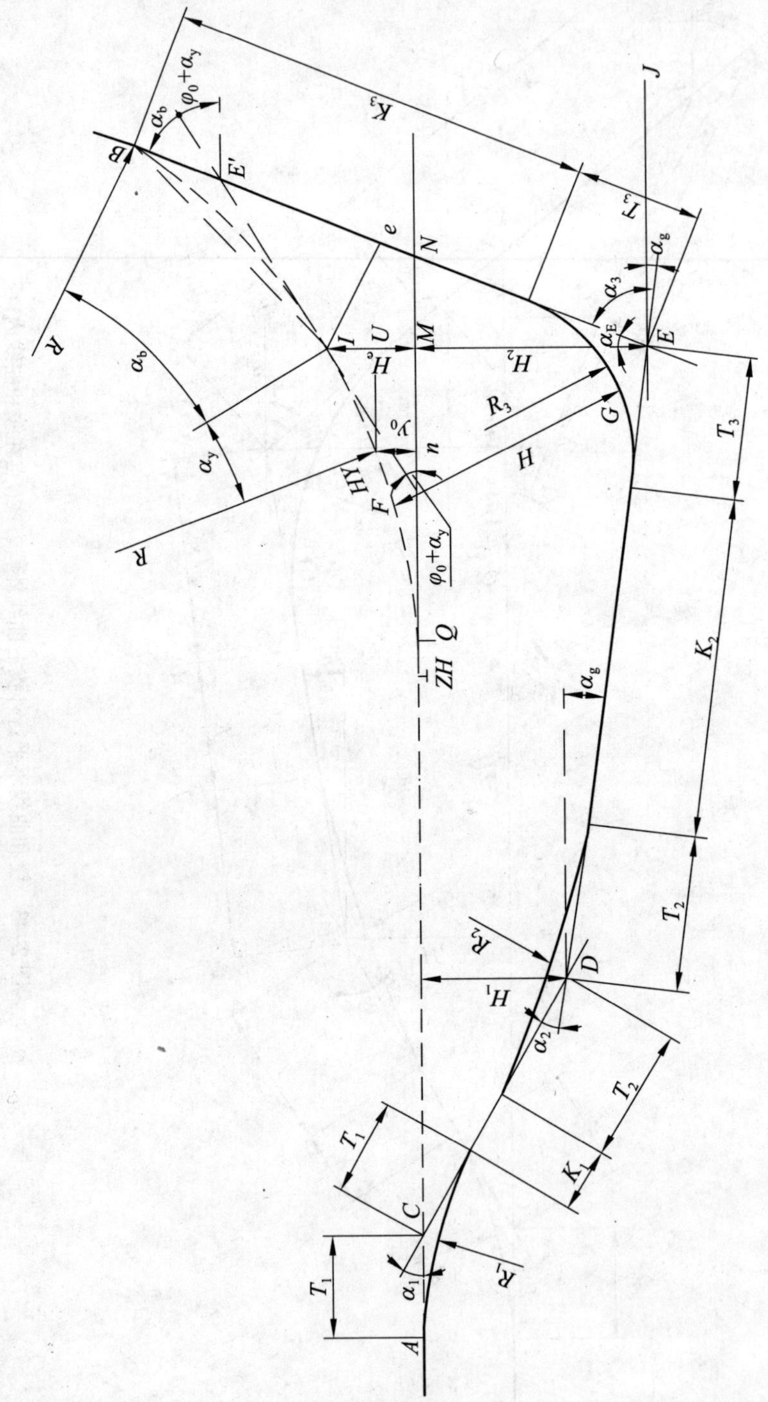

图 2-44　缓和曲线不平行外拨三曲线外斜方案(I点在圆曲线内)

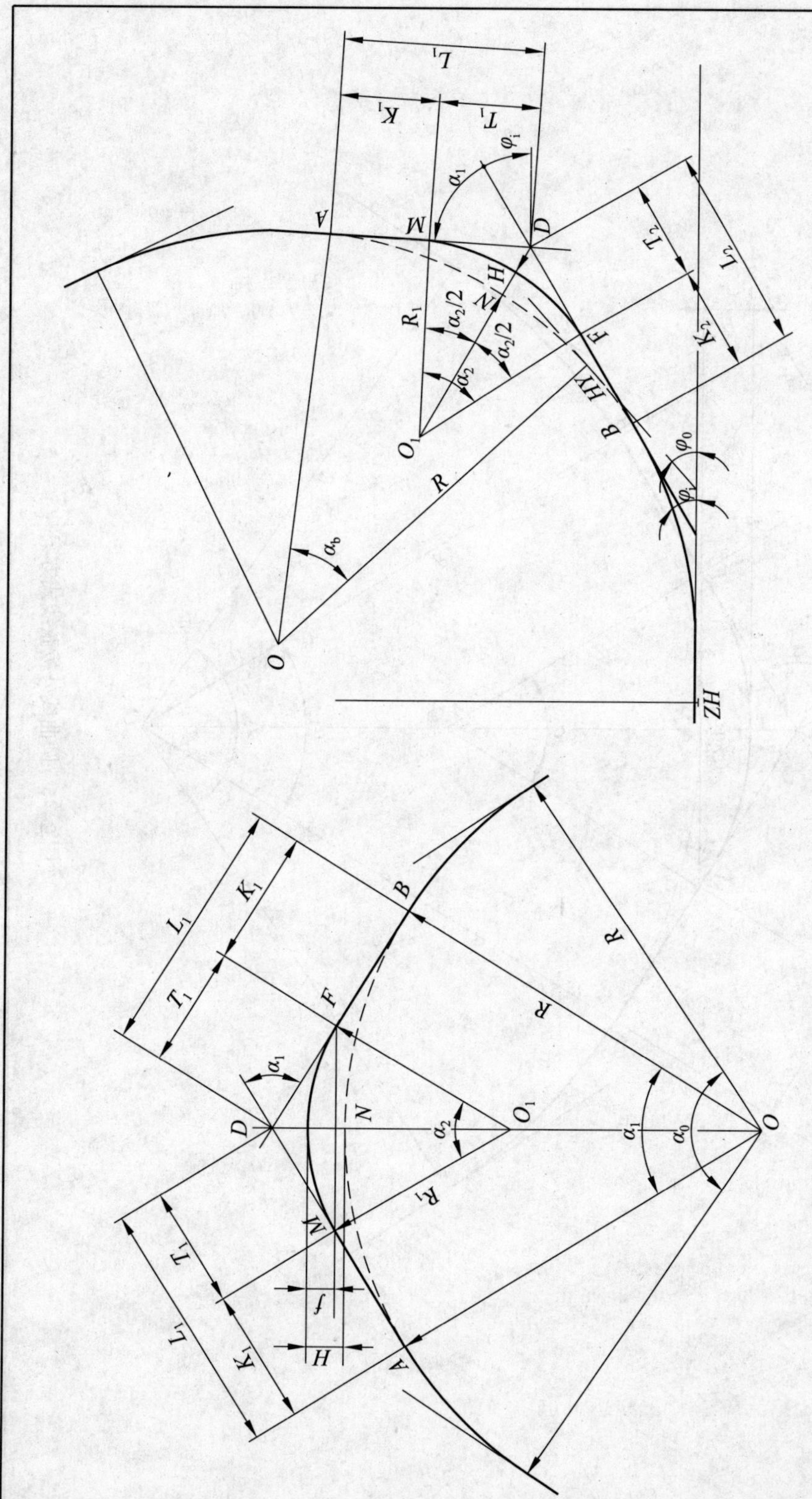

(a) B点在圆曲线内(或在HY点)时

(b) B点在缓和曲线内时

图 2-45　圆曲线外拨切线式方案

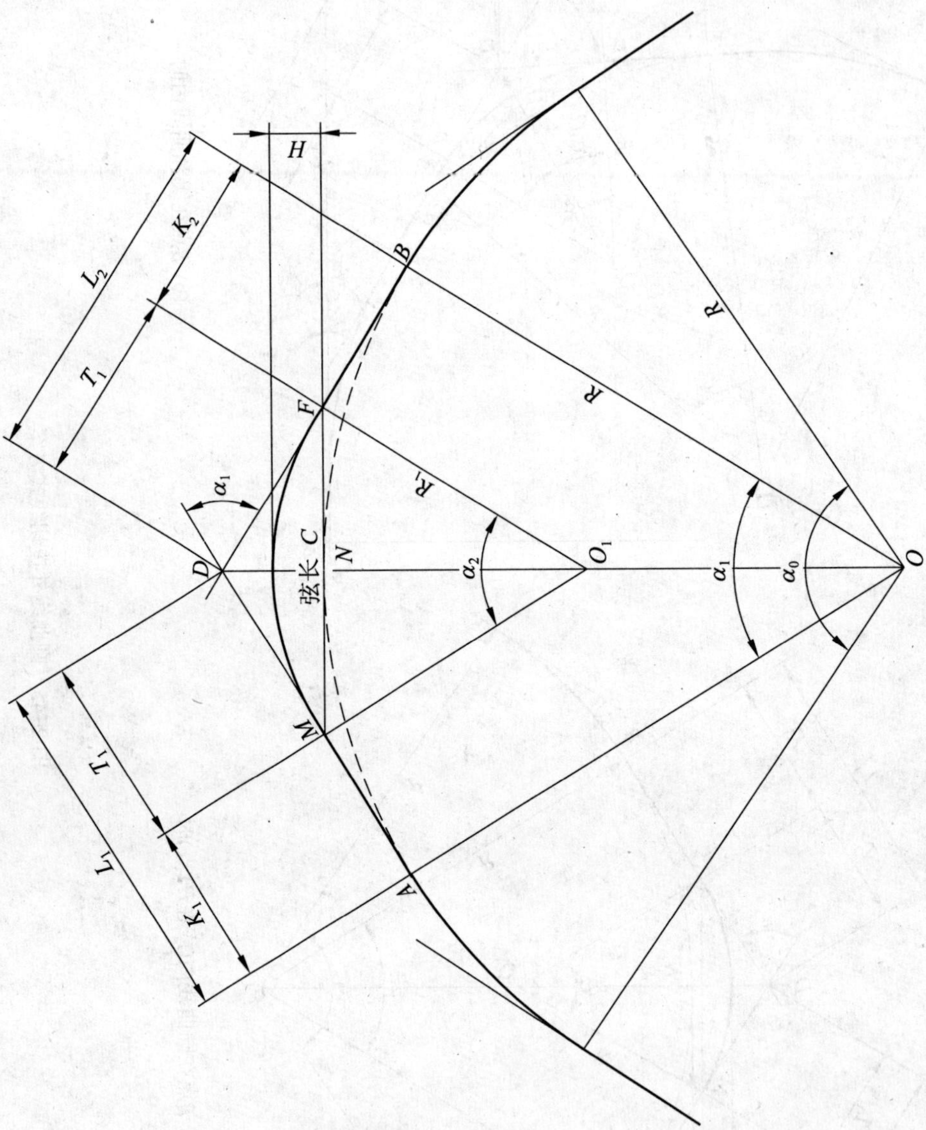

图 2-46　圆曲线外拨弦线式方案

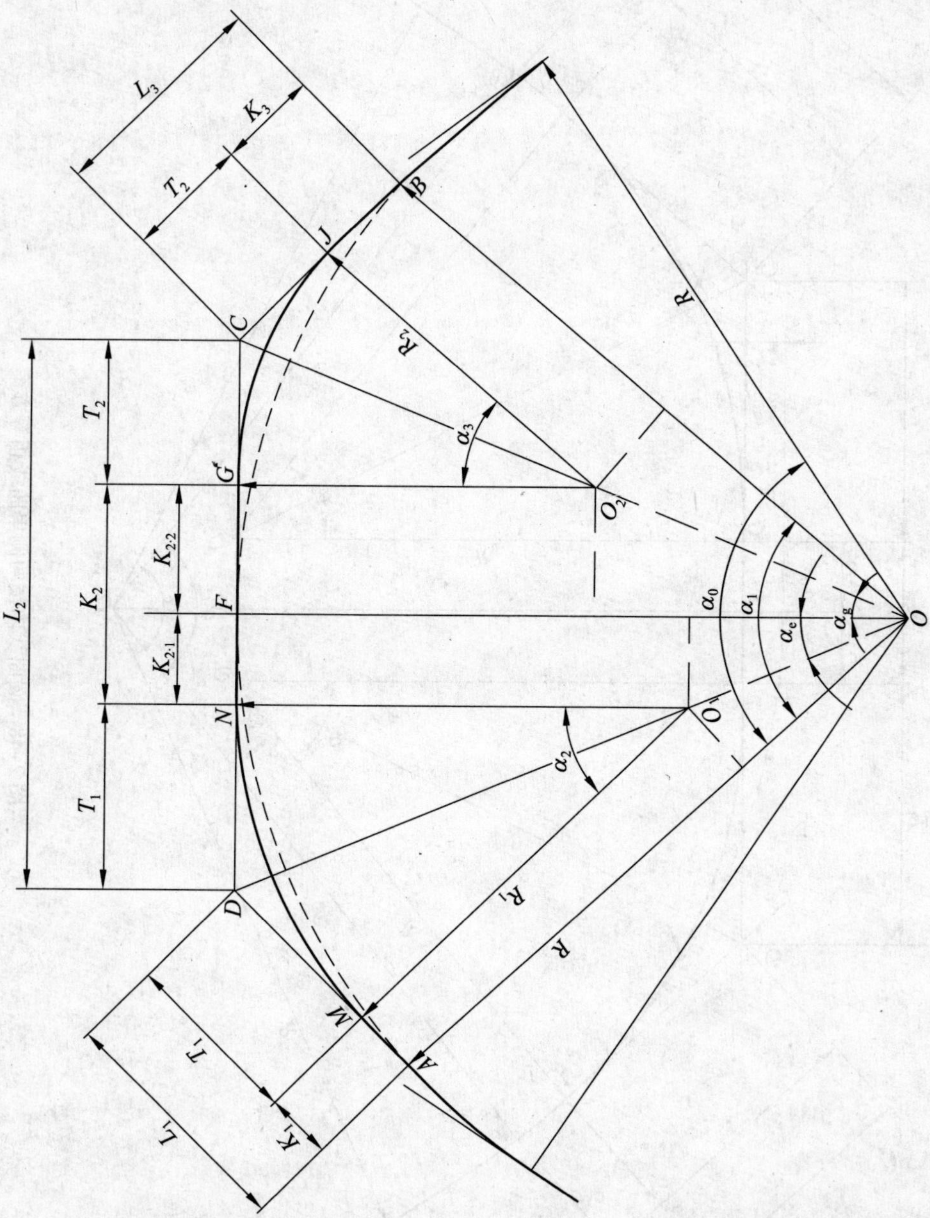

图 2-47　圆曲线切点两侧外拨单曲线方案

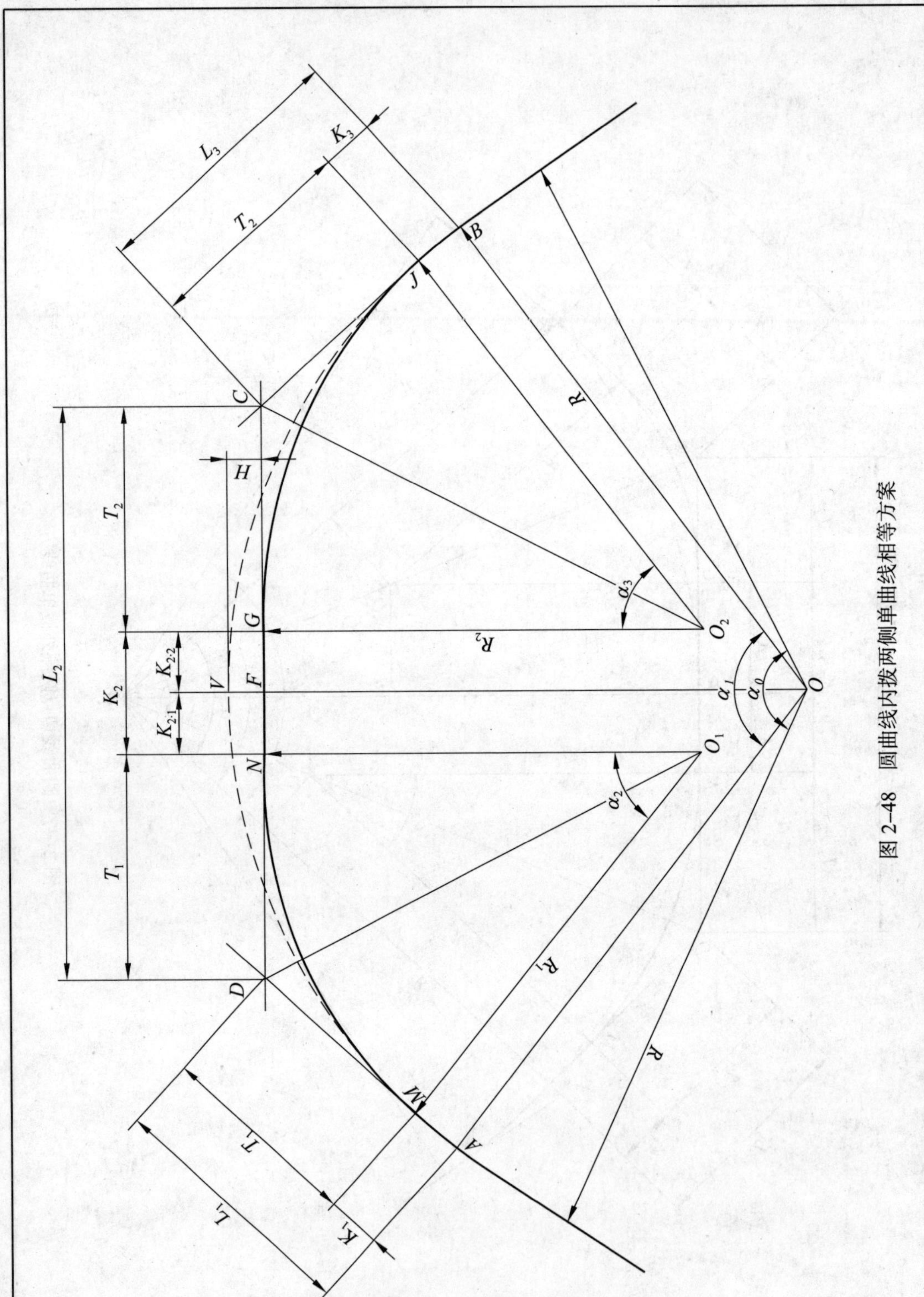

图 2-48　圆曲线内拨两侧单曲线相等方案

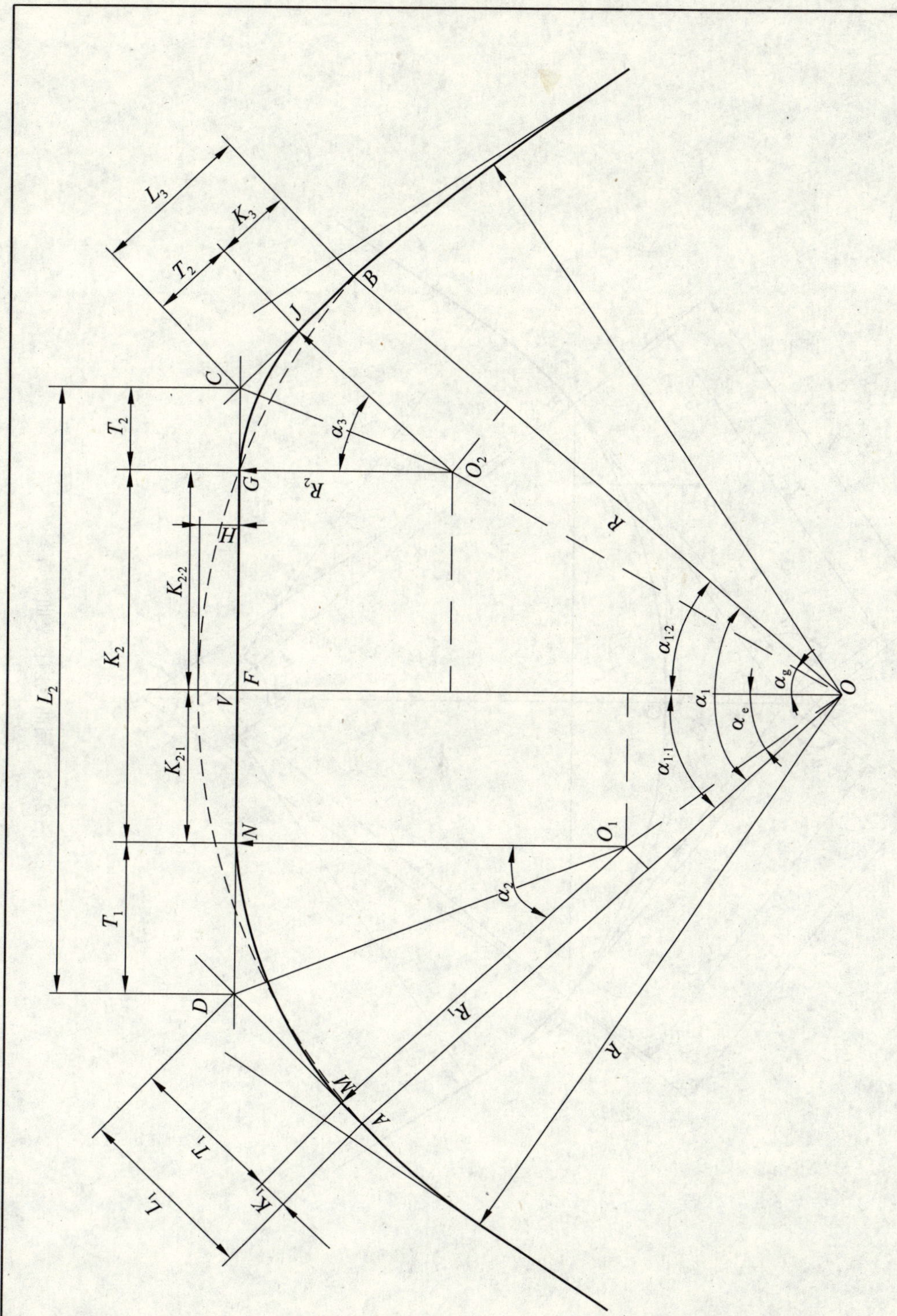

图 2-49　圆曲线内拨两侧单曲线不相等方案

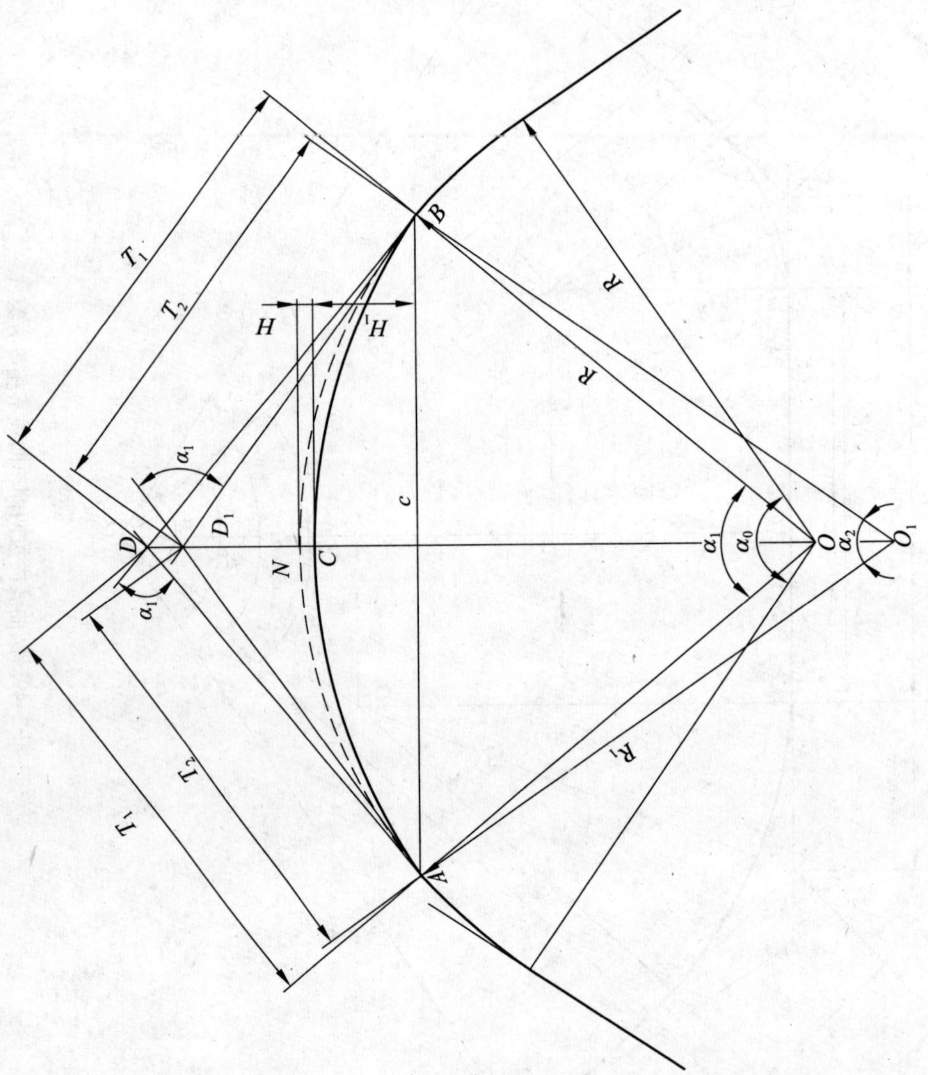

图 2-50　圆曲线内拨复曲线方案

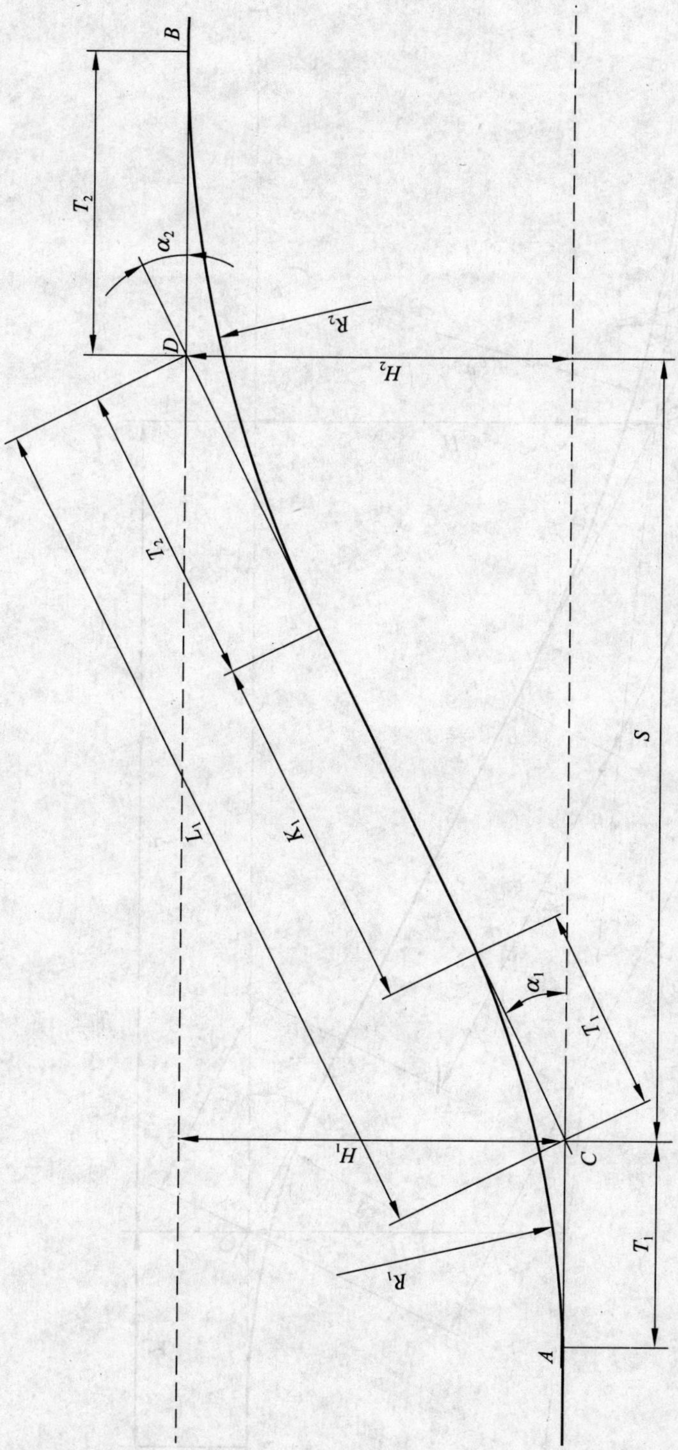

图 2-51　平行直线转线方案

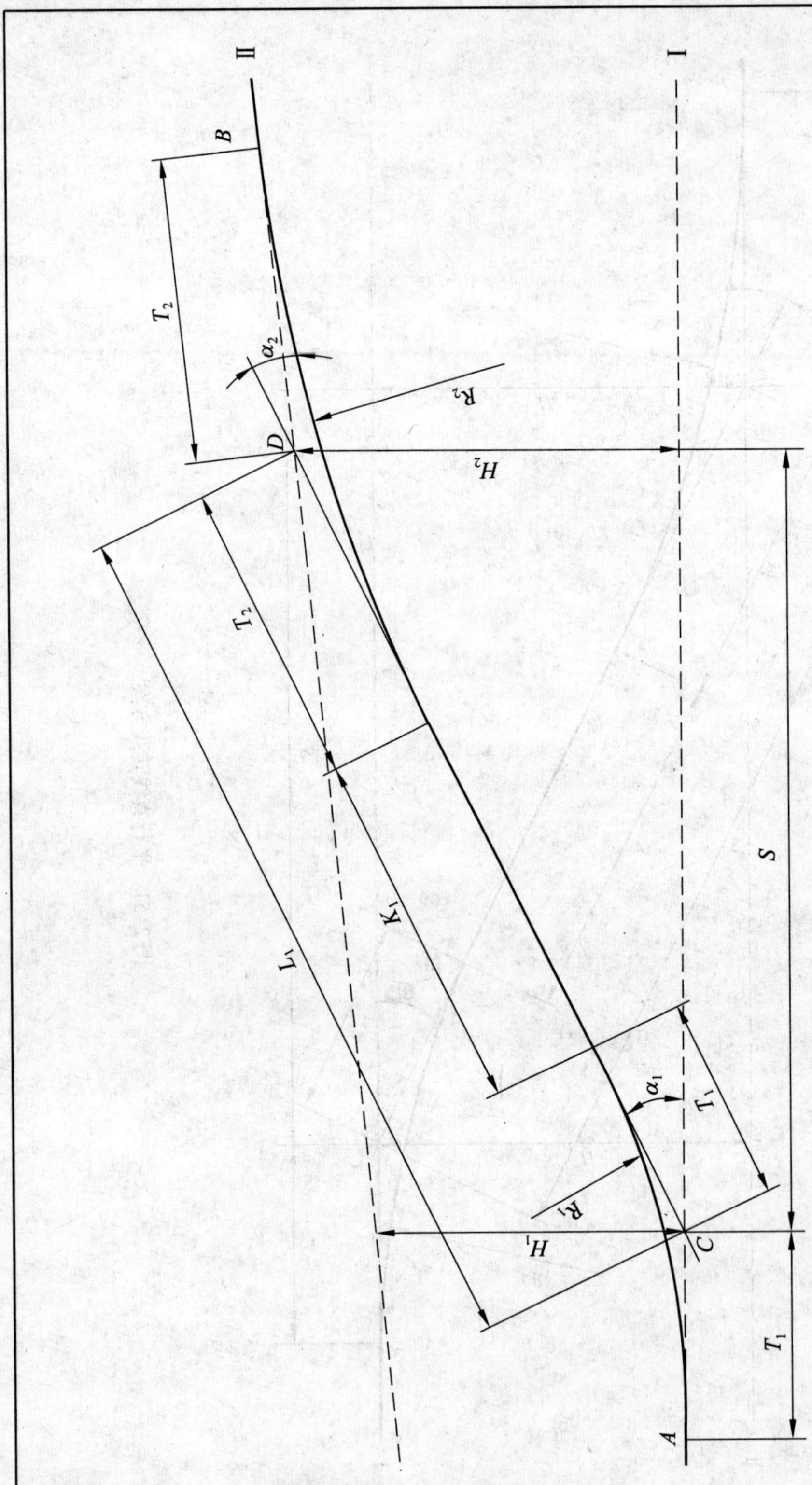

图 2-52　直线非平行转线方案

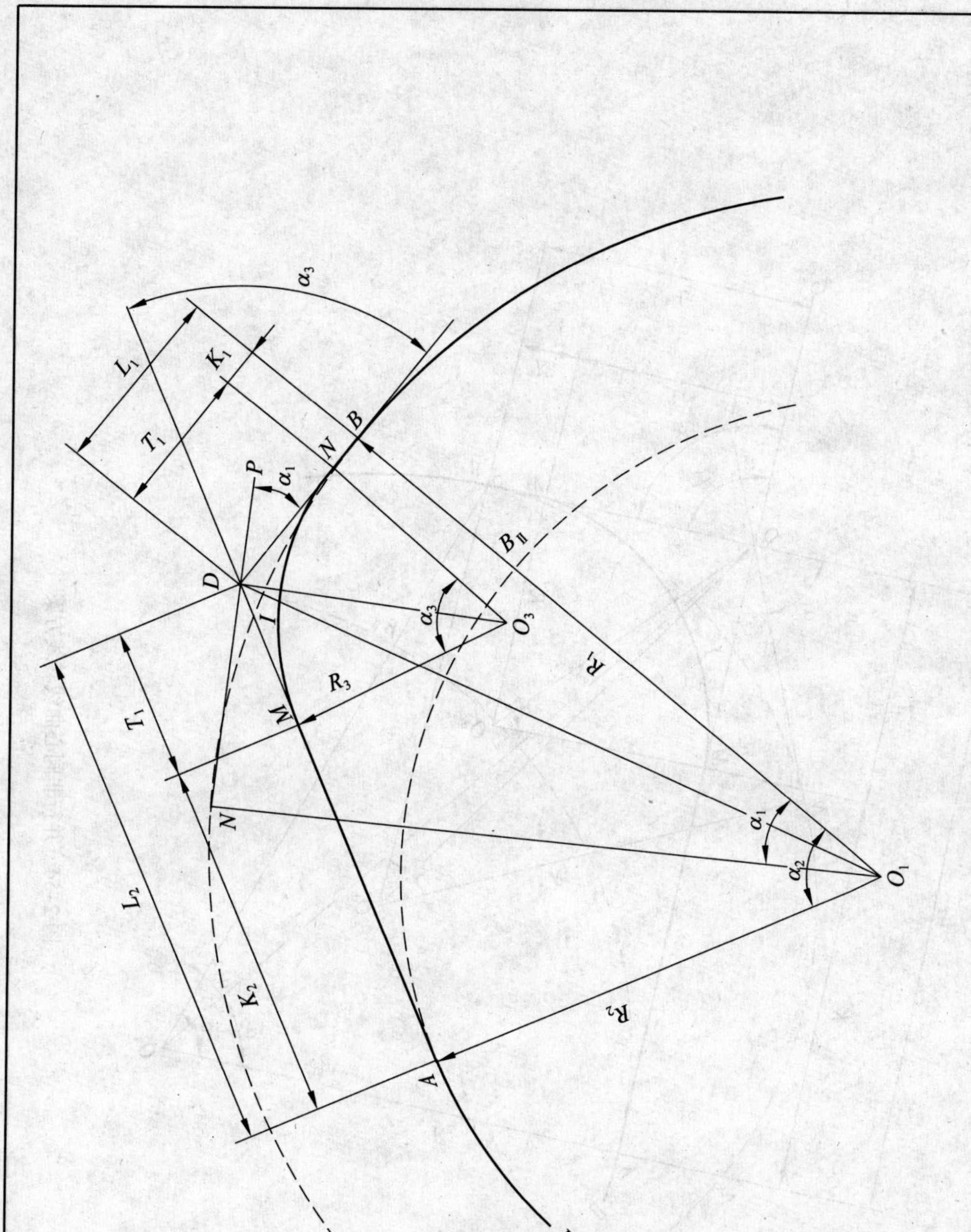

图 2-53　并行同心曲线转线方案

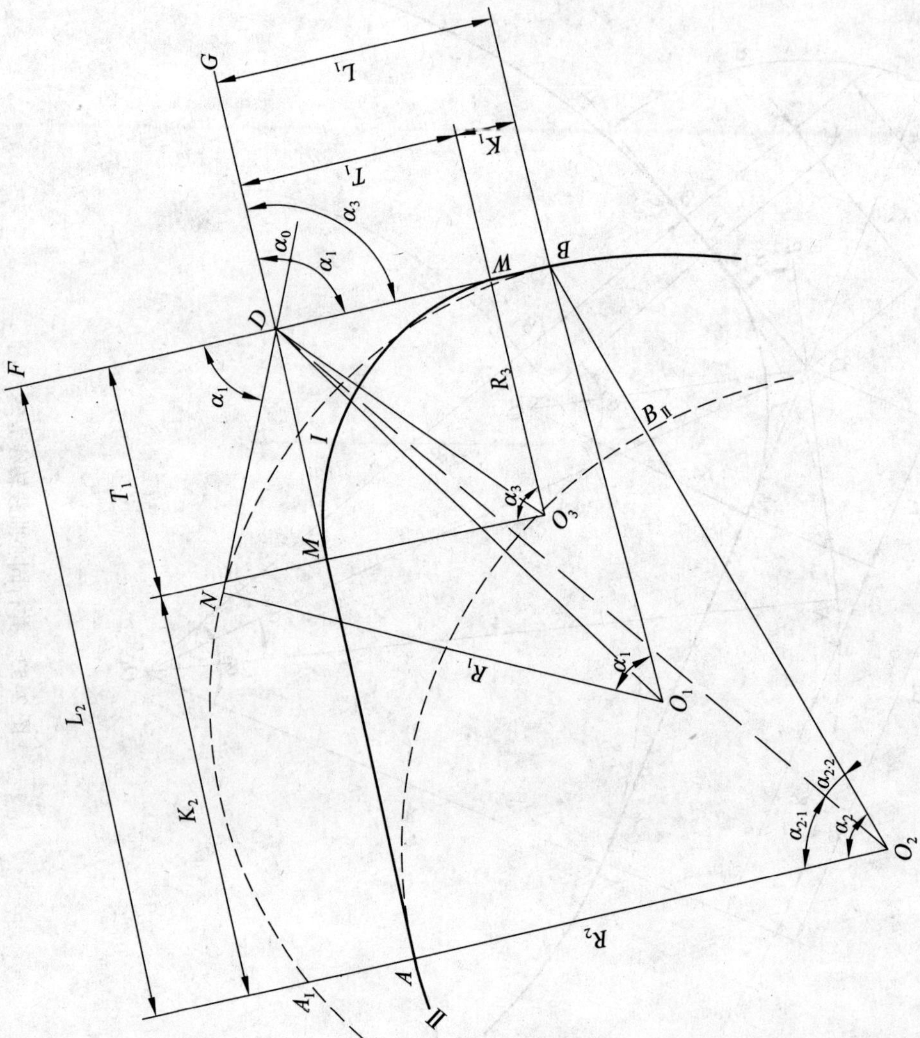

图 2-54　并行非同心曲线转线方案

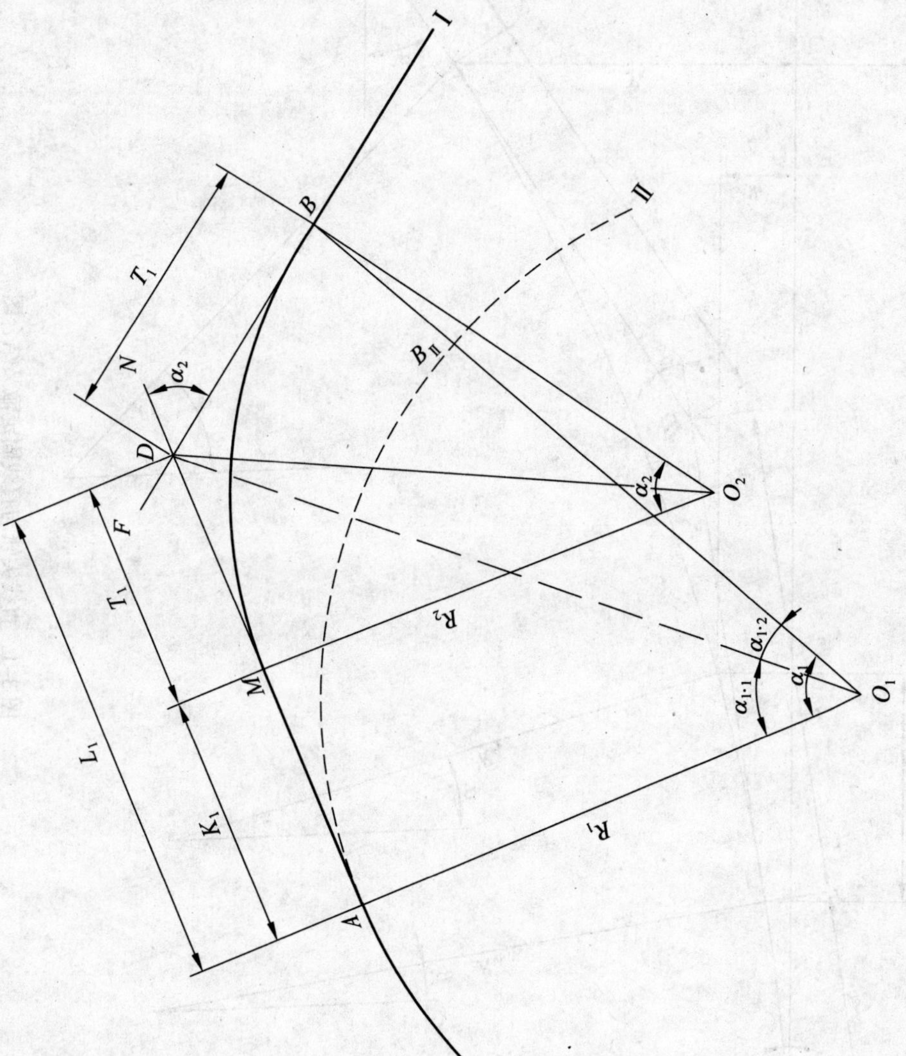

图 2-55　直线与曲线转线方案

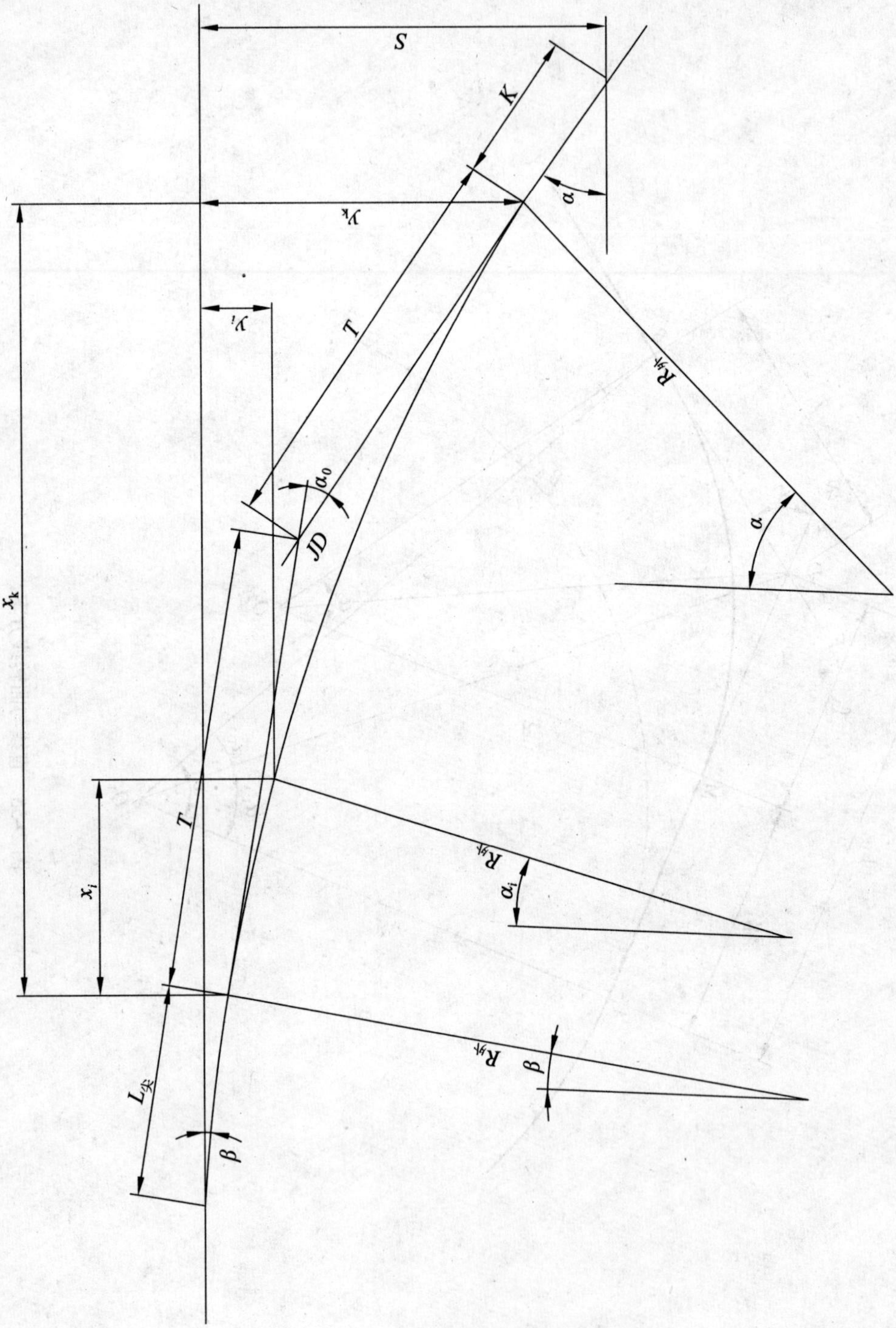

图 3-1　直线尖轨与直线固定辙叉结合图

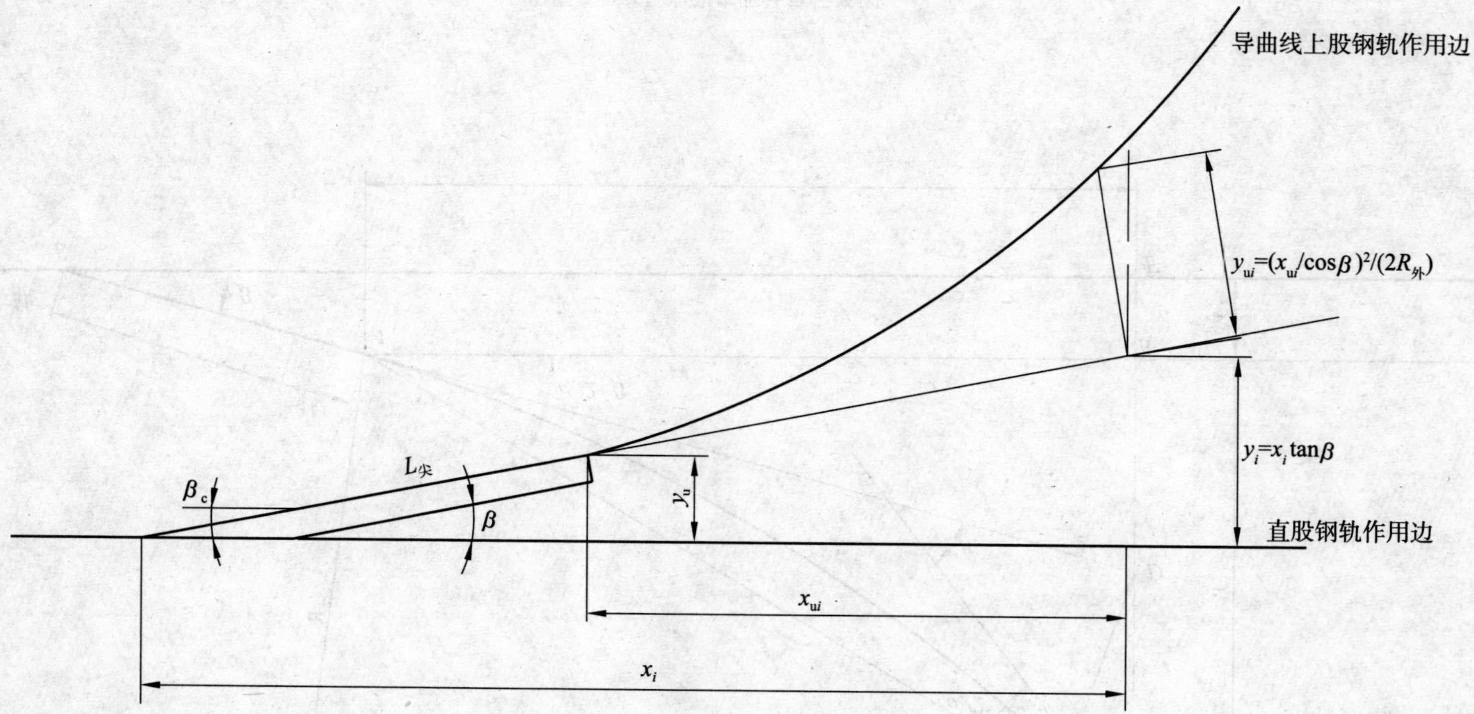

图 3-2　直线型尖轨示意图

注：

① 直线型尖轨是我国目前应用较广泛的一种尖轨。加工制造简单，便于修换。

② $\beta_c=\beta_0=\beta$

式中β_c为尖轨冲击角；β_0为尖轨尖端角；β为尖轨转辙角。

尖轨容许的冲击角〔β_c〕$=\arcsin\sqrt{\omega_0}/v$

式中ω_0为动能损失容许值，$\omega_0=0.65$（km^2/h^2）；v为列车运行速度（km/h）。

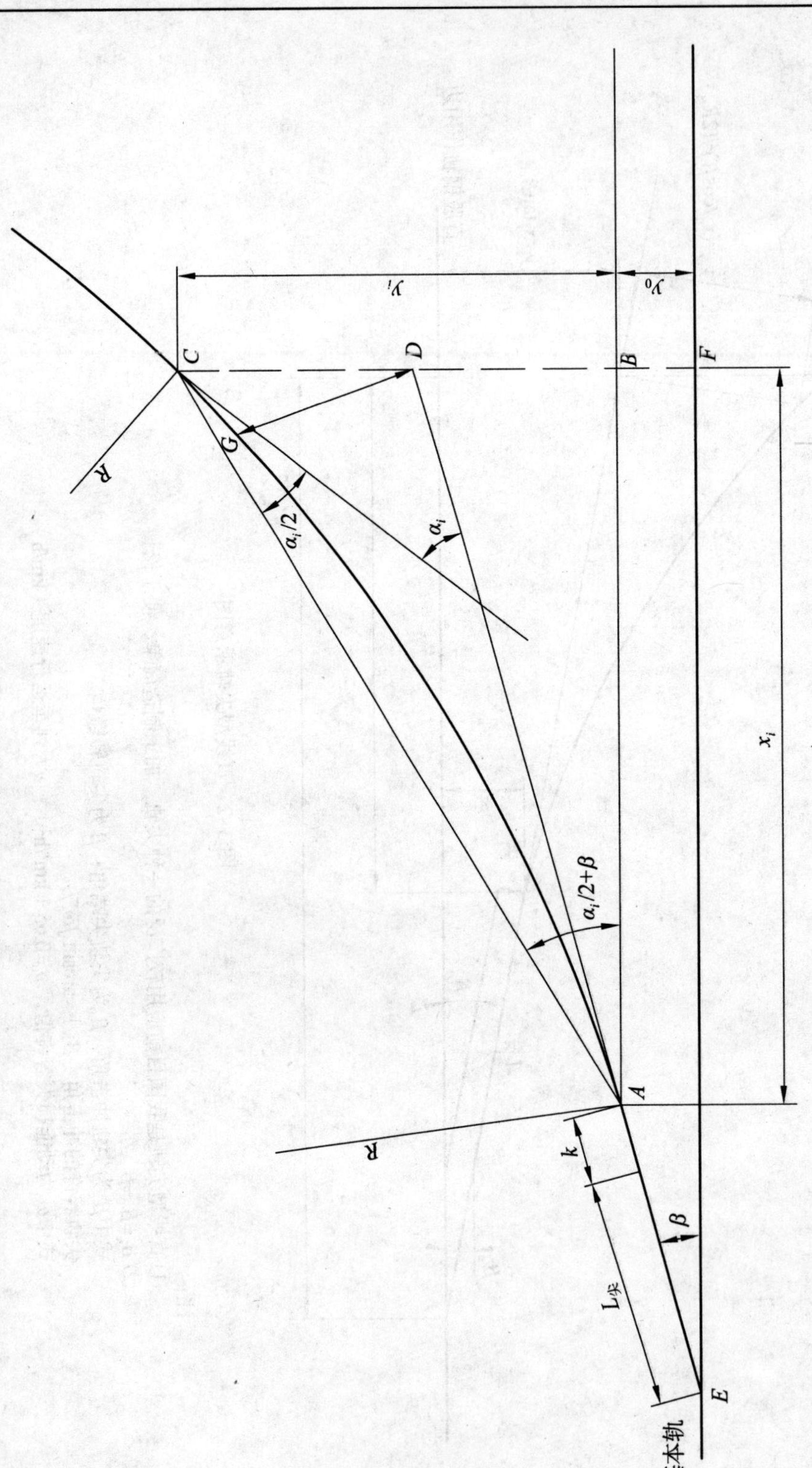

图 3-3　导曲线支距计算示意图

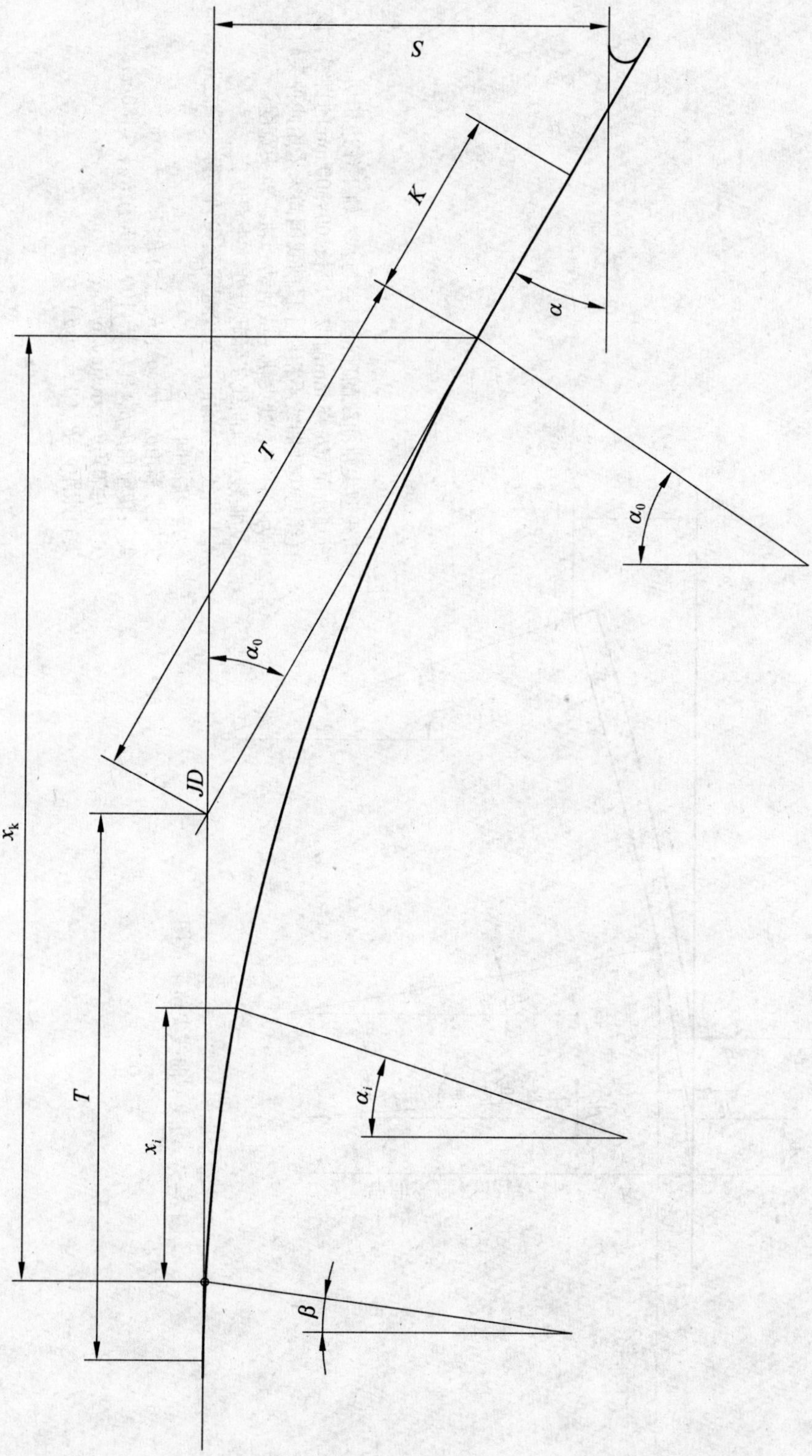

图 3-4　切线型曲线尖轨与直线固定辙叉结合图

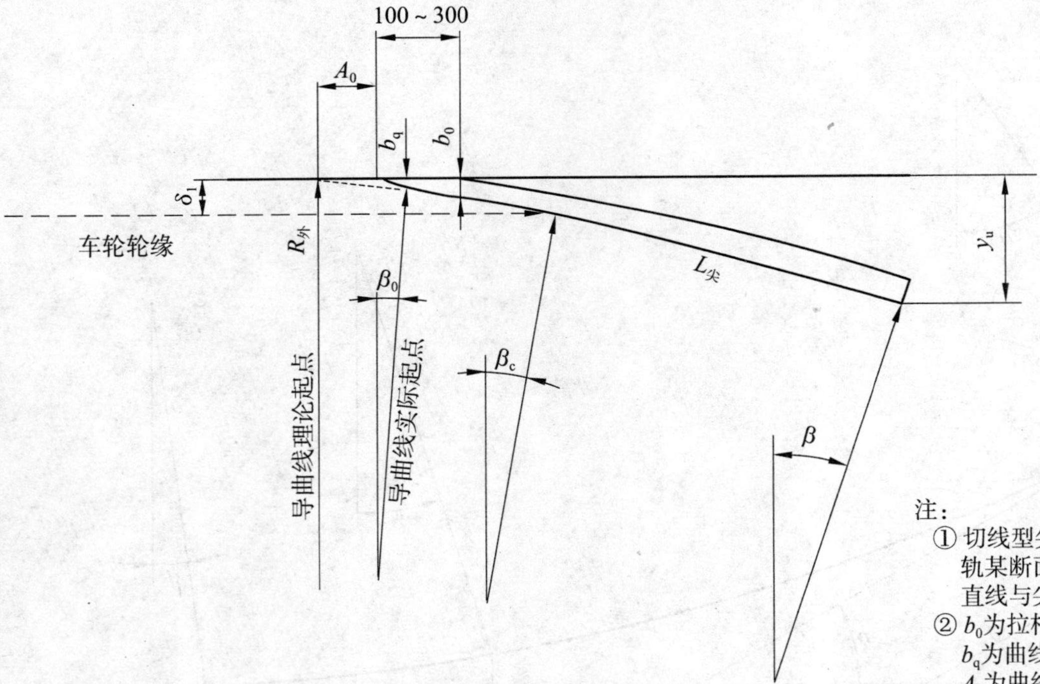

图 3-5　切线型曲线尖轨示意图

注：

① 切线型尖轨曲线的理论起点与基本轨工作边相切；在尖轨某断面宽b_q=5 mm前取一段长100~300 mm的直线，该直线与尖轨曲线不相切（目前我国尚未采用此种尖轨）。

② b_0为拉杆中心处尖轨（或活动心轨）轨头宽度；

b_q为曲线尖轨曲线实际起点处轨头宽度；

A_0为曲线尖轨的曲线理论起点至尖轨实际尖端之距；

δ为轮轨游间；

尖轨尖端角$\beta_0=\arccos\{(R_外-5)/R_外\}$；

尖轨转辙角$\beta=\beta_0+\{[L_尖-(100\sim300)]/R_外\}\cdot(180/\pi)$；

尖轨尖端角$\beta_c=\arcsin\sqrt{2\delta/R_外}$；

尖轨跟距$y_u=R_外(1-\cos\beta)$。

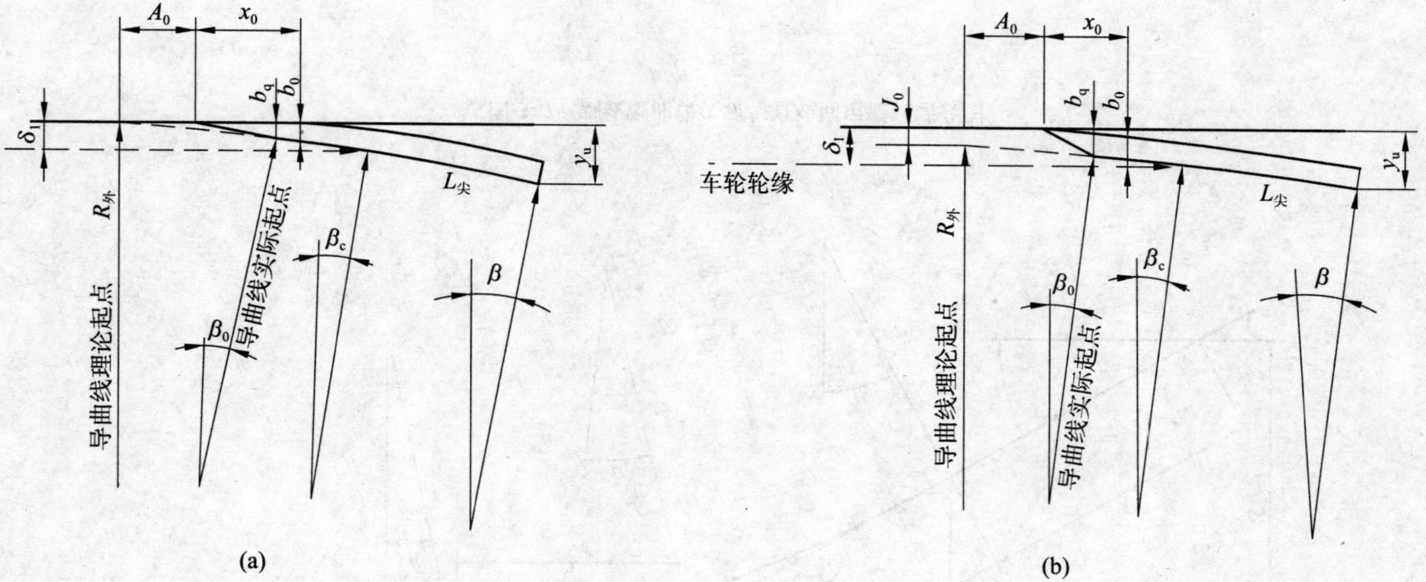

图 3-6 半切线型曲线尖轨示意图

注：

① 尖轨曲线的理论起点与基本轨工作边(或距基本轨工作边J_0距离)相切。沿尖轨某断面宽b_0处作切线,将尖轨前端x_0部分取直(我国各种曲线尖轨主要采用此种形式)。

② b_0为拉杆中心处尖轨（或活动心轨）轨头宽度；
b_q为曲线尖轨曲线实际起点处轨头宽度；
A_0为曲线尖轨的曲线理论起点至尖轨实际尖端之距；
x_0为尖轨实际尖端至拉杆中心距；
δ为轮轨游间；
尖轨尖端角$\beta_0=\arccos[(R_{外}-b_q)/R_{外}]$；
尖轨转辙角$\beta=\beta_0+[(L_{尖}-A_0)/R_{外}]\cdot(180/\pi)$；
尖轨尖端角$\beta_c=\arcsin\sqrt{2\delta/R_{外}}$；
尖轨跟距$y_u=R_{外}(1-\cos\beta)$。

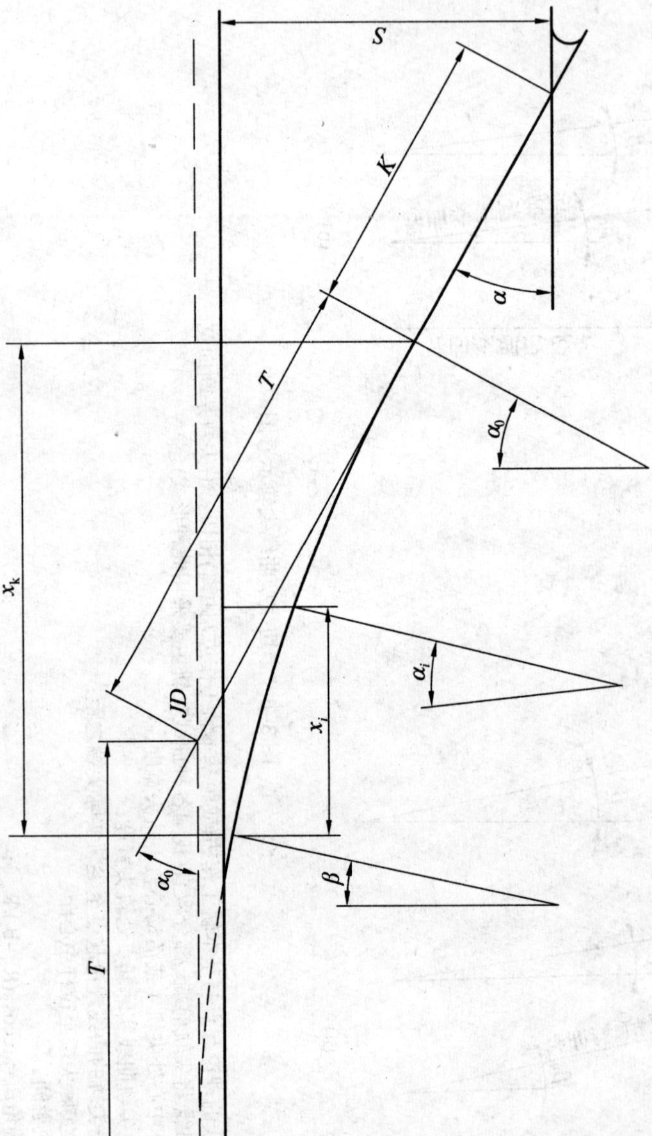

图 3-7 割线型曲线尖轨与直线固定辙叉结合图

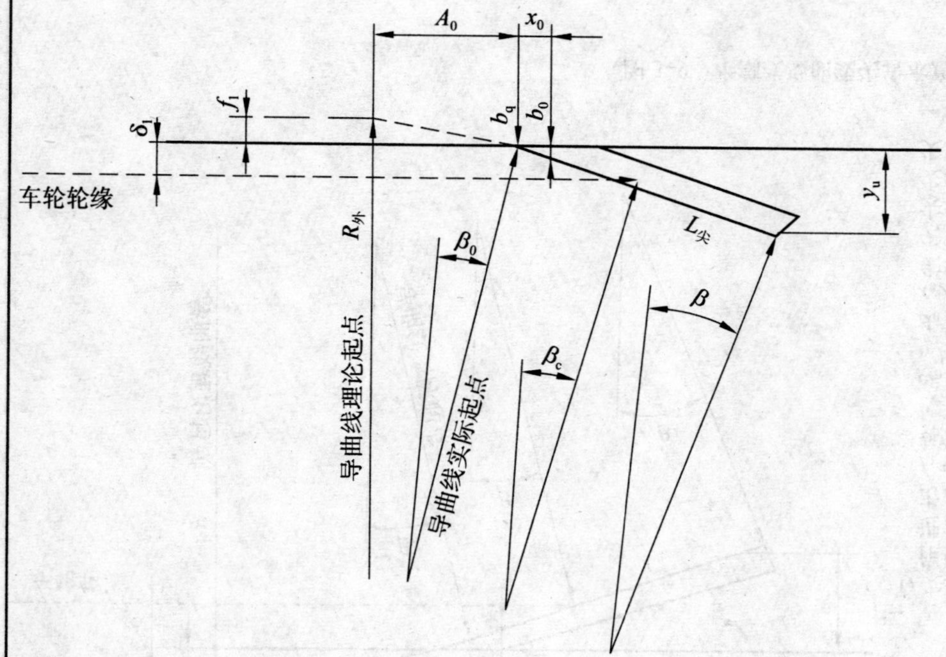

图 3-8　割线型曲线尖轨示意图

注：

① 尖轨曲线的理论起点与基本轨工作边相割。割距f_1应满足使车轮逆向进岔时对尖轨的冲击角β_c小于等于容许值〔β_c〕的要求，尖轨容许的冲击角〔β_c〕=$\arcsin\sqrt{\omega_0}/\upsilon$；最大割距$f_{1\max}=R_外\{1-\cos〔\beta_c〕\}-\delta_1$；$f_1 \leq f_{1\max}$(这种尖轨多用于小号码数和全长较短的道岔)。

② b_0为拉杆中心处尖轨（或活动心轨）轨头宽度；
b_q为曲线尖轨曲线实际起点处轨头宽度；
ω_0为动能损失容许值，ω_0=0.65(km²/h²)；
υ为列车运行速度(km/h)；
A_0为曲线尖轨的曲线理论起点至尖轨实际尖端之距；
x_0为尖轨实际尖端至拉杆中心距；
δ为轮轨游间；
尖轨尖端角$\beta_0=\arccos(R_外-f_1)/R_外$；
尖轨转辙角$\beta=\beta_0+〔L_尖/R_外〕\cdot 180/\pi$；
尖轨尖端角$\beta_c=\arcsin\sqrt{2\delta/R_外}$；
尖轨跟距$y_u=R_外(1-\cos\beta)-f_1$。

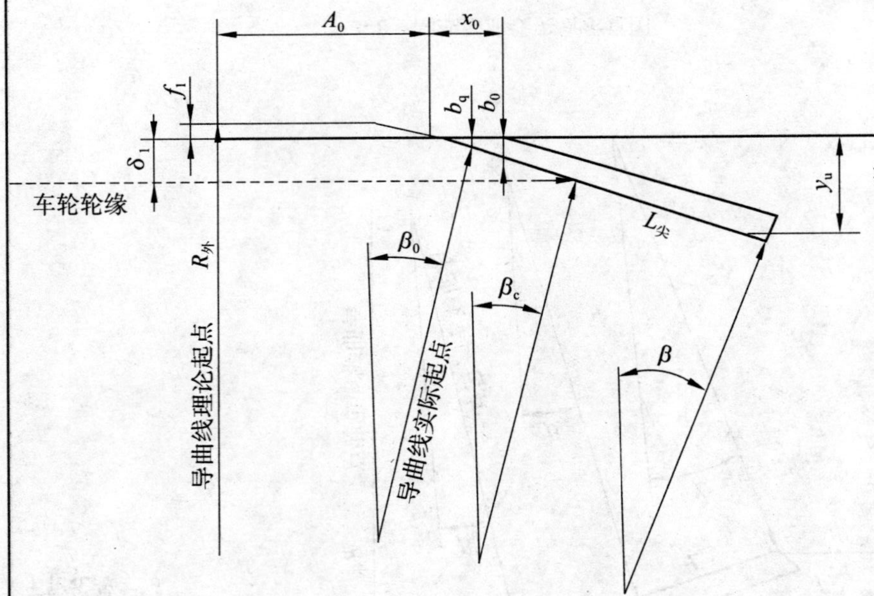

注：

① 尖轨曲线的理论起点与基本轨工作边相割。在尖轨某断面b_0处作切线,将尖轨前部分取直。割距f_1和b_0的数值应满足车轮逆向进岔时对尖轨的冲击角β_c小于等于容许值〔β_c〕，尖轨容许的冲击角〔β_c〕=$\arcsin\sqrt{\omega_0}/\upsilon$；最大割距$f_{1\max}=R_外\{1-\cos〔\beta_c〕\}-\delta_1$；$f_1 \leqslant f_{1\max}$(这种尖轨一般是受条件约束,一般情况不使用)。

② b_0为拉杆中心处尖轨（或活动心轨）轨头宽度；
b_q为曲线尖轨曲线实际起点处轨头宽度；
ω_0为动能损失容许值，$\omega_0=0.65(\text{km}^2/\text{h}^2)$；
υ为列车运行速度(km/h)；
A_0为曲线尖轨的曲线理论起点至尖轨实际尖端之距；
x_0为尖轨实际尖端至拉杆中心距；
尖轨δ为轮轨游间；
尖端角$\beta_0=\arccos〔(R_外-f_1-b_q)/R_外〕$；
尖轨转辙角$\beta=\beta_0+〔(L_尖-b_q/\sin\beta_0)/R_外〕\cdot180/\pi$；
尖轨尖端角$\beta_c=\arcsin\sqrt{2\delta/R_外}$；
尖轨跟距$y_u=R_外(1-\cos\beta)-f_1$。

图 3-9　半割线型曲线尖轨示意图

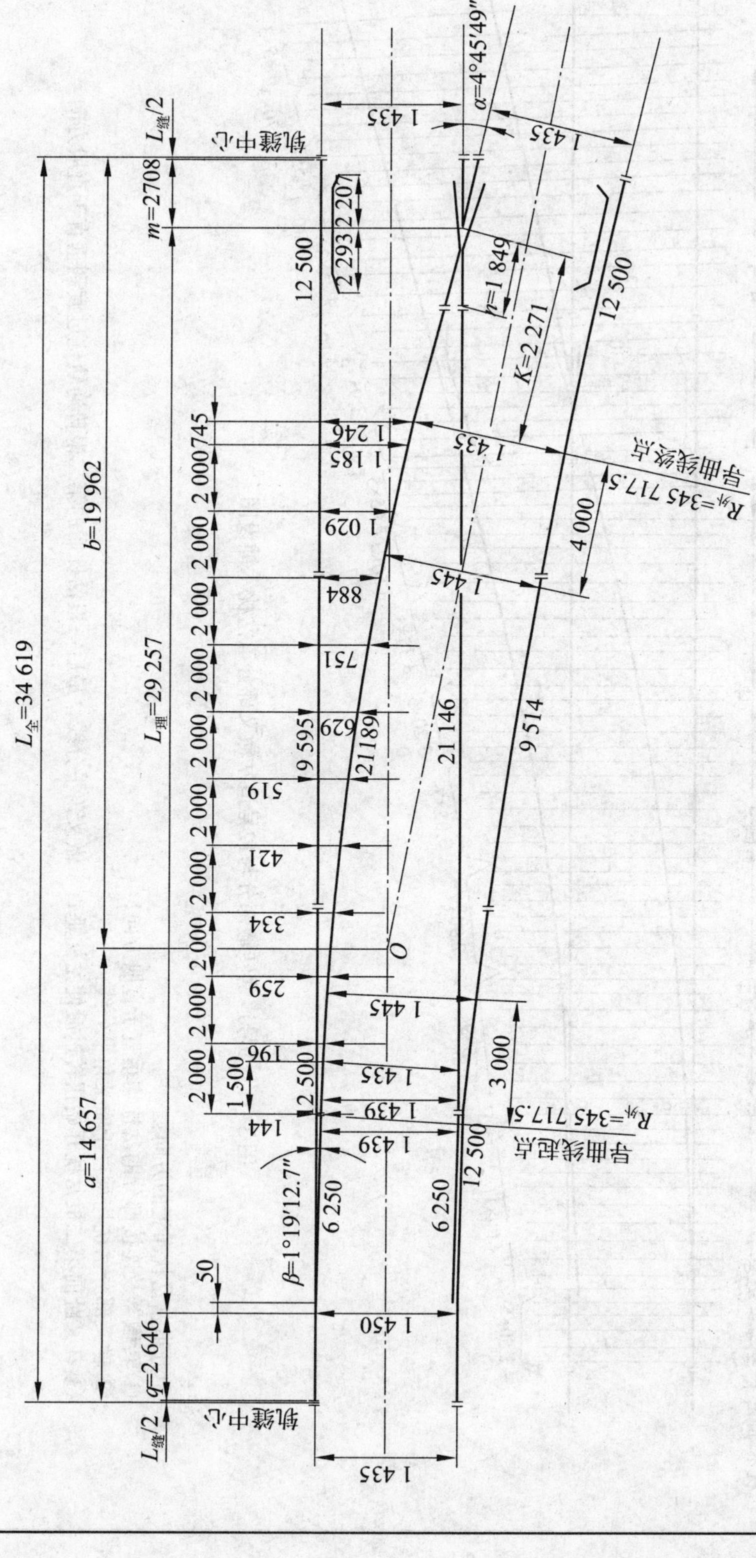

图 3-10　9号道岔转辙部分与12号道岔辙叉部分道岔图

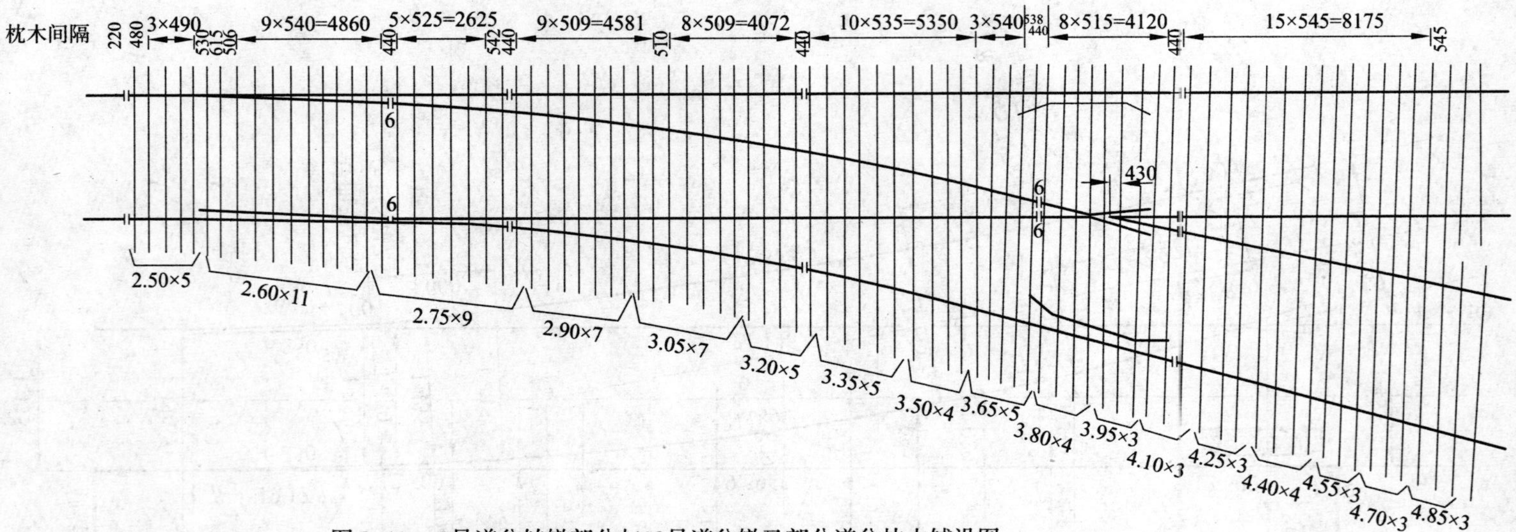

图 3-11　9号道岔转辙部分与12号道岔辙叉部分道岔枕木铺设图

注：
单开道岔岔枕布置的方向：
① 转辙器及连接部分的岔枕均垂直于直股方向；
② 辙叉部分岔枕均垂直于辙叉角平分线；
③ 在叉趾前第二根岔枕开始扭转过渡使岔枕垂直于辙叉角平分线，最后一根岔枕后的第二根普通轨枕过渡到垂直于直股方向。

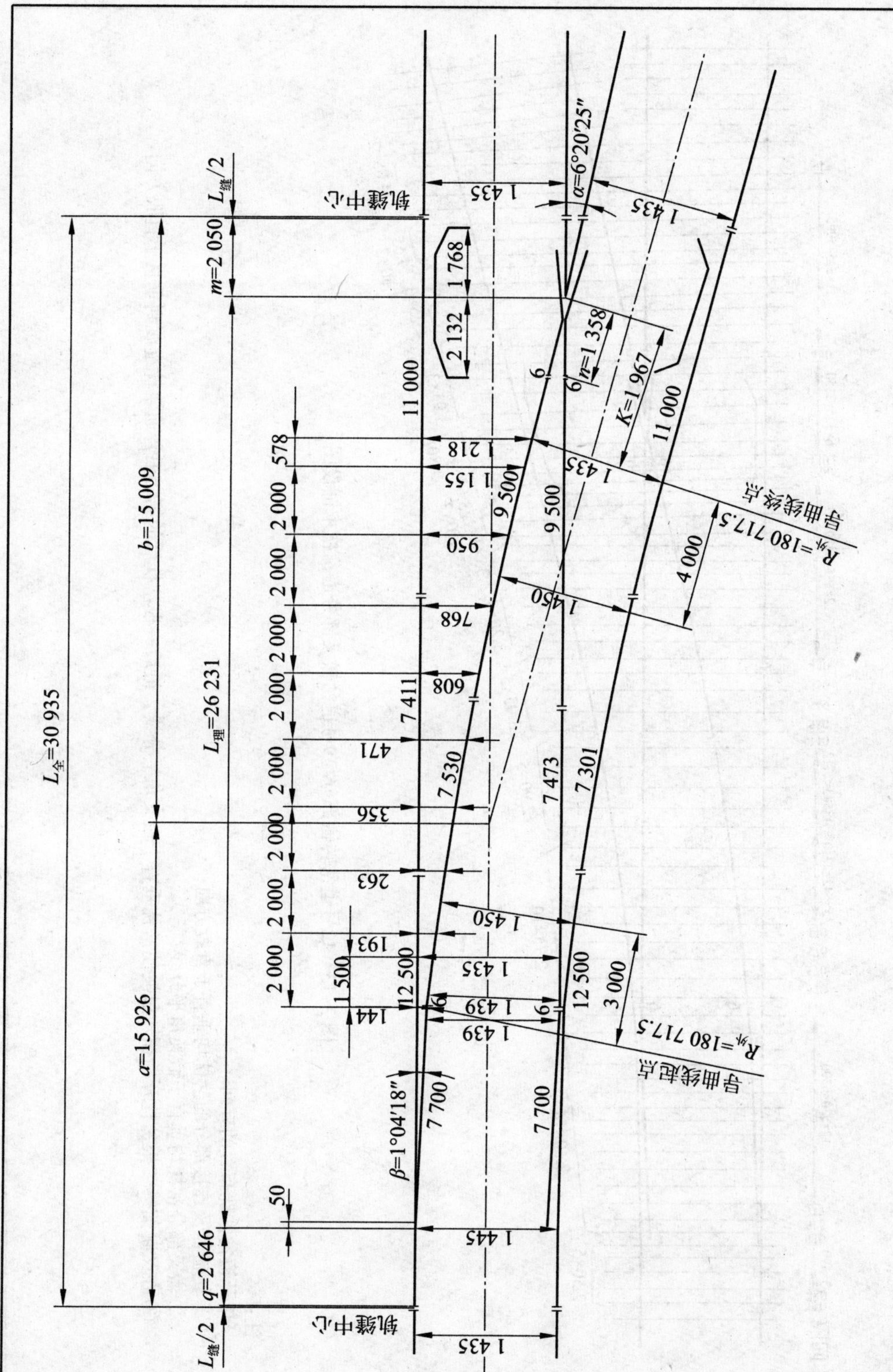

图 3-12　12号道岔转辙部分与9号道岔辙叉部分道岔铺设图

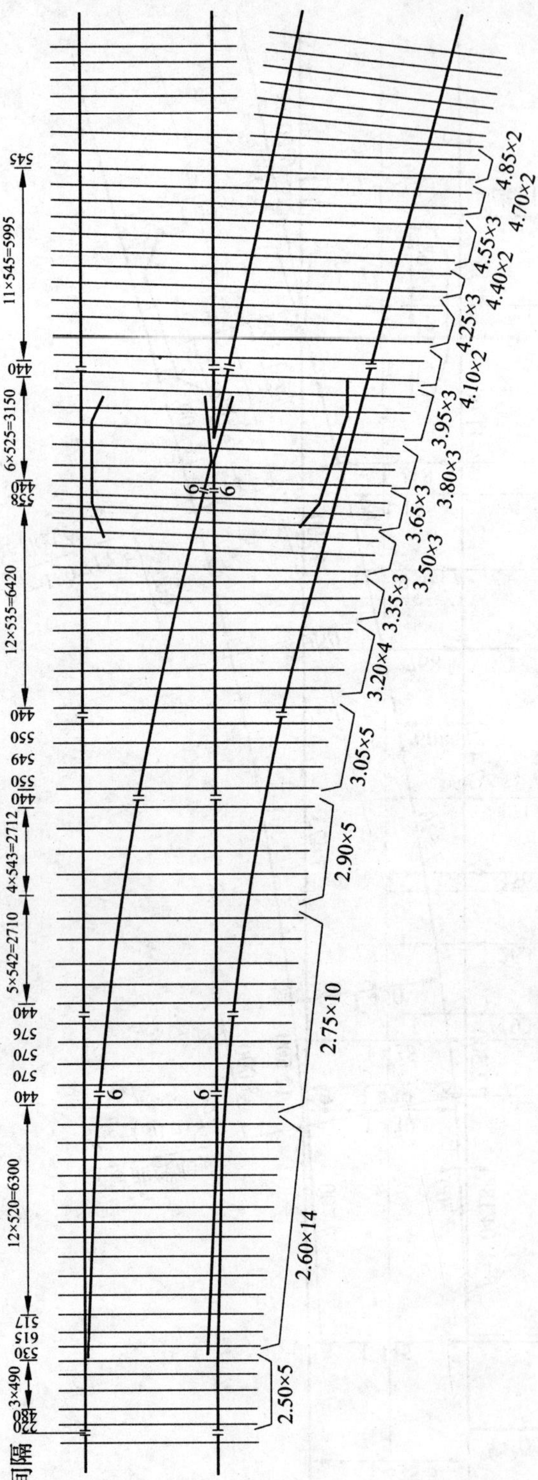

图3-13 12号道岔转辙部分与9号道岔辙叉部分道岔枕木铺设图

注：

单开道岔岔枕布置的方向：

① 转辙器及连接部分的岔枕均垂直于直股方向；

② 辙叉部分岔枕均垂直于辙叉角平分线；

③ 在叉趾前第二根岔枕开始扭转过渡使岔枕垂直于辙叉角平分线，最后一根岔枕后的第二根普通轨枕过渡到垂直于直股方向。

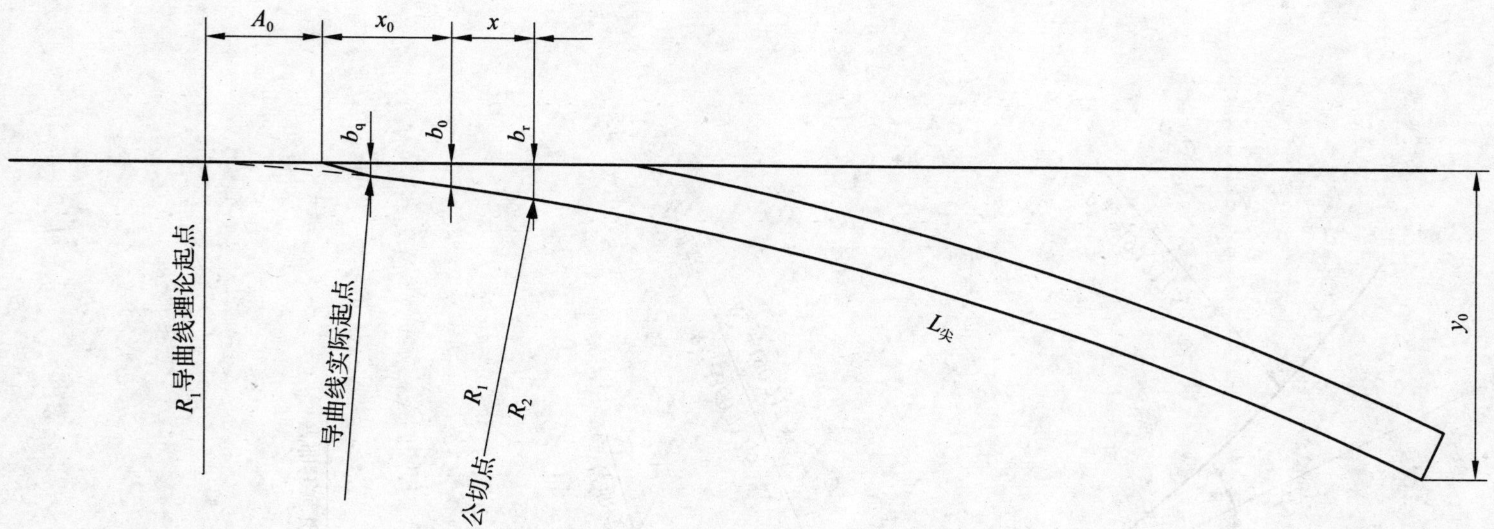

图 3-14　复曲线切线型曲线尖轨示意图

注：

① 复曲线尖轨常用的形式是切线型。曲线半径R_2根据给定的侧向容许速度。曲线半径R_1应大于R_2，以改善列车逆向进入道岔侧线的运行条件。R_1 的具体数值应根据道岔全长、中线尺寸、尖轨尖端位置等要求计算确定；公切点处尖轨轨头宽度b_r应大于逆向进岔时的轮轨游间δ_1。

② b_0为拉杆中心处尖轨（或活动心轨）轨头宽度；
b_q为曲线尖轨曲线实际起点处轨头宽度。

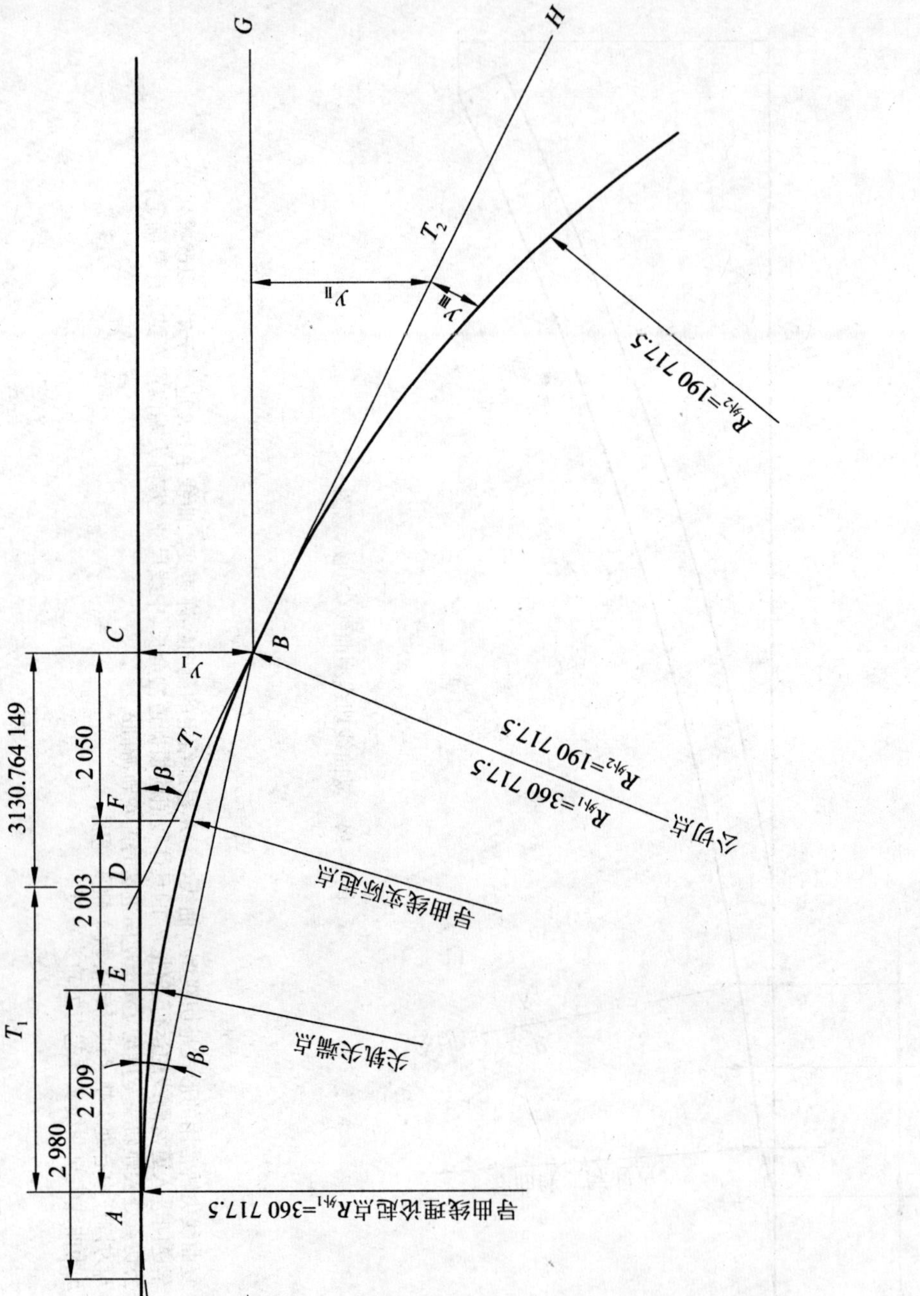

图 3-15 60 kg/m钢轨9号提速道岔复曲线尖轨示意图

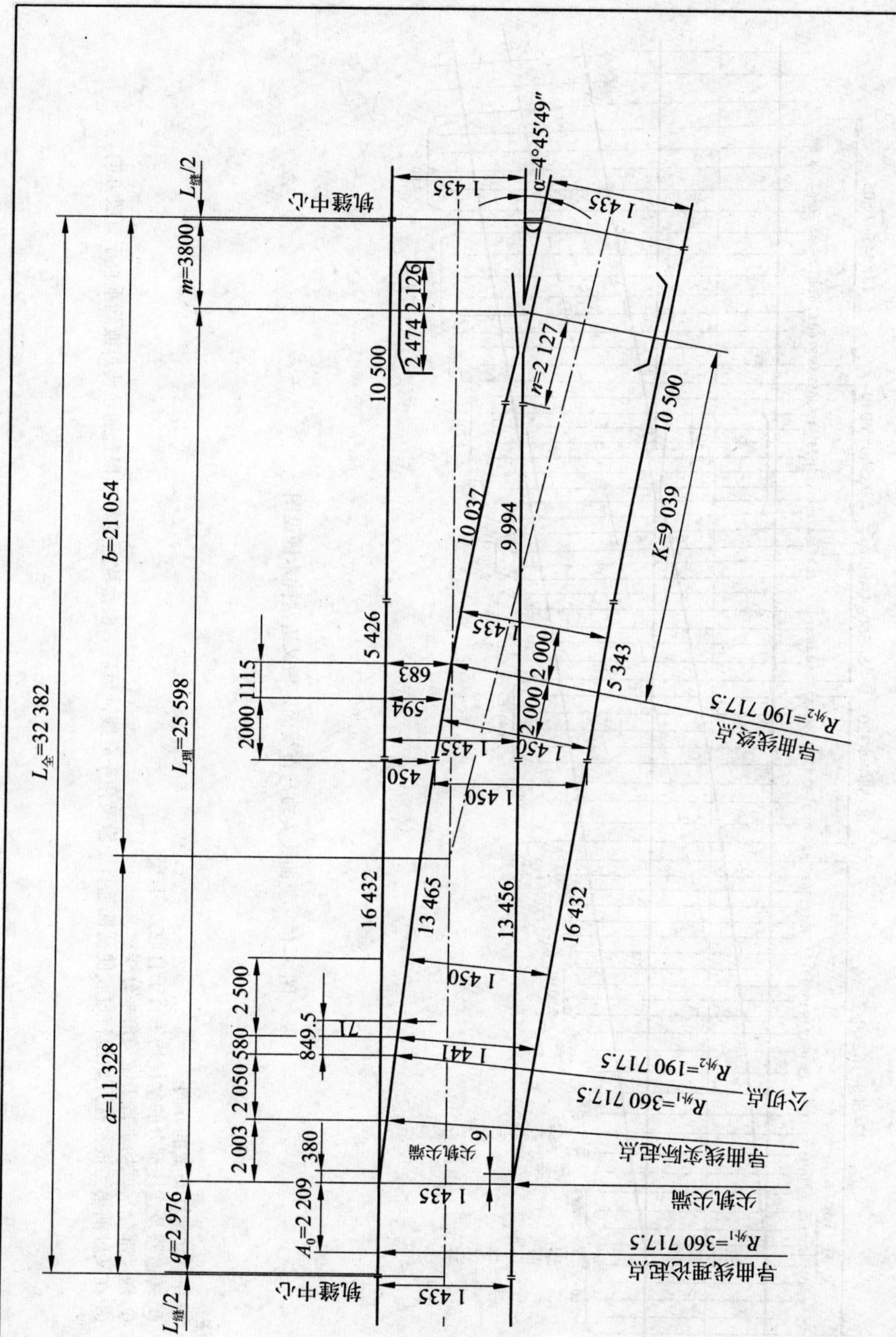

图 3-16　复曲线尖轨与直线固定辙叉道岔图

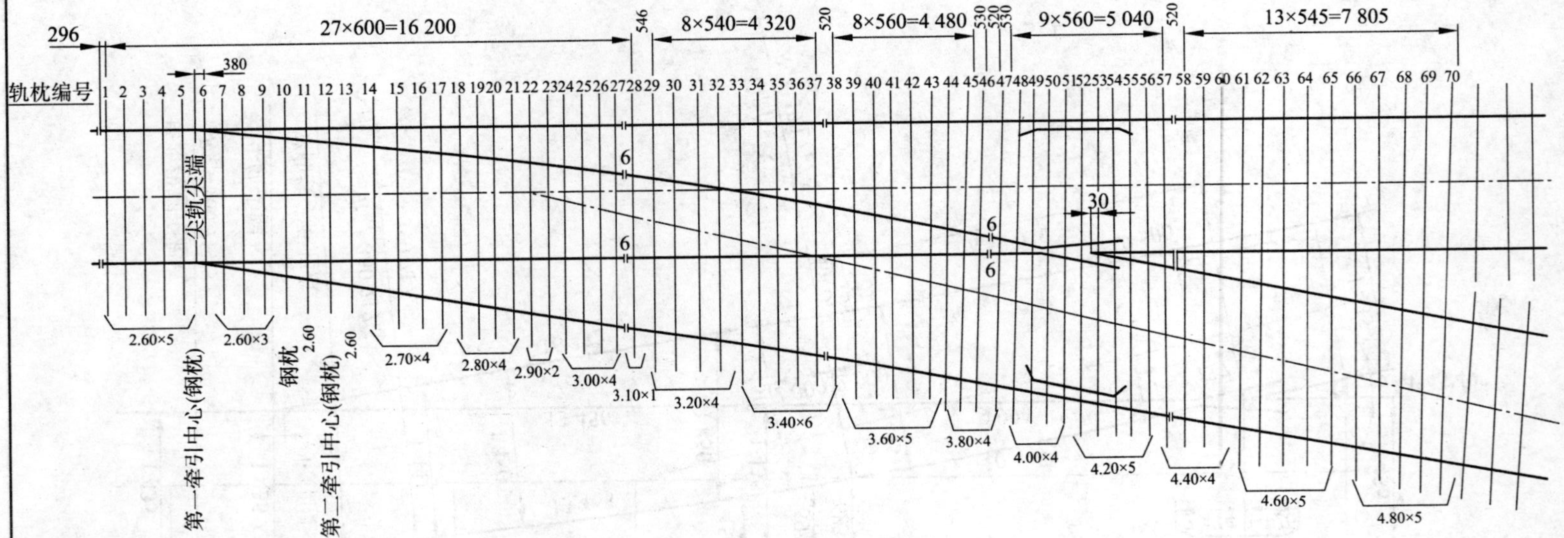

图 3-17　复曲线尖轨与直线固定辙叉道岔枕木铺设图

注：

单开道岔岔枕布置的方向:

①转辙器及连接部分的岔枕均垂直于直股方向；

②辙叉部分岔枕均垂直于辙叉角平分线；

③在叉趾前第二根岔枕开始扭转过渡使岔枕垂直于辙叉角平分线，最后一根岔枕后的第二根普通轨枕过渡到垂直于直股方向。

主要参考文献

[1]铁道部工务局.铁路工务技术手册:道岔.北京:中国铁道出版社,1998.
[2]铁道部工务局.铁路工务技术手册:轨道.北京:中国铁道出版社,1998.
[3]铁道部运输局.铁路工务技术手册:防洪.北京:中国铁道出版社,2003.
[4]铁道部第一勘测设计院.铁路工程设计技术手册:线路.北京:中国铁道出版社,1993.
[5]铁道部第三设计院.道岔设计手册.北京:中国铁道出版社,1975.
[6]铁道部.铁路线路修理规则.北京:中国铁道出版社,2006.
[7]铁道部.铁路工务安全规则.北京:中国铁道出版社,2006.
[8]童大埙.铁路轨道.北京:中国铁道出版社,1995.
[9]刘秉玺.铁路轨道.北京:中国铁道出版社,1985.
[10]郝瀛.铁路选线设计.北京:中国铁道出版社,1996.
[11]方彰炎.曲线速度检算及提速对策.广州:广东省铁道学会,1998.